高等院校人文素质教育系列教材

体育心理学
(微课版)(思政版)

马中林　主　编

张文霞　崔佳慧　贾恩峰　副主编

清华大学出版社
北京

内 容 简 介

本书注重系统性，将理论与实践相结合，对体育心理学知识进行了较为全面系统的阐述，特别强调体育心理学的理论、方法在体育教学、运动训练、体育比赛中的应用。本书共分为 13 章，内容包括体育心理学概述，运动兴趣与动机，运动归因，体育教学效果的心理学优化，体育活动与心理健康，动作技能学习，心理技能训练，运动中的目标定向与目标设定，唤醒、焦虑、情绪状态与运动表现，运动中的团队凝聚力，运动损伤的心理致因与康复，体育运动中学生的个体差异，体育运动中的道德心理。

本书适用于本科体育教育专业、社会体育专业、运动训练专业课程的教学，同时也可作为教师资格考试的培训教材、体育心理健康工作者的参考书及大众自我心理健康保健的指南。

图书在版编目(CIP)数据

体育心理学：微课版：思政版/马中林主编. —北京：清华大学出版社，2024.4(2025.1 重印)

高等院校人文素质教育系列教材

ISBN 978-7-302-65831-3

Ⅰ. ①体⋯　Ⅱ. ①马⋯　Ⅲ. ①体育心理学—高等学校—教材　Ⅳ. ①G804.8

中国国家版本馆 CIP 数据核字(2024)第 059702 号

责任编辑：陈冬梅
装帧设计：李　坤
责任校对：么丽娟
责任印制：曹婉颖

出版发行：清华大学出版社
　　　　　网　　　址：https://www.tup.com.cn, https://www.wqxuetang.com
　　　　　地　　　址：北京清华大学学研大厦 A 座　　邮　　编：100084
　　　　　社 总 机：010-83470000　　　　　　　　邮　　购：010-62786544
　　　　　投稿与读者服务：010-62776969, c-service@tup.tsinghua.edu.cn
　　　　　质量反馈：010-62772015, zhiliang@tup.tsinghua.edu.cn
　　　　　课件下载：https://www.tup.com.cn, 010-62791865
印 装 者：三河市龙大印装有限公司
经　　销：全国新华书店
开　　本：185mm×260mm　　印　张：16　　字　数：386 千字
版　　次：2024 年 5 月第 1 版　　　　　印　次：2025 年 1 月第 2 次印刷
定　　价：49.80 元

产品编号：097764-01

前　言

中国共产党第二十次全国代表大会报告的第五部分第一条，即"办好人民满意的教育"：教育是国家和党的重大战略。培养什么人、怎样培养人、为谁培养人是教育的根本问题。育人的根本在于立德。本书编写团队认真领会党对教育的要求，根据教育部相关文件，确定课程与教学改革要解决的重点问题，按照地方本科师范类学校办学定位，确定课程目标，精选课程内容，不断丰富教材资源。

随着中国社会的发展和经济实力的增强，人们越来越重视体育锻炼，尤其中小学生，在国家相关政策的引导下，经常参加校内和校外的体育运动。然而，在体育运动中出现的与心理学相关的问题，需要专业教师的指导。鉴于此，本书主要面向体育教育专业学生。编写本教材的主要目的是使学生掌握体育心理学的基本理论和研究方法，了解体育心理学的最新发展，并培养学生运用体育心理学知识解决实际问题的能力。

本书的特色体现在以下几个方面。

第一，理论的系统性与前沿性。本书保持理论的系统性，并努力收集国内体育心理学的理论与实践的新进展及案例，体现了与时俱进的特点。

第二，理论与实践的平衡。体育心理学本身就是一门实践性极强的学科，因此本书在介绍基本理论的基础上，结合具体案例分析，让读者能够获得实际的体验感。

第三，融入课程思政元素。将思想政治教育的理论知识、价值理念以及精神追求等融入教材，以潜移默化的方式影响学生的思想意识和行为习惯。

第四，有力的资源保障。每一章的重点知识点都配有视频参考，读者只需扫描二维码即可观看视频内容，提供了一种视觉化的信息传播方式。

本书由吉林师范大学体育学院马中林组织编写，并负责最终的统稿和审定。参加编写的成员包括：吉林师范大学的张文霞、崔佳慧，安庆师范大学的贾恩峰，九江学院的陈建红、吴芳，通化师范学院的仇慧钰，以及吉林师范大学博达学院的回忆。全书共分为 13章，具体分工如下：马中林负责编写第一章、第四章、第六章、第十章；张文霞负责编写第二章、第三章；崔佳慧负责编写第七章、第十一章；贾恩峰负责编写第九章；陈建红负责编写第十三章；吴芳负责编写第十二章；仇慧钰负责编写第八章；回忆负责编写第五章。

本书在编写过程中，参考了众多同类著作和期刊，由于篇幅限制，未能一一列出，特此说明并表示感谢。

由于编者水平有限，书中难免存在一些不足和疏漏之处，敬请广大读者批评指正。

编　者

目　　录

在冯特创立他的实验室之前，心理学像个流浪儿，一会儿敲敲生理学的门，一会儿敲敲伦理学的门，一会儿敲敲认识论的门。1879 年，它才成为一门实验科学，有了一个安身之处和一个名字。

——墨菲

第一章　体育心理学概述

本章学习目标

- 知道体育心理学与运动心理学、锻炼心理学的关系。
- 清楚体育心理学的研究方法。
- 了解体育心理学的多维性。
- 学习体育心理学的意义。
- 清楚国内外体育心理学的发展历史及发展方向。

核心概念

体育心理学应用　运动心理学　实验室实验法　自然实验法　准实验法　简单反应时复杂反应时机

引导案例

消除心理障碍，更加自尊自信

张同学是一名身高 1.65 米的女同学，在跳高课上，我连续几次都注意到她总是逃避练习。每次轮到她练习时，她不是悄悄地转过身去，就是空跑一趟，或是把杆拉下来。后来了解到，原来她在小学时跳高摔伤过，因此看到跳高就感到害怕，这正应了那句古话"一朝被蛇咬，十年怕井绳"。于是我与她进行谈心："小时候跳高受过伤，现在害怕是正常的，但我们必须要克服这个问题；如果不克服而任其发展，很可能会发展成'恐高症'，这会给你未来的生活带来很多不便。"张同学也很想克服恐惧，但一直没有信心，为此感到非常苦恼。"只要想改变，对自己有信心，没有克服不了的困难。"在课上我结合实际练习对她说："我们现在跳的高度是 80 厘米，一般来说，我们只要一迈腿就能越过近 70 厘米的高度，而且我们班体质最差的同学也能在平地上跳起 20 厘米，你的腿长 80 多厘米，加上你跳的力量，跳过110厘米应该没有问题，80厘米对你来说根本不是问题，你可以试一下。"尽管同学们也鼓励她，但她仍然不敢跳。我又请了一名同学示范跳高并安全落在垫子上，以此证明不会受伤，并进一步消除她的恐惧心理。最终，在同学们的热情鼓励下，张同学成功跳过了横杆，同学们高兴地为她鼓掌，她本人也激动地流下了眼泪。在跳高单元结束时，张同学还真的跳过了110厘米的高度。

本案例中，教师不仅为体育基础较差的学生创造了获得成功的机会，而且通过分析困难、积极鼓励，提高学生的勇气和信心，更难能可贵的是，教师在课堂上营造了一种和谐轻松的教学氛围，师生之间相互尊重，同学之间相互帮助、鼓励，最终使张同学体验到了成功的喜悦，增强了自信心。

(资料来源：季浏，殷恒婵，颜军. 体育心理学[M]. 2版. 北京：高等教育出版社，2010.)

第一节　体育心理学的定义和研究对象

心理学在体育教育、竞技运动和大众健身这三大体育运动领域中的研究应用，分别衍生出了体育心理学、运动心理学和锻炼心理学三个分支学科。但它们的发展还不是很成熟，尚未形成各自完整、独立的理论体系。因此，目前要很清楚地区分三者尚有难度。这三门学科往往是相互渗透，交叉重叠现象较为明显。正如祝蓓里(1986)所指出的，世界运动心理学研究的一个新动向就是要求体育心理学和运动心理学逐渐"分家"，形成两门独立的学科。"举国体制"促进了运动心理学的发展，"全民健身计划"推动了锻炼心理学的繁荣。相对而言，体育心理学的研究则显得较为弱势。

一、体育心理学与运动心理学、锻炼心理学的关系

三门学科分别对应不同研究领域，因此它们各自的研究目标、对象和侧重点各不相同。体育心理学的主要研究目的是提升教与学的效果，其主要研究对象是学生，同时也包括教师。体育心理学侧重于研究体育

体育心理学与运动心理学、锻炼心理学的关系.mp4

教学过程中的心理现象，尤其是学生在学习过程中的心理特点和变化。体育教学的主要目标是通过身体锻炼促进学生健康的发展，并实现育人的目的。因此，体育心理学集中研究如何通过体育教学的手段和方法激发学生参与体育学习和活动的兴趣，培养学生的意志品质，提高学生的自尊心和自信心，调节学生的情绪状态，以及培养学生的合作精神和竞争意识等。简言之，体育心理学更强调研究体育教学对学生心理成长和发展的作用。除此之外，体育心理学还是研究教学内容的选择、教学方法的选择和教学设计等的心理学依据。

运动心理学的主要研究目的是提升训练效果和比赛成绩，其主要研究对象是运动员，同时也包括教练员。运动心理学侧重于研究竞技运动训练和比赛中的心理现象，特别是运动员在训练和比赛过程中的心理状态和变化。竞技运动的特点是高密度、大强度和超负荷，它实际上是以牺牲运动员的健康为代价，追求高水平的专项运动技能为目标的。要达到高水平的专项运动技能和取得优异的比赛成绩，除了受技战术训练的影响，心理因素也起着重要作用。众多研究和实践表明，在高水平的竞技运动比赛中，获胜因素的30%归于技战术训练，70%归于心理因素。因此，运动心理学集中研究心理因素(如动机、个性、焦

虑、认知等)对运动成绩的影响。此外，运动心理学还研究教练员、观众的心理及行为。

锻炼心理学的主要研究目的是探究参与体育锻炼的前因和心理效应，其主要的研究对象是大众。锻炼心理学侧重于研究体育锻炼过程中的心理现象。大众参与体育锻炼与学生的体育学习、运动员的训练和比赛显著不同，大众参与体育锻炼并不太关注运动成绩；相反，学生参与体育学习或运动员参与训练和比赛则比较重视运动成绩的。锻炼心理学集中研究体育锻炼对参与者心理健康的作用，具体研究锻炼者参与体育锻炼的动机、体育锻炼的持续性、体育锻炼成瘾以及体育锻炼对心理健康的影响等问题。

综上所述，虽然体育心理学、运动心理学和锻炼心理学三者的研究目标、对象和侧重点不尽相同，但三个学科在研究对象、研究内容和研究方法上又存在联系，这主要是体育教学、竞技运动和大众健身运动之间是相互联系的。从广义来看，体育应该包括体育教学、竞技运动和大众健身运动三个领域。不管哪一个领域，都是围绕人参与身体练习活动这一中心主题展开研究和讨论的。由此可见，体育心理学、运动心理学和锻炼心理学都是围绕人参与身体练习活动这一中心主题展开研究和讨论的。具体来说，三者研究的共同点有以下三点。第一，研究的对象都是参与身体活动的人。第二，研究的内容都涉及参与身体活动时人的心理现象，如认知、情感、动机、个性等。第三，研究方法相同。例如，学生、运动员或锻炼者参加比赛都会产生焦虑，但焦虑的程度不同；又如，学生、运动员或锻炼者参与体育运动的动机既有程度上的不同，也有方向上的不同，但都可以通过动机理论加以解释。

本书取名"体育心理学"是基于以下几个方面的考虑。首先，本书所讲的"体育"是广义的体育，包括体育教育、竞技体育和大众体育。因此，与这一概念相对应，体育心理学所研究的问题就涵盖了体育教育、竞技体育和大众体育领域中的心理学问题。其次，虽然对体育心理学、运动心理学和锻炼心理学，特别是体育心理学和运动心理学的研究已有100多年的历史，但这三个学科无论是在国内还是国际上都尚未完全独立，甚至在名词使用上也未作严格的区分，互用概念的现象比较普遍。最后，考虑到目前我国体育专业学生绝大部分将从事基础教育和高等教育领域中的体育教育工作，具体涉及体育教学、课余运动训练和竞赛健身锻炼等领域中的工作，因此本书包括了这三个方面的理论与方法，希望对他们未来的实际工作有所帮助。

📖 拓展阅读

体育心理学组织与期刊

体育心理学组织如下。

(1) 国际运动心理学学会(ISSP)：1964年在罗马成立，总部设在体育主席所在地(现设在布拉格)。该学会的宗旨是支持和发展运动心理学方面的研究，普及运动心理学，反对政治、宗教和种族歧视。设有团体会员、名誉会员、个人会员；凡从事运动心理学的个人、全国性协会和国际性团体组织均可成为学会会员；现有42个国家和地区的团体会员和个人会员。

(2) 应用运动心理学协会(AASP)：旨在促进应用运动与锻炼心理学的研究和实践。涵盖的主题极为广泛，如健康心理学、干预-表现提升、社会心理学等。

(3) 美国心理学会第 47 分会: 管理和确认各个国家的运动心理学资源。

(4) 北美运动与身体活动心理学协会(NASPSPA): 美国 1966 年成立了隶属于美国健康、娱乐和体育协会的北美运动和身体活动心理协会。这是北美从事运动心理学研究最古老的组织。该组织的研究内容包括动作发展、动作学习和控制、社会心理学和体育运动三个分支。

(5) 中国体育科学学会运动心理学分会: 它是中国体育科学学会 17 个分支机构之一，也是体育科学学会最早成立的分支机构之一。自 2004 年起，第 6 届运动心理学分会的挂靠单位由武汉体育学院承担。目前该分会在全国拥有近 200 名个人会员，是国内最具代表性的运动心理学专业学术组织。每 3~4 年举办一次全国运动心理学学术会议，至今已举办了 10 届。

体育心理学期刊如下。

(1) 国际运动心理学杂志(International Journal of Sport Psychology): 创刊于 1970 年，是国际运动心理学会的官方杂志，该杂志的内容主要涉及体育活动、锻炼和竞技运动领域，心理问题的理论与实践研究成果。

(2) 运动心理学家(The Sport Psychologist): 创刊于 1987 年，该杂志的内容都是关于应用研究和职业实践的，以利于为教练员和运动员提供心理服务。

(3) 应用运动心理学杂志(Journal of Applied Sport Psychology): 创刊于 1989 年，是应用运动心理学协会的官方杂志，该杂志的内容涉及关于应用运动心理学和职业实践的主题。

(4) 运动与运动心理学(Psychology of Sport and Exercise): 创刊于 2000 年，它是一本以医学—心理学综合研究为特色的国际期刊，它为广泛意义上的运动与锻炼心理学的学术交流提供了平台。

(资料来源: 季浏，殷恒婵，颜军. 体育心理学[M]. 3 版. 北京: 高等教育出版社，2016.)

二、体育心理学的概念

(一)概念的界定

何谓体育心理学? 人们对它的解释不尽相同。本部分暂不讨论体育心理学与运动心理学的概念有何异同，先介绍一些专家和学者对体育心理学与运动心理学的解释。

帕格曼(1998)认为，运动心理学是通过运用人类心理学的理论、框架和原则试图解释、预测或改变与运动相关的行为。解释运动行为的例子是: 一位著名的运动员因紧张和不安使自己处于低于最佳唤醒水平的状态，而一个名不见经传的运动员则没有负担，轻松上阵，结果后者战胜了前者。预测运动行为的例子是: 如果一名体育教师采用高压式的方法进行指导，学生可能因为焦虑、恐慌，而无法将精力集中到有用的信息上，也无法获得有用的信息。但帕格曼这一定义的不足之处在于，缺少了运动心理学还可以描述与运动有关的行为这一含义。例如，一个经常获胜的运动员可能比一个经常失败的运动员对他人的表现更友好。

安舍尔(2003)提出，运动心理学是研究在运动参与背景下的人类行为，以及人类行为如何被三种基本来源影响，即运动员、团队领导(如教练员)以及这些个体相互作用的环境条件(见图 1-1)。

吉尔(1979)指出，竞技和健身运动心理学是对人及其行为在竞技及健身运动情境中的科学研究。竞技和健身运动心理学家提供一些原则和指导方针，使体育专业人员能够运用，以帮助成人和儿童参与运动并从中获益。

我国学者对体育心理学给出的定义大同小异。例如，张力为(2003)认为，体育心理学是研究人在体育运动中的心理活动特点及其规律的科学；祝蓓里等人(2000)认为，体育心理学是一门研究人们从事体育活动

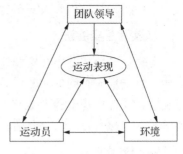

图 1-1　影响运动表现的因素

(包括体育教学活动、课外体育活动和体育竞赛活动)在专门条件下的心理现象及其发生、发展规律的科学。

综上所述，尽管体育心理学的定义多种多样，但都表达了一个主题，即体育心理学是研究体育运动这一特定情境中的心理和行为的科学。具体而言，体育心理学是研究体育运动情境中认知、情感和行为的科学。

(二)学科性质、研究任务和学习目的

1. 学科性质

体育心理学既是一门理论学科，又是一门应用性很强的学科，还是体育教师必须掌握的教育学科。

2. 研究任务

体育心理学的研究任务包含理论与实践两个方面。理论任务是揭示体育活动与人的心理(包括心理过程、心理状态、心理特点或品质，以及心理健康)之间的关系，揭示体育教学中动作技能的获得和发展的心理规律，以丰富普通心理学和社会心理学的相关领域；实践任务是直接为体育课、课外体育活动和体育竞赛服务，即为有效地进行体育教学、锻炼和竞赛提供科学的心理学依据。

3. 学习目的

学习和掌握体育心理学的理论和方法主要有两个目的：一是理解心理因素如何影响个体在体育运动时的生理表现；二是理解体育活动如何影响一个人的心理发展、健康和幸福。

三、研究方法

(一)实验研究法

实验研究法是心理学研究最常用的方法之一，是揭示心理和行为规律的重要手段。它在体育心理学的研究中占有相当重要的地位，并已得到广泛的运用。其优点是可以在任何时间进行周密的观察，而且他人可以验证，具有科学研究所需的高度公认的客观性。实验研究法主要有实验室实

体育心理学的发展方向.mp4

体育心理学的研究方法.mp4

验法、自然实验法和准实验法三种。

1. 实验室实验法

实验室实验法是指在实验室内借助各种仪器系统地操纵一个或多个变量进行的实验。例如，测定反应时间的实验中，操纵的变量是某种声音或颜色的光，而借助的是反应时测定装置。其优点是实验者能够有效地控制实验中的各种变量；缺点是人为干预过多，需要大量的时间和人力，以及有精密的实验仪器。

2. 自然实验法

自然实验法是指由实验者在自然的环境下创设特定的实验情境，操纵一个或多个变量进行的实验。例如，在自然班级的条件下，对实验组的被试者采用一种新的体育教学方法，而针对对照组被试者采用传统的体育教学方法，以比较哪一种教学方法更为有效。其优点是被试者的反应更为真实、自然，缺点是实验组与对照组的条件难以控制得完全一致。

3. 准实验法

准实验法是指在某些自然情境下对实验室的实验进行一些变通处理，同时利用真正的实验设计的某些方法来收集资料而形成的实验。例如，研究体育锻炼对减轻潜在焦虑的作用时，需要控制有氧锻炼的类型、持续的时间，并记录被试者的心血管系统功能和测量焦虑水平等指标。其优点是操作具有一定的灵活性，缺点是对变量的操纵具有一定的局限性。

(二)现场研究法

现场研究法是指到实际现场进行询问或观察的一种研究方法。它不控制被试者，也不施加影响。也就是说，研究者在现场进行询问或观察时不操纵任何变量。因此，它作为研究现实问题的一种方法被广泛采用。

在现场做观察记录时要客观，不带有主观的倾向。必要时，可以通过录像、照相、录音、遥测等手段来做详细又真实的记录。为获得详尽、全面的观察资料，事先可以编制好观察记录表，明确规定观察哪些行为、每次观察持续多长时间、两次观察之间的间隔时间。此外，事先练习做记录方法，以便能够迅速且不遗漏地记录被试的行为反应。

现场研究法是研究参与体育活动者心理现象的最直接方法。其缺点是研究者对所观察的事项不能灵活控制或操纵，现场条件不断变化，观众和教师等因素可能影响研究结果。因此，从现场研究所收集到的资料不易明确自变量与因变量之间的关系，结论的科学性难以保障。

(三)心理测量法

心理测量法是指使用心理学家已经编制好的标准化测量工具来进行研究的方法。标准化的个性测验、智力测验、成就测验、态度测验、焦虑情绪测验等工具都有各自特定的测量范围和作用。采用心理测量法时，要根据研究的目的和任务，正确选择测量工具。在使用这些测量工具时，一般要经过专门的培训，或者由受过严格训练的心理学工作者来实施。

进行体育心理学研究时，应根据研究的目的、任务和课题内容确定采用什么方法。为使研究成果更客观、有效，体育心理学研究者常常同时选用几种方法来进行研究(以一种方法为主)。

四、体育心理学的多维性

体育心理学是一门包含多种学科的研究和实践领域，包含了心理学的许多传统分支，如社会心理学、发展心理学、认知心理学、教育心理学、临床心理学以及其他学科(安舍尔，2003)。这些学科的理论和方法都从不同的角度解释了身体练习中出现的心理学问题，并加以应用于实践(见图1-2)。同时，其也促进了体育心理学学科的发展。

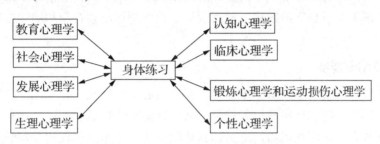

图1-2 体育心理学领域的多维组成

1. 体育社会心理学

体育社会心理学是20世纪60年代以后逐渐发展起来的新兴学科，是社会心理学在体育领域的运用和发展的结果，尚处在"前学科"或"潜学科"阶段。在体育心理学中，研究的社会心理问题主要包括领导理论和风格、教练心理效应、影响团队凝聚力(团队共同感)和团体动力学(团队成员间的相互作用)的因素、观众特性(规模、评价角色、观众与运动员之间的关系等)对运动表现的影响、攻击性行为、文化因素对心理特征和行为的影响，以及性别对运动表现的心理和行为因素的作用。

2. 发展运动心理学

发展心理学是20世纪70年代由巴尔特斯和沙伊厄等人提出的一种心理学分支。它研究心理的发生、发展过程和规律、涵盖一个人从出生到衰老各个时期的心理现象。发展运动心理学在发展心理学的基础上产生，主要探讨随着年龄和运动技能的变化而发生的心理变化。众所周知，儿童在生活和运动环境中有独特的心理需求，这种需求与高中生需求肯定是不同的。发展运动心理学不是重点强调体育学习的结果(如体育成绩)，而是强调运动技能的发展和运动过程中的乐趣。

3. 认知运动心理学

认知心理学是20世纪50年代中期在西方兴起的一种心理学思潮，直至70年代成为西方心理学的一个主要研究方向。它研究人的高级心理过程，主要是认知过程，如注意、知觉、表象、记忆、思维和语言等。在认知运动心理学中，研究者和实践者关注的是运动员的思考时机和内容、情绪对运动表现和结果的影响，内在动机和外在动机的来源，运动员对成功和失败的归因方式，以及心理(如意念、唤醒、控制思维、自我期待、自信心、应对策略、自我谈话)和行为的(如目标设置、计划、自我控制)策略对运动表现和结果的影响。例如，李琳和季浏(2014)研究发现，短时中等强度的自行车运动对大学生完成执行功能任务有积极的影响。

4. 教育运动心理学

教育心理学是 19 世纪的政治、经济、教育与心理科学发展的产物，是研究教育和教学过程中教育者和受教育者心理活动现象及其产生和变化规律的心理学分支，是一门介于教育科学和心理科学的边缘学科。学生、运动员或健身者的运动表现如何，常常反映体育教师、教练或健身教练有效交流和沟通的能力。教育运动心理学主要探讨运动技能的学习和记忆过程，通常也称信息加工；研究和应用提高动机水平、调节情绪和感觉状态、降低焦虑程度和矫正不良思想等的方法。教育运动心理学与运动教育学和动作技能学习等学科密切联系。

5. 临床运动心理学

临床心理学正式出现于 1896 年，它主要运用心理学的知识和原理帮助病人纠正精神和行为障碍，通过心理咨询指导培养健全的人，以便有效地适应环境。体育心理学最广为人知的研究领域之一是研究阻碍运动员达到和维持高水平运动表现的心理学问题。例如，如何利用心理技能帮助运动员克服达到高水平运动表现的心理障碍，并获得理想的结果。这一领域的研究人员经常将注意力集中在开发和测试用来测量特定心理倾向的工具的有效性，并根据这些心理倾向来预测运动员的思想、情感和行为表现；而心理实践者则是利用这些信息对运动员所存在的心理问题进行咨询，并提出克服这些心理问题的建议。

在临床运动心理学中，一个真正的难题是如何界定临床心理学家的角色，这些人由国家政府部门颁发执照，允许使用"心理学家"这个称呼，他们受过广泛的运动心理教育，并了解运动心理学研究的文献，但他们没有受过临床心理学的训练，因此不应该称为临床心理学家。他们的主要任务是通过心理学帮助运动员提高运动表现水平。

6. 个性运动心理学

个性心理学的专题研究开始于 19 世纪下半叶，是一门研究人格心理现象及其发生发展规律的心理学分支学科。在体育运动领域，通过心理测量量表能否预测谁将成为成功的运动员、谁将获得冠军、谁最适合在某一运动项目上获得成功、谁最有可能发挥潜力、面对压力谁最能应对，这些问题都是研究的焦点。20 世纪 70 年代和 80 年代，对运动中个性的评价研究越来越受到重视。然而到了 90 年代，相关的研究开始减少，直到今天，这些研究也不多。近年来，研究者对用各种个性测试来预测运动员的未来表现已不感兴趣，他们更多地集中精力研究运动员的风格(一种稳定的心理倾向，而不是一种明确的个性特质)和思想(情境化的和不稳定的)对运动表现的影响程度。总之，试图仅利用心理量表预测一个运动员的未来，而不考虑运动员的成长、发展、指导、训练、动机等一系列因素，是不切实际的做法(安舍尔，2003)。

7. 运动生理心理学

生理心理学是研究心理现象的生理机制，即研究外界事物作用于脑产生心理现象的物质过程的科学。确切地说，生理心理学研究的是人类活动表面之下发生了什么。在早期，巴甫洛夫用条件反射方法研究动物的学习活动，进而提出人的心理活动的高级神经活动学说。现代的生理心理学通过神经生理学、生物物理学和生物化学来研究感知、学习、记忆、思维、情绪等过程，目的是阐明各种心理活动的生理机制。例如，一个运动员的焦虑是由于肌肉紧张(身体焦虑)还是担忧和考虑未来可能的伤害和失败(认知焦虑)而发生的？我们如何训练射箭、射击、保龄球等项目的运动员(这些项目要求运动员具有低唤醒水平和降低心率的心理技能，以及通过心理技能训练使自己的运动表现达到最佳的生理过程)。总之，研究者想理解与运动表现相关联的肌肉和神经系统的工作机制。例如，张宪亮和徐波等(2015)发现，运动锻炼通过上调血管内皮生长因子(VEGF)等基因水平，从而可以提高空间学习记忆能力。由于生物医学技术的进步，如事件相关电位、功能性核磁共振等技术的兴起和普及，这方面的研究已经取得了很大进展。

8. 锻炼心理学和运动损伤心理学

锻炼心理学和运动损伤心理学是两个刚刚兴起的研究和实践领域。锻炼心理学是对参与和坚持体育锻炼过程中的心理因素进行的研究。主要探讨身体练习对心理健康的影响，确定为什么一些人自愿自觉从事体育锻炼，并进一步研究他们中的一些人为什么坚持锻炼，而另一些人却中途停止锻炼；清楚一个人努力程度的感觉如何影响锻炼的强度和持续时间；研究锻炼依赖或锻炼成瘾的积极或消极的现象。如杨剑和季浏等(2014)研究发现，基于体育锻炼阶段变化理论模型(TTM)的长期干预能够有效提高肥胖儿童的自我效能及自尊水平，强化其锻炼动机，使其控制体重和心理健康朝着良性方向发展。

运动损伤心理学关注研究运动员比其他运动员更严重、更频繁地发生运动损伤的原因，以及为什么运动员康复后，却不能恢复到受伤前的运动水平；探讨运动员之间伤病检测和伤病忍受程度不同的因素，以及运动员的伤痛感如何影响他们的伤病恢复和随后的运动表现；研究心理—行为干预对于运动损伤康复的有效方法。一个运动心理学工作者或运动医学人员不仅可以帮助运动员在身体损伤方面康复，还可以帮助他们在心理方面康复。

第二节 学习体育心理学的意义

一、体育教师的工作特点及体育活动的特点

1. 体育教学活动的特殊性

体育教学活动容易造成体育教师心理上的紧张，对体育教师的生理负荷要求高，多数体育教学活动在户外进行。体育教师受到各种特殊条件限制，要求他们具备特殊的心理素养。

2. 体育教师必须了解自己的工作对象

体育教师只有掌握了学生的心理活动规律，才能有效顺利地完成体育课的教学任务。

3. 体育教学是一个复杂的过程

体育教学除了要掌握学生的心理活动规律之外，还要遵循动作技能的获得和发展的心理规律，以及体育教学过程中学生主体的心理活动特点。

4. 体育活动的竞赛特点

体育教师恰当地激发学生竞赛时的活动动机和情绪的兴奋水平，更好地掌握和调整学生的心理负荷，有利于改进体育课堂和课外体育活动的方法。在学生参加各种竞赛活动时，就能有效地帮助他们达到最佳的竞技状态。

二、体育实践活动的需要

作为一名体育专业的大学生，学习和掌握体育心理学的理论和方法不仅可以完善自己的知识结构，提高自己的专业素养，而且对今后从事体育实践工作大有帮助。从我国现阶段的实际情况来看，体育专业的大多数学生将走上体育教学的工作岗位，他们主要的体育实践工作是从事体育教学，其次是指导运动队的训练、比赛和健身锻炼。对于一名体育教师来说，将体育心理学的理论和方法应用于体育实践工作中，对提高自己的工作效果具有重要作用。

1. 体育教学实践的作用

体育心理学的理论和方法在体育教学实践中的应用是广泛的，具体阐述如下。

第一，可以了解和掌握学生的心理特征和需要，这有助于激发学生体育学习的兴趣，提高学生体育学习的积极性。不同年龄阶段学生的心理特征和需求是不一样的，体育教师应根据不同年龄阶段学生的心理特征和需求，选择适宜的教学内容，采用有效的教学方法，从而提高学生的学习效果。

第二，可以根据学生的个性差异，因材施教。例如，学生的性格有外向型和内向型，教学中，对待内向型的学生可采取多表扬、多鼓励的方式，而对待外向型的学生，适当的时候可进行恰当的批评和教育。

第三，可采用一些心理技能训练方法帮助学生更好地掌握运动技能并调节情绪状态。例如，可以采用表象训练法帮助学生掌握、改进、提高运动技能，采用放松方法帮助学生缓解紧张情绪等。

第四，有些学生体育学习的兴趣不高，动机不强，表现出的行为是上体育课时心不在焉、敷衍了事。体育心理学有助于体育教师了解学生产生这些现象的原因，并采用心理学的方法帮助学生激发学习兴趣，增强学习动机。

第五，可以帮助学生培养坚强的意志品质，增强自尊心和自信心，培养合作能力、团队精神和竞争意识。例如，采用目标设置方法让学生在达到一个个具体、明确的目标的同时，体验体育学习的成功感，培养学生的自尊心和自信心。

学习和掌握体育心理学的理论和方法，也是服务体育课程与教学改革的需要。从教育部颁布的《普通高中体育与健康课程标准》(2017 年版)(2020 年修订)和《义务教育体育与健康课程标准》(2022 年版)(以下简称《课程标准》)来看，心理健康和社会适应是体育与健康课程五个学习领域中的两个领域。因此，体育心理学的理论与方法在推进体育教学与课程改革方面具有举足轻重的地位。

心理学与我国基础教育体育课程改革

《课程标准》改变了传统的按运动项目划分课程内容和安排教学时数的做法，根据三维健康观、体育学科的特点以及国际体育课程发展的趋势，在确定课程总目标的基础上，从运动参与、运动技能、身体健康、心理健康和社会适应 5 个方面描述具体目标，并根据课程目标体系构建课程的内容标准。

由此可见，在新体育课程的 5 个领域中，心理健康和社会适应两个领域涉及心理学问题。其中，普通高中体育与健康课程在心理健康方面提出的领域目标包括：①培养积极的自我价值感；②提高调节情绪的能力；③形成坚强的意志品质；④具有预防心理障碍和保持心理健康的能力。

普通高中体育与健康课程在社会适应方面提出的领域目标包括：①具有和谐的人际关系、良好的合作精神和体育道德；②具有积极的社会责任感。

《课程标准》在领域目标下还提出了具体的、可操作的水平目标，详见《普通高中体育与健康课程标准》(2017 年版)(2020 年修订)。

2. 学校运动队训练和比赛的需要

指导学校运动队的训练和比赛，也是体育教师的一项重要工作。学生运动员在平时的训练和比赛中也涉及各种心理学问题，主要表现在三个方面：如何通过心理学的手段和方法提高训练水平；怎样通过心理学的手段和方法使运动员处于最佳比赛状态，发挥最大潜力，获得优异的比赛成绩；如何通过心理学的手段和方法消除疲劳，调节情绪，恢复良好的身心状态。总之，体育心理学的理论和方法有助于体育教师有效地指导学校运动队的训练和比赛。

需要指出的是，一个人学过体育心理学，并不说明其就一定能在体育教学或指导运动队方面获得成功，但不学习和掌握体育心理学的有关理论和方法，则很可能使自己的实践工作低效甚至无效。而且，即使体育教师掌握了体育心理学的一些概念和方法，如果不学以致用，这样的知识也是没有价值的。因此，体育教师在实践中要将体育心理学的知识与具体的情况结合起来，切忌生搬硬套，要根据具体情况灵活运用体育心理学的理论和方法，并在实践中不断总结和提高。

三、体育科学研究的需要

体育教师不仅是一名教学者，也是一名研究者。作为一名中小学的体育教师，"研究者"的角色并非定位在纯学术性的研究方面，而是定位在应用研究方面，并且主要集中研究自己实践工作中出现的问题，这对提高教学工作效果，促进专业水平提升具有重要意义。尤其是我国当前开展的新一轮体育课程改革，由于引入了先进的教育教学思想和理念、教学方式和评价方法，教师在实施新体育课程的过程中不可避免地会碰到一些新问题和困难，需要通过研究去解决。

学生的体育学习活动既是一种身体活动，也是一种心理活动。学生在体育学习过程中会产生许多复杂的心理活动，而这些复杂的心理活动有些是体育心理学教材的一般理论和方法不能解决的，有些则未被涉及。因此，体育教师运用体育心理学的理论和方法去思考、探讨这些具体的心理学问题并将它们解决。

此外，从我国体育心理学研究领域的现状来看，与运动员心理问题的研究相比，对学生体育学习过程中心理方面的研究在质量上还是数量上都略显不足。因此，在加强体育教学心理学研究方面，体育教师具有许多优势。

📖 引导案例分析

还记得本章开头学生张同学"恐惧跳高"的事吗？体育老师们，如果遇到类似情况，我们该如何改进？

(1) 首先教师要了解学生的心理特征和心理需求，采用语言疏导，使学生尽量地消除对跳高的恐惧。

(2) 教师要根据学生的性格差异因材施教，对待内向型学生要多鼓励，多表扬；外向型的学生在适当时批评教育。

(3) 教师采用目标设置方法让学生在达到一个个具体、明确目标的同时，体验体育学习的成功感，培养学生的自尊心和自信心。

(4) 教师要采用心理学的方法来培养学生的运动兴趣，激发学生的运动动机。

第三节　体育心理学简史和发展方向

体育心理学是随着心理科学和体育科学的发展而逐渐兴起的一门比较年轻的学科，它是由于体育活动实践的需要和心理科学发展的要求产生的。

一、19世纪的心理学

体育心理学的前身是动作心理学。19世纪的体育心理学主要研究的是与动作和运动速度有关的心理因素等内容，研究成果体现在动作的反应时间方面。随着精密计时器的出现，到了19世纪中叶，心理学家不仅测量了反应时间的个体差异，也测量了心理、生理操作上的个体差异。

所谓反应时间，是指从刺激出现到第一个反应开始所经过的时间间隔，又称反应时或反应潜伏期。反应时分为简单反应时和复杂反应时两种。简单反应时是指对单一刺激做出第一个反应所需要的时间间隔，或是指对于事先已知的某种刺激做出事先规定的反应所需的时间间隔。例如，向被试者呈现某种颜色的灯光，被试者一旦看到灯亮(不论颜色)，马上就按下按钮，按下按钮后，灯会灭掉(见图1-3)。尽管在简单的反应过程中，从接受刺激到做出第一个动作反应的时间间隔很短，但在心理结构上仍可分为感知信号刺激、联想(在头脑中对信息进行加工、处理)以及反应三个具有不同特点而又相互联系的阶段。复杂反应时又称选择反应时，是指要求被试者对不同刺激做出相应的不同反应所需要的时间间隔，或是指对于事先未知的实际要出现的是何种刺激，也不知道要以什么样的动作去回应，而对不同的刺激做出相应反应所需要的时间(见图1-4)。

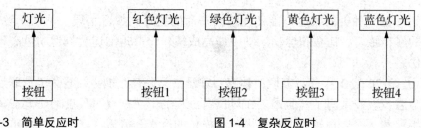

图 1-3　简单反应时　　　　　　　　图 1-4　复杂反应时

（1）简单反应时与复杂反应时的比较。一般来说，对同一种感觉而言，复杂反应时比简单反应时的时间长。这主要是因为复杂反应时比简单反应时多了选择和辨别的过程。

（2）反应时与运动速度之间的关系。一般来说，反应时与运动速度在同一组被试者中没有很大的相关性。在大多数体育活动中，最重要的因素是运动速度，而非反应时。一个人开始时的动作（反应时）快慢，与他随后的运动速度并无直接关系。

二、体育心理学简史

(一)国外体育心理学简史

国外体育心理学的发展历史大体可分为两个阶段：20 世纪 50 年代前和 20 世纪 50 年代后。

1. 20 世纪 50 年代前

第一届奥运会上，就已经有运动员意识到自信、自我控制以及其他心理因素与成功之间的联系。然而，直到 19 世纪末，研究者才开始较为系统地观察心理和运动之间的关系（万恩，1997）。

世界上第一个运动心理学的实验是由特里普利特于 1898 年完成的。他研究了一个如今称作"社会促进"的现象，发现自行车选手在与他人比赛时速度会更快。此后，他采用了更为严格的实验来证实自己的现场研究结论。研究结论显示，当有人在场观看时，被试者的绕线活动水平提高。特里普利特由此认为，现场的其他人(竞争者、合作者、观众)导致了活动者能量的释放和努力程度的提高。他采用的现场实验和实验室实验相结合的研究方法在今天仍具有现实意义。在特里普利特的研究之后，也有几篇运动心理学的论文发表，如《圣经》认为，参与运动可以发展理想的个性特征(安舍尔，2003)。

20 世纪 50 年代前发生的另一个运动心理学的重大事件，是格里菲斯在 1925 年创建了世界上第一个运动心理学实验室，即伊利诺伊大学运动研究实验室。实际上，早在 1918 年，他就开始研究心理因素对运动表现的影响，由此格里菲斯被称为"美国运动心理学之父"。他研究的主要领域集中于心理运动技能、运动表现和个性方面。他还与运动队进行交流，1923 年在伊利诺伊大学开设了第一门运动心理学课程，1926 年编写了世界上第一本运动心理学教材——《教练心理学》，1928 年又出版了《运动心理学》。1938 年，作为运动心理咨询专家，他受聘于芝加哥一家棒球俱乐部，并运用多种动作测试和心理量表来评估每个运动员当时的心理状态、能力和心理潜力。他也是第一个运动心理学咨询师。

20 世纪初至 20 世纪 30 年代，欧洲也出现了一些运动心理学方面的研究，影响最大的要数奥林匹克运动的创始人、法国教育家顾拜旦。1913 年，他所著的《运动心理学试论》

指出，运动是一种美的表达，能使人情绪平衡的更好的教育手段。德国学者舒尔特 1921年所著的《在练习、比赛和运动活动中提高成绩》一书是阐述优秀运动员心理准备问题最早的著作之一。

20 世纪 20～30 年代，苏联的体育心理学处于萌芽时期。被誉为"苏联运动心理学之父"的鲁吉克教授撰写了《肌肉工作对反射过程的影响》《对反射的研究在体育主要问题上的应用》和《在体育教育工作中提示和模仿的意义》等著作。然而，最重要的是，莫斯科体育学院所做的一系列研究引起了人们对体育和运动心理学问题的兴趣。例如，普尼所做的关于乒乓球、滑雪及其他运动对运动员心理的影响，以及丘奇马廖夫关于学校体育课对学生智力以及自我控制能力的影响等研究。

2. 20 世纪 50 年代后

体育心理学的研究在 20 世纪 40～50 年代，除了几篇博士论文之外，基本处于停滞状态。即便如此，也有不少的动作学习实验室相继建立，使得研究人员在研究体育领域中的运动行为时有了更为复杂和更为科学的方法，如在研究设计、仪器设备、统计方法等方面都有了进步和提高，发表的论文涉及学习和运动技能操作的心理动作过程。

直到 20 世纪 60 年代，运动心理学的研究伴随着一些组织的成立才开始繁荣起来。1965 年，国际运动心理学联合会成立并召开了第一届年会；1967 年，举行了第一次北美运动心理学和身体活动联合会的年会，自该联合会成立以来，它就成为国际上最具影响力的运动心理学组织；1969 年，加拿大心理技能学习与运动心理学联合会成立；1985 年，高级应用运动心理学学会成立，它鼓励应用运动心理学家(包括教育运动心理学家和临床运动心理学家)之间的交流；1987 年，运动心理学正式被美国心理学会承认和接纳，成为该学会第 47 分会，即锻炼和运动心理学分会。该分会发行了一本运动心理学的小册子，介绍了三种类型的运动心理学家，即实验运动心理学家、教育运动心理学家和临床运动心理学家。

20 世纪 60～70 年代，苏联的体育心理学开始兴起。例如，1963 年，苏联体育科学研究所组建了运动心理学实验室，该实验室的研究人员做了大量的高水平运动心理学理论和应用研究。研究内容较为广泛，包括意志的培养、心理调整方法、个人项目的思维特点、个性特征、心理状态与活动有效性的关系、运动的感知觉特点等。20 世纪 70 年代，苏联运动心理学研究部开始重点研究运动员的心理诊断问题，并于 1978 年在调查和研究的基础上确定了判断优秀运动员的心理指标，如成就动机、个人意志表现力、情绪稳定性、心理机能-意识运动、注意力、应变思维能力、自我监督和自我调整等。在此基础上，苏联运动心理学研究部还研究了不同项目优秀运动员的心理模式指标。除此之外，苏联的学者还对运动能力的概念和发展、运动员的心理调节和个性等问题进行了大量的研究。

20 世纪 60～70 年代，德国对运动心理学的研究给予了高度重视。例如，1961 年，民主德国学者库纳特在德国体育学院中领导并成立了运动心理学研究所，主要研究三个方面的问题，即运动对个性发展的影响、运动群体对运动员心理发展的作用、运动心理学的研究方法。与民主德国相比，联邦德国当时对运动心理学的研究较少，只是对运动员的个性进行了一些研究。20 世纪 70 年代，民主德国主要研究主体体验对运动成绩的影响、体育教学心理学以及运用测验方法揭示在运动中起作用的心理学因素。联邦德国对体育心理学的研究主要在运动与个性、方法学与心理诊断学、体育运动中的学习、运动中的社会心理学因素、运动员的心理咨询等方面(克拉蒂，1989)。

20 世纪 60～70 年代，日本也开始研究体育心理学的有关问题。 1960 年，在日本体育基础学会中成立了体育心理学分会。同时，开始对优秀运动员进行赛前心理准备的系统研究，如运动员参加比赛的态度、情绪激动状态、对自己心理和思想的评估等。20 世纪 70 年代，日本体育心理学的研究重点分为两类。一类是研究体育教学中的心理学问题，另一类是研究运动员的心理学问题。日本在前一类问题的研究中较有成就，如研究了身体技能活动感知觉的发展、体育活动对学生学习或心理品质发展的影响、学生的运动动机等。

(二)中国体育心理学简史

中国体育心理学的发展历史也分为两个阶段：20 世纪 80 年代前和 20 世纪 80 年代后。

1. 20 世纪 80 年代前

1926 年，我国著名体育教育家马约翰就曾在《体育的迁移价值》一文中指出，运动场是培养学生的极好场所，可以批评错误，鼓励高尚，陶冶情操，培养品质。刻苦锻炼可以培养青年的勇敢精神、坚强意志、自信心、进取心和争取胜利的决心。他还指出，运动场上表现出来的道德品格能够迁移。这是有关中国体育心理学最早的专论之一。1942 年，国立体育专科学校的吴文忠和肖忠国编译出版了我国第一部《体育心理学》。

20 世纪 50 年代，受苏联心理学的影响，我国对体育心理学的研究开始起步。1957 年，苏联体育心理学家鲁迪克教授编著的《心理学》中文版出版；1958 年，切尔尼科娃编写的《运动心理学问题》被译成中文；1964 年，武汉体育学院和上海体育学院合编了我国第一部体育院系专用的《运动心理学》教材。

20 世纪 60～70 年代，心理学濒临消失，体育心理学由此与国外体育心理学的差距拉大。

2. 20 世纪 80 年代后

20 世纪 70 年代末 80 年代初，我国体育心理学进入一个新的发展阶段。1979 年，中国心理学会体育运动心理学专业委员会成立；1980 年，中国体育科学学会运动心理学分会成立。迄今为止，中国体育科学学会运动心理学会已召开了 10 次全国性的学术会议，极大地促进了我国体育心理学的蓬勃发展。

近年来，中国体育心理学的研究主要包括以下内容：竞技运动领域的心理学问题，包括心理训练方法，心理训练评价，心理选材，运动员、教练员和裁判员的心理特征，心理疲劳的评定和预防，伤病的心理预防和心理康复，兴奋剂的心理学问题等；大众体育锻炼心理学问题，包括锻炼的参与动机和锻炼的心理效应等；体育教育教学领域的心理学问题，包括体育学习和课外体育活动的参与动机和心理效应、运动技能学习、体育教学中的差异心理等；体育心理学的研究方法问题，包括量表研制、仪器开发、实验设计等(张力为等，2003)。

三、体育心理学的发展方向

要对体育心理学未来的发展方向做出明确的回答还有些困难，但根据这一领域的研究热点，还是可以对体育心理学的发展方向做出大致的描述。

(一)体育心理学、运动心理学和锻炼心理学的分工将更为明确

从近年体育心理学、运动心理学和锻炼心理学的发展来看，它们正朝着各自的方向不断发展，未来三门学科的分工将会越来越明确，各自会建立更完善的学科体系。目前，国内外的研究已充分反映出这种发展趋势，除继续出现运动心理学的著作和教材之外，也涌现了不少体育心理学和锻炼心理学的著作和教材。例如，祝蓓里和季浏于 1995 年、马启伟于 1996 年分别主编了《体育心理学新编》和《体育心理学》，颜军于 1993 年编写了《体育教学心理学》，塞拉加尼亚于 1993 年主编了《锻炼心理学》，王润平于 2005 年和季浏于 2006 分别主编了《体育锻炼与心理健康》。

(二)运动心理学的专业领域将进一步细化

未来的运动心理学将在两个不同的专业领域继续强化，即学术运动心理学和应用运动心理学。

1. 学术运动心理学

学术运动心理学的主要任务是进一步研究运动心理学的理论和方法，该项任务主要由大学和研究所的运动心理学教授或研究人员承担，他们也给学生或运动员讲授体育心理学的知识，并经常在教育和临床情境下开展自己的研究工作。其研究成果也可能得到应用，这些工作者也被称为学术运动心理学家。

2. 应用运动心理学

应用运动心理学将体育科学和心理学的理论和研究应用于运动情境，以提高运动参与者的心理健康和运动表现(万恩，1997)。它不仅从运动和锻炼的经验中进行总结和推论，而且关注多种变量的交叉作用，临床意义不太关注统计上的显著性。

应用运动心理学可进一步分为临床运动心理学和教育运动心理学。临床运动心理学的主要任务是解决运动员的情感和人格障碍问题，从事这方面工作的人通常受过临床运动心理学的训练，并拥有博士学位以及获得进行临床咨询实践的资格。教育运动心理学的主要任务是理解运动心理学的原理，并将这些原理传达给运动员和教练员，其主要目的是提升运动员的行为能力。由于从事这方面工作的人没有获得临床心理学的博士学位和从事临床实践的资格，因此不能给运动员做情感障碍和人格障碍方面的咨询工作。两者的区别是，教育运动心理学的研究集中于运动员的正常行为和超常行为，而临床运动心理学的研究则集中于运动员的异常行为。

(三)体育心理学的研究方法将趋向综合化

陈剑锋等(2005)对我国体育心理学的研究方法提出了如下展望。

1. 研究手段综合化

心理学是依据实验事实验证假设的行为科学之一，运动心理学作为心理学的分支，采用较多的实验是理所应当的。正如张力为(1992)指出的，描述性研究和相关性研究不具备检验因果关系的能力，而只有实验性研究才具有检验因果关系的能力。一方面，我国体育心理学研究起步较晚，且该领域的研究形成了以定量研究为主的范式，而对于质性研究范

式则缺乏足够的认识。另一方面，由于语言翻译上的问题，大多研究者都把"定性研究"等同于"质性研究"。其实不然，定性研究主要用思辨的方式对研究对象进行解释，不要求研究者进入实地展开实证研究并提供第一手资料；但质性研究与量化研究都要求研究者深入实地开展实证研究，都注重研究方案的设计，并且都有一套规范的研究程序和操作技术(陈向明，2008)。确切地说，质性研究就是通过观察或访谈收集资料，分析被试者的言辞、故事或叙述，从而推论其心理状态和行为倾向。当然，强调质性研究，并不是排斥量化研究(闫挺等，2007)。这两种研究范式都是探索未知、追求真理的方法。目前，虽然国内已有讨论在心理学研究中将"质性"与"量化"研究方法进行整合的文章发表，但基本停留于讨论两种方法整合的必要性以及整合的理论模型，并没有在操作层面上探讨两者之间的整合，也没有具体的整合研究报道。如何将这两种研究范式在心理学研究中整合，是心理学家包括体育心理学研究者亟待解决的问题(林炜鹏等，2009)。

综合化不仅表现为研究方法中质性研究与量化研究的统一，也表现为综合运用多种方法，更表现为运用不同学科的方法。运动心理学有必要、有理由借鉴和应用其他学科的最新研究成果。就运动心理学本身一般的研究水平和研究设备来说，其难以独立进行较高层次的研究，但我们可以将其他学科的研究成果应用于体育运动领域，这不仅包括心理科学的各个分支学科和体育科学的各个分支学科，还包括心理科学和体育科学以外的其他相关学科，如医学、生命科学等。此外，计算机技术、电子信息技术的应用，为心理测量也提供了广阔的前景。研究方法有许多种类，制约方法使用的因素也是多方面的，如研究的内容、条件、经费以及研究者自身的因素等。因此，提高方法的使用质量，有效地使用各种方法才是关键。每一种方法都既有优点又有局限，心理学的研究对象既具有复杂性、易变性，又具有系统性、完整性，综合运用多种方法，可以起到互补的作用，有利于解决复杂问题，有利于揭示心理现象的本质。

2. 研究工具中国化

中国与西方社会文化价值观存在巨大差异，因此，心理学的研究工具的适用性和有效性存在问题。西方运动心理学研究工具的应用可分为如下几种情况。

(1) 有些研究工具(实验仪器)对于解决我国的问题十分有效，可直接使用。

(2) 对于不宜直接使用的，就要学习西方的经验与方法，掌握其原理，进行改造和修订，以适应我们的需要。

(3) 研制以中国人为研究对象的测量工具，从而创造出西方没有的且适用于中国人的运动心理学研究工具，这也是中国人对世界运动心理学的贡献。

(4) 测量工具的研制和开发是一个持续的过程，而非一劳永逸，人和社会都在不断发展变化之中，已有测量工具只有不断完善才能适应新的形势和新的要求。

一方面，科学、哲学和方法论的落后导致我国运动心理学量表的发展远远落后于国外；另一方面，因研究所需，很多国外运动心理学量表被修订成"中国版"。例如，刘微娜 2010 年修订的《简化状态流畅量表》和《简化特质流畅量表》中文版，为测量中国运动员在体育运动中的流畅状态提供了有效的测量工具。由于体育运动领域具有特殊性，一般不主张翻译国外量表。因此，许多的中国式量表已经或正在被开发，越来越多地适用于中国人的心理测试系统将被研制出来，使运动心理学的研究体现中国化的特色。例如，殷恒婵等(2009)基于对我国千名运动员的问卷调查所编制的《运动员认同测量问卷》就是一个适用于我国运动员的、具有良好信度与效度的运动员认同量表。该工具既能测出个体的总体认同状况，又能对认同的不同维度作进一步的区分与评价。

3. 研究思路程序化

运动心理学的研究应该坚持以问题为导向而不是以方法为导向，根据研究的具体内容选择适合的方法。西方运动心理学研究工作者十分重视研究思路问题，早在 1993 年，国内就有学者表明，国外大多数研究都遵循提出问题—明确问题—提出假设—检验假设的常规思路。

研究者普遍对理论模式给予高度重视，许多论文以理论假说为导向提出研究目的，这似乎是研究者共同遵循的研究原则。问卷调查方法的使用也多为检验理论假说，而非无理论导向的简单测验和对测验结果的简单描述。这既是对以往科学研究经验的总结，也是科学研究过程内在的逻辑结构的体现，符合人类思维的一般特点和规律，遵循程序化的研究思路，可以减少研究过程中的盲目性和无序性，有利于增强研究成果的科学性。如今，我国研究人员也特别重视这一问题，自觉遵循程序化的研究思路。

4. 研究范式生态化

运动心理学研究的根本目的是应用于实践。为了使研究能更好地为实践服务，就要提高研究的效度，走生态化研究的道路，提高运动心理学研究成果的实用价值。因此，陈作松和陈红(2002)指出，现代科技的发展，运动心理学研究的仪器、设备将变得小巧和便携，这为运动心理学的研究方法追求生态化提供了可能……这种追求研究方法的生态效益，将成为运动心理学研究方法的一个发展趋势。

生态化的研究范式能够有效地解决运动心理学理论研究与实际应用之间的矛盾，避免了理论研究的空洞性，提高了实用性。这既可以防止理论研究成果被"束之高阁"，又能为实践需要"雪中送炭"。

(四)体育心理学的研究内容将更加广泛

1985 年，国际运动心理学会主席 Singer 博士对运动心理学的未来方向作出了富有卓识的预测，他确定了 11 种虽已研究但今后依然会受到更加关注的主要研究领域。包括儿童与运动学习；专项运动测验；运动成绩的预测；运动员的认知；自我控制技术；适宜心理过程的心理和发展；运动动机；运动员的全面训练计划；运动员的追踪研究；体力活动训练计划造成的后果；对运动员的跨文化心理学比较研究(季浏等，1994)。Singer 博士的研究主要集中在竞技运动心理学领域。30 多年过去了，这些方面的研究虽然取得了广泛的研究成果，但由于体育心理学这门学科还不太成熟，且研究方法仍存在不足，这些研究内容还有待于继续深入地研究。除此之外，一些新的问题也要给予足够的重视。例如，体育锻炼产生心理健康效应的中介机制究竟是什么？心理选材的指标在多大程度上能预测运动员的运动成绩？体育学习对学生的心理成长和发展的作用究竟有多大？等等。总之，随着体育心理学研究领域的不断扩大和应用性的不断增强，体育心理学要研究的内容将越来越广泛。

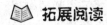 拓展阅读

体育心理学在体育教学中的应用策略

体育教师应该在平时的体育教学过程中，积极观察学生的行为表现，总结体育心理教育经验，从而更好地开展体育教学工作。

(一)加强日常体育训练，培养学生的训练注意力

注意力是学生在体育训练中必须具备的一种能力，教师应该在运动中关注学生的表现，并提醒学生在体育训练活动中集中注意力。除此之外，教师还应该引导学生提高自身的心理素质，并加强日常体育训练，引导学生提高注意力，在比赛中及时观察和分析战况。例如，在篮球、羽毛球、排球的体育教学活动中，教师可以引导学生分析队友和对方队员的心理，进而掌握运动技巧。在篮球训练过程中，教师可将学生分为两队进行体育训练。教师可以从最基本的无球跑位和运动过程中的注意力开始培养，让学生在无球的状态时主动跑位，寻找空当对对方防守制造压力，并减轻队友的进攻压力。学生在运动时需要集中注意力，观察队友和对手的位置，从而更好地接住队友传来的球，或者阻止对手抢断队友的球。同时，教师还可以指导学生在无球跑位时及时做出挡拆动作，为队友争取机会和时间。学生在拿球的一瞬间，需要观察队友的位置，并随时准备传球给位置更佳的队友，进而制造得分机会。久而久之，学生在参与体育训练的过程中会自然地集中注意力，进而提高训练的效果。

(二)创新体育心理学的教学方式，培养学生的学习兴趣

学习一门课程，不仅要让学生掌握一定的知识，还需要培养学生对课程本身的兴趣。教师可以创新现有的体育心理学教学方式，完善体育心理学教学方案，培养学生的学习兴趣。体育教学需要学生具有灵活运用的能力，特别要让学生在熟练掌握体育心理学的基础上，进行体育运动的观察与分析，进而提高学生的心理素质。教师可以结合现有的网络技术开展体育心理学教学活动，特别是与慕课、翻转课堂、问题探究教学等结合，鼓励学生完成部分体育心理学知识的自主探究。例如，在乒乓球的体育教学时，教师可以借助网上模拟教学训练，让学生加强各种情况下的乒乓球练习。在进行乒乓球的网上模拟训练教学时，教师应引导学生注意把握体育训练的心理状态。教师应为学生设计多种多样的乒乓球训练模式，让学生自由选择适合自己的训练模式进行训练。

(三)结合体育心理教育讲座、教研活动，提高学生的体育心理认知

教师可以结合微视频、线上直播等方式邀请名师对学生进行体育心理教学，让名师的课堂教学示范影响到每一位学生，并让学生聆听专家对体育学习过程中出现的心理问题分析结果，提高学生对体育心理的重视程度。名师课堂、专家讲座、观摩研讨活动都能在一定程度上提高学生的体育心理认知，教师应该积极邀请相关人员对学生进行体育心理教育。学生只有主动地练习，才能熟能生巧，准确把握体育心理学，提高心理认知。比如在跨栏跑的体育心理学名师讲座中，教师可以让学生观看名师对跨栏跑的行为分析、心理分析，然后让学生联系自己分享自己参与跨栏跑时的心理变化。学生多表示"自己在跨栏跑时身体不占优势，存在自卑心理，本可以发挥更好"等，他们希望能够在训练中有更好的

表现，但是心理状态的变化严重影响了他们的训练表现。教师可以让学生学习名师的心理分析和心理干预措施，然后再参与跨栏跑体育活动。教师借鉴名师的心理干预建议，让学生分组完成体育学习过程。教师可以借助操场简单的教学设施，让学生自由组合，做好跨栏前准备，提高自信心。学生在练习跨栏跑时，教师可以借助一些音乐来改善学生的学习状态，并鼓励学生在训练中发现乐趣，完成体育活动。然后教师再分别让学生学习摆动腿技术和起跨腿技术来提高学生的跨栏跑技能，并让学生自由组合做转体动作，提高身体的柔韧性。教师会发现这种课堂氛围是较为轻松的，学生能够在由易到难的体育训练中发现体育训练的快乐，同时也提高了学生的身体素质和心理素质。学生在名师的心理干预措施影响下，训练状态会有明显的改善。教师还可以开展教研活动，提高自身的体育心理专业教学水平。教师通过参与体育教研活动，观摩体育心理学教学课堂视频，可以更好地开展体育心理学在体育教学中的渗透工作。

(资料来源：高娟. 体育心理学在高校体育教学中的应用[J]. 佳木斯职业学院学报，2019(11): 82，84.)

本 章 小 结

体育心理学是心理学的一个分支学科，研究从事体育活动的人的心理现象及其发展规律的科学。它属于应用学科。体育心理学的研究内容主要涉及两个方面：一是学校体育范围内的有关心理学问题；二是与从事体育活动有关的心理学问题。这些研究内容都是普通心理学和教育心理学研究难以替代的。从历史的角度看，体育心理学和运动心理学从形成到后来的发展，一直作为一个结合体存在。体育心理学于20世纪20年代初步形成，60年代国际运动心理学会的成立标志着现代体育心理学的诞生。我国体育运动心理学在20世纪60年代处于萌芽阶段，70年代末进入全面发展时期。

思考与练习

1. 体育心理学、运动心理学和锻炼心理学之间有何异同？
2. 体育心理学是什么？其研究任务包括哪些方面？
3. 体育心理学的研究方法主要有哪些？请分别举例说明。
4. 体育心理学多维性的含义是什么？
5. 什么是反应时？包括哪两类？
6. 简述中国体育心理学的发展历史。
7. 简述体育心理学的发展方向。

第二章　运动兴趣与动机

本章学习目标

- 知道运动兴趣的品质和分类。
- 掌握影响运动兴趣形成的因素。
- 了解运动兴趣的培养。
- 清楚运动动机的功能和种类。
- 了解学生运动动机的培养和激发。

核心概念

运动兴趣　运动需要　运动动机　成就动机　内部动机　外部动机　直接动机　间接动机　生物性动机　社会性动机

学生"喜欢体育但不喜欢体育课"现象

现在学校存在这样一种现象：学生喜欢体育，但不喜欢体育课。为何会出现这样一种奇怪的情况呢？让我们来看看传统体育课给学生带来了什么？首先，压抑的传统体育课堂教学氛围。教学过程中，教师采用常规的教学方法，要求学生必须按照教师的组织教法去做，相互不能打闹，不能笑，不能离开队伍中的位置。一旦学生稍微放松，就会受到老师的批评和严厉斥责。其次，死板的教学模式。每堂课的教学流程相同：集合整队、师生问好、跑步、准备活动、枯燥的教学内容以及缺乏活力的教学方法。教师的语言缺乏幽默、激情和笑容，口令与动作不协调。这一切带给学生的，往往只是压抑，学生的注意力全部集中在这些没有活力的教学内容和组织方法上，内心就会感到不适。上完一堂课后，再不愿意上第二次。再次，教学内容可能与学生的兴趣不符。常规体育课的教学内容大多来源于竞技体育，教师一般都是按照竞技体育的训练方法和步骤进行教学，把学生当作运动员来培养，忽视了学生个人的内心需求和情感需求，也忽视了并不是每个学生都对体育有浓厚兴趣的事实。最后，素质训练的单调、无聊与疲惫。素质训练，学生不知道为何要练？

对自己有什么好处？怎样练？练的过程应该保持怎样的一种心理态度和思维方式？因此，学生只是为了训练而训练，感到单调、无聊和疲惫。

本章将简要介绍与运动兴趣和运动动机相关的一些知识。

第一节　运 动 兴 趣

运动兴趣作为参与体育活动的动力因素之一，影响着学生参与体育活动的行为选择、强度及频率。运动兴趣是在体育活动需求的基础上产生的，并在体育实践中不断得到培养和发展。它既能把学生积极、愉快的情感和注意力与具体的体育活动紧密联系起来，促使他们对体育活动倾注时间和精力，也是学生乐于参与体育活动的主观意愿表现。

一、运动兴趣概述

(一)运动兴趣的含义

运动兴趣的
品质.mp4

运动兴趣是人们积极地认识、探究和参与体育运动的一种心理倾向，是获得体育与健康知识和技能，促进身心健康的重要动力来源。人们一旦对体育运动产生兴趣，他们就会主动关注与体育运动有关的事情和信息，并积极参与到体育运动中。运动兴趣能够使人的认识优先关注某项运动，并以渴望和愉快的心情去了解和探究它。

运动兴趣与人的运动需求有着密切的联系，它是基于一定的运动需求产生的。也就是说，只有当一个人对即将参与的体育运动或所学的运动知识与技能产生强烈兴趣，觉得这些运动知识和技能需要了解，需要掌握，他才会充满兴趣地进行该项体育运动或体育学习。

(二)运动兴趣的特性

1. 运动兴趣的倾向性

运动兴趣的倾向性，是指运动兴趣总是倾向于特定的体育项目或体育事件。当一个学生对某项体育运动感兴趣时，其就常常渴望参与这项运动。不同的人的运动兴趣指向和内容可能有显著差异，这种倾向性直接影响运动兴趣的性质。因此，在体育教学中，体育教师应善于挖掘激发学生运动兴趣的有效方法，让学生对体育学习内容具有一定的兴趣倾向，从而取得良好的教学效果。

2. 运动兴趣的广泛性

运动兴趣的广泛性，是指运动兴趣指向对象范围的大小。当一个学生对某一运动项目产生广泛兴趣时，他将会有意识地、主动地进行体育学习，将所学的运动知识和技能尽可能地应用到该项目的训练和练习当中。为了学好某项自己感兴趣的运动技能，学生会主动查阅相关材料，例如，从运动生物力学的角度进一步了解动作技术要领；从营养学的角度合理搭配自己的饮食；从心理学的角度学会调节情绪，增强自信心等。同时，其会寻求多方帮助，最终提高自己的运动技能水平，获得健康的身体。这反过来又会进一步强化运动兴趣，让学生的运动兴趣更为广泛。因此，在体育教学中，体育教师应巧妙设计教学内容，避免传统的"照本宣科"的教学方式，注意启发学生进行自主学习和探究式学习，以拓宽学生的知识面和兴趣面。

3. 运动兴趣的稳定性

运动兴趣的稳定性，是指运动兴趣持续的时间，持续时间越长表明兴趣的稳定性越强；反之，则越弱。一般来说，随着年龄的增长，少年儿童的运动兴趣将逐渐趋于稳定。稳定的运动兴趣可以让学生持续地坚持体育锻炼，不易受其他因素的影响。即使在体育运动中遭遇挫折也不会轻易放弃，从而形成强大的推动力，帮助学生获得良好的成绩。稳定的运动兴趣对于完成复杂而又艰巨的体育活动任务来说十分必要，往往使人能够获得他人难以掌握的运动知识和技能。同样地，在从事某些断断续续或历时很长的体育活动时，运动兴趣的稳定性也非常重要。

4. 运动兴趣的效能

运动兴趣的效能，是指运动兴趣对体育活动的推动所产生的效果。根据运动兴趣的效能水平，可将其分为积极和消极两种。运动兴趣效能的高低主要表现在对实际行动的推动力大小及其作用时间的长短上。因此，培养学生具有高效能的运动兴趣，对促进学生更有效地参与体育运动，更好地掌握运动知识和技能、发展个性都具有重要意义。

(三)运动兴趣的分类

1. 根据运动兴趣的内容，可以分为物质兴趣和精神兴趣

物质兴趣是以人的物质需求为基础的兴趣，主要表现为对运动用品的兴趣；精神兴趣则是以人的精神需求为基础的兴趣，表现为对运动的偏好和渴望。过分的物质兴趣，以追求名牌、炫耀、享受为目的，往往使人误入歧途，令人只关心和重视运动的表面，忽视运动的实质内容及其所具有的健身价值和教育价值。一个人拥有浓厚的精神兴趣还是强烈的物质兴趣，与他的理想、信念、价值观有密切相关。

2. 根据运动兴趣的倾向性，可以分为直接兴趣和间接兴趣

直接兴趣是由于对体育活动本身的需求而产生的兴趣，能促使人们产生愉快感，如对参与体育活动、观看体育比赛等方面的兴趣。一般来说，新奇的事物以及与运动需求直接相关的运动项目比较容易引起直接兴趣。间接兴趣不是对体育活动本身产生的兴趣，而是对体育活动的未来结果感到需求而产生的兴趣，如保持体型、增强体质等。人们对产生间接兴趣的体育活动本身并没有需要，因而它不一定能带来愉快感。

直接兴趣和间接兴趣既有联系又有区别，其差异主要表现为：直接兴趣与间接兴趣所需要的意志努力程度不同；直接兴趣和间接兴趣具有年龄差异；直接兴趣和间接兴趣可以相互转化，且这种转化对于激励个人积极参加体育运动非常有必要。

3. 根据运动兴趣的广泛性，可分为广泛兴趣和中心兴趣

广泛兴趣，是指对多项体育运动(如球类运动、水上运动等)或某一项体育运动的多方面(如运动技术、运动心理、运动生理等)感兴趣；中心兴趣则是在广泛兴趣的基础上，对某一类(项)体育运动(如球类运动)或体育运动的某一方面(如运动心理)有特别浓厚且稳定的兴趣。

广泛兴趣和中心兴趣密切相关并互相促进。对学生而言，首先应培养对体育活动有广泛兴趣，通过参与多种体育活动来锻炼自己，为未来发展打下扎实的体能基础和技能基础。然后，在此基础上培养中心兴趣，即对某一类(项)体育运动进行更刻苦的锻炼，或对体育运动的某一方面进行更深入的钻研，并使其他各种兴趣都能直接或间接地为中心兴趣服务。

4. 根据运动兴趣的深度、范围和稳定性，可分为有趣、乐趣和志趣

有趣是运动兴趣的初级状态，属于起始状态的低层次兴趣，是人们对新奇事物或有趣现象的直接兴趣，是在感知中由于兴奋性增强形成的一种不太稳定的愉悦倾向，是由事物的新异刺激引起的好奇心。乐趣是中层次兴趣的继发状态。有趣不断地发展积累，由量变引起质变，由被动的、观赏性的兴趣转变为主动参与的兴趣，由不太稳定的愉悦倾向(情绪性的)发展成比较稳定的热爱倾向(感情性的)，其动力效应极大增强，从而形成乐趣，在这一阶段，学生具备主动进行体育学习的积极动力。志趣则是运动兴趣的高级状态，是乐趣与个人志向的结合，是推动人实现远大理想目标的最稳定的动力倾向，是学生获得好成绩的最宝贵的心理动力。

学生运动兴趣的产生、发展和形成，一般都要经历"有趣—乐趣—志趣"三个阶段。在体育教学中，体育教师要帮助学生明确体育学习的目的，引导学生的运动兴趣从有趣、乐趣向志趣发展，这样的运动兴趣才具有更强的推动力。

二、影响运动兴趣水平的主要因素

(一)运动需要的满足

影响运动兴趣水平的主要因素.mp4

运动需要主要指学生对体育运动的自身价值(如趣味、娱乐、竞技、健身、健美等)所产生的一种渴求趋势，或想掌握某项体育运动技能的需求。一旦运动需求得到满足，就会产生运动愉悦感，从而激发运动兴趣。长期以来，体育课教学中存在学生的体育学习兴趣不高的情况，特别是"喜欢体育但不喜欢体育课"的现象，这在很大程度上是学校教育严重忽视了学生的运动需求，而更多地强调其他需要(文化学习需要、升学需要、就业需要等)。因此，在体育教学中，体育教师首先应了解学生在体育学习中有哪些需求和动机，然后在充分尊重学生运动需求的基础上，激发和培养学生的运动兴趣。

📖 引导案例分析

还记得本章开头学生"喜欢体育但不喜欢体育课"的现象吗? 体育老师们，针对这一现象我们应该如何改进?

(1) 提高教师的教学能力和水平。教学过程中，教师的演讲能力、表演能力、口令指挥能力、队形调动能力、幽默能力、激情等，都是教学的润滑剂，能有效吸引学生注意力，避免课堂变得枯燥乏味。

(2) 实施分项教学，让学生参与他们喜欢的体育项目。那无疑课堂一定是兴趣使然，使学生感受到体育的魅力，以及体育带来的愉悦感。建议学校多开发校本课程，进行分项教学。

(3) 采用适当的思维方式和心理引导，教会学生如何正确思考，如何正面看待体育运动过程中的各种问题，以及如何正确面对运动中的痛与累。

(4) 利用体育精神和体育文化来激励学生。

(5) 融入更多的其他相关知识、做人做事的方法原则等，使学生通过体育课获得多方面的提高。

(6) 创设情境和机会，让学生之间更多地接触、交流、帮助，共同完成任务，从而增强学生之间的友谊。例如，课堂上经常举行小型比赛、灵活多变的对抗活动等。

(7) 教学方法和教学组织灵活多变，因时、因地、因人、因天气情况、因不同教学内容而采用不同的方法和组织形式。

(8) 给学生提供一个展示自我和锻炼能力的机会。通过体育课让学生获得更多的收获和心理体验。例如在健美操课后，给每个组展示自己成果的机会，这样既提高了学生的运动技能，又增加了他们对体育课的兴趣。

改变教学方法和教学模式，提高体育教师个人素质和能力，科学、合理、以人为本来安排组织教学，使学生既喜欢体育，也喜欢体育课！

(二)现有的运动技能水平

学生学习兴趣的形成也依赖于其掌握知识的深度和广度。在体育教学中，影响学生运动兴趣形成与发展的重要条件主要是运动技能水平的高低。运动技能水平越高，就越有机会体验体育运动内在的魅力，领悟运动技术所蕴含的奥秘，备感快乐。因此，在体育教学中，应注意提高学生的运动技能水平，培养学生的运动爱好与专长，从而达到提高学生运动兴趣的目的。

(三)运动内容的新奇性与适合性

实验证明，青少年参加有兴趣的球类活动时，会出现血糖上升、肌力增强、精神饱满等现象；而强迫他们做那些单调、枯燥、缺乏趣味的体育练习时，血糖下降、肌力减退，很快就会出现精神倦怠的疲劳症状。因此，在体育教学中，体育教师首先要尽可能地采用灵活多变的教学方法，选择具有强吸引力的学习内容，以促进学生运动兴趣的形成与发展。其次，体育教师应深入研究教材、教法以及学生身心发展的特点，掌握打开学生心灵的"金钥匙"，以激发学生的运动兴趣，使他们由被动学习转变为主动学习。

(四)成功体验的获得

运动兴趣是体育学习获得成功的动力，而体育学习的成功又是激发和提高运动兴趣的主要因素之一。一般来说，那些成功希望、符合个人能力水平、能带来愉悦感的体育运动容易激发学生的运动兴趣。当学生从自己的体育学习中体验到成功时，就会产生满足感，增强学习自信心，并将此转化为体育学习的动力，形成积极的良性循环。因此，体育教师要注意帮助学生在轻松愉快的氛围中获得运动知识和技能，提高学生体育学习能力，从而使其运动兴趣不断得到巩固和发展。

(五)融洽的师生关系

教育心理学告诉我们，融洽的师生关系直接影响学生的学习情绪，师生心理越相容越能提高教学效果。中国有个成语，叫作"爱屋及乌"。学生常常会为其所喜欢的教师而努力学习。如果教师能够与学生建立一种友好合作的关系，则有利于增进师生相互间的感情，提高学生的学习兴趣。由此可见，体育教师一方面要努力提高自己的师德修养和业务水平，在学生中塑造良好的形象；另一方面，体育教师必须热爱学生，关心学生，成为学生体育学习的组织者、参与者、帮助者、引导者和促进者，创造一个师生心理相容的良好环境。

三、运动兴趣的培养

(一)成功教学法

学生在求知欲的基础上努力学习并取得技能进步时，对成功的表现会产生积极体验，并对此项体育活动更加关注。运动兴趣的产生实际上是学生内在动力的体现，是伴随学生自身参加体育活动，获得成功的内心体验而逐渐产生的。苏霍姆林斯基曾说："只有在学习获得成功并产生鼓舞的地方，才会出现学习兴趣。"因此，要想使学生产生运动兴趣，就必须设法使他们获得成功。学生往往希望拥有与自己能力相匹配的学习情境。如果教师设定的学习目标与其能力相符，学生通过自己的努力能够达到，学生就会享受到自己努力而得到的喜悦。这种内心形成成功体验的积累将逐渐转化为运动兴趣。

(二)愉快教学法

体育教学的宗旨是要学生在体育活动中体验到欢乐，学习到体育技能并增强学生的身体素质，从而产生体育兴趣。

愉快教学的关键是教师。教师要以充沛的感情、专注的精神、优美的动作、生动的语言、娴熟的技巧、组织得当的体育游戏、和蔼可亲的态度来感染学生，建立起体育教学过程中的师生情谊，充分信任和尊重学生，用"乐教"影响学生的"乐学"，防止由于体育活动的苦、累、脏及其他因素造成学生惧学的消极心理。

1. 建立融洽的师生情感，引发兴趣

在体育教学中建立融洽、友好的师生情感是培养学生运动兴趣的前提条件。研究表明，良好的师生情感是影响学生体育学习兴趣的重要因素。"亲其师，信其道"，平等、融洽的师生关系有助于提高学生学习的主动性和积极性，反之，如果师生关系不和谐，学生学习的主动性和积极性就受到压抑。建立平等的师生关系，首先，要求教师具有平等的角色意识。在体育教学中，教师要经常深入学生中，以满腔的热情、平等的态度对待每一位学生，成为学生的良师益友。这样，学生才会乐于与教师交往，主动参与学习活动。其次，教师要始终保持童心，乐于接触学生。教师时时保持一颗童心，多接触学生，主动了解学生，善于从学生的角度思考教学，教学才能生动、活泼，才能符合学生的心理特点，最终满足学生的心理需求，取得良好的教学效果。最后，教师要尊重、理解、宽容每一位

学生，尊重他们的个性和选择。教师要善于发现学生学习上取得的成绩和学生身上的闪光点，并给予及时鼓励。对于学生学习上的不足，教师也要先对好的方面给予肯定，再指出不足。要常用"好极了""你真棒"这些鼓励、赞美之语鼓励学生。当教师对学生抱有希望，并且通过态度、表情与行为等方式将这种希望传递给学生，学生就会受到鼓舞，从而更加信赖教师，并给予积极的回应。因此，教师要不断调控自己的情感，关爱每一位学生，建立起平等、和谐的师生关系。

2. 利用新颖多样的教学方法和手段，引发兴趣

在体育教学中，不断创新性地运用新颖灵活的教学方法及多样化的教学组织形式与手段，可使教学气氛变得轻松愉快，有利于激发学生的运动兴趣。例如，耐久跑这个教材比较单调乏味，学生练习感到辛苦。因此，可能会使学生产生恐惧和厌烦心理。这时教师可以摒弃以前的绕田径场耐久跑方式，转而采用自然地形跑、障碍跑、追逐跑、领先跑等形式，运用蛇形、螺旋形、花瓣形、对角形等线路，选用游戏法、竞赛法、测验法等手段。这样学生练习时就会积极参与、兴趣十足，把身体上的苦转变为情感上的快乐，把短暂的、直接的运动兴趣逐渐转变为持久的运动兴趣。另外，也可运用竞赛法、游戏法来激发学生的运动兴趣。

3. 利用风趣幽默的语言，调动兴趣

风趣幽默的语言和具有个性化的口令具有强烈的号召力和感染力。教师要善于利用准确鲜明、生动形象、风趣幽默的课堂语言，调动和激发学生的运动兴趣。例如，在篮球教学中，教师要求学生起动要快、停止要稳、跳跃要远、舒展要开；又如，在教弯道跑时，教师可把弯道跑的要领编成顺口溜"弯道跑，跑弯道，身体微微向左倒，蹬地外里里外脚掌地，摆臂外面大来里面小"，这样不仅有助于增强学生对动作的理解，更有助于学生对技术的掌握，学生边念边练效果更佳。

4. 合理利用评价，激发兴趣

在体育教学中，教师对学生予以及时、公正、客观、鼓励性的评价，能积极影响学生的心理活动，即使面对学生微小的进步，体育老师也要用积极的语言加以鼓励和表扬，这样能使学生体验到成功的喜悦，从而加深对体育的感情，激发学生的运动兴趣。恰当的评价方法有利于培养学生的运动兴趣。教学评价是对学生体育行为的总结与肯定。评价的合理性会直接影响学生以后参与体育活动的积极性。因此，在评价方式上，既注重终结性评价，也注重形成性评价。在评价内容上，既对学生体能和技能进行评价，也要对学生的态度、心理和行为进行评价，而且在对其体能、技能实施考核时，应注意评价体系的区分度，要适合学生的心理发展水平和身体素质现状，以利于激励学生。在对学生进行评价时，教师要注意肯定与否定相结合，以利于培养学生的成就感和增强学生的自信心，使学生以愉悦的心情主动投入到体育活动中。

(三)需要满足法

活泼好动是少年儿童的天性，因此绝大多数学生喜欢上体育课和参加体育活动。但是他们自我约束能力差，注意力容易分散，这就需要对他们进行积极引导。中小学生求新好

奇的心理明显。好奇心是一种带有情绪色彩的探索事物或获取知识的认识需求。在体育课上，学生希望教学内容要经常更新，每节课都有新知识、新收获和新活动。体育教师应在遵循教学大纲的基础上，尽量在"新"字上下功夫。例如，喊口令可由教师喊或吹哨子进行，也可由学生喊、师生轮换喊口令或敲击乐器、音乐伴奏等；同是队列练习，可排成四列横队、四路纵队、圆形队、弧形队等各种队形，教师只有注意教材内容的新颖性，教法手段的多变性，并充分体现体育课的活动性、游戏性和娱乐性，才能提高学生的求知欲，发展运动兴趣。

争强好胜是中小学生的突出特点。采用"比一比、测一测"的方法会使学生感到有变化、有新意、有趣味。爱美是学生的又一特点。体育活动中蕴含着丰富的美的因素。教师的语言美、动作美、教态美、形体美能使学生在耳濡目染中受到美的熏陶，优美的环境也能使学生产生美的感受。通过美的体验，易于实现体育活动中的"苦学"变"乐学"。

(四)利用资源法

1. 利用课外体育活动，培养兴趣

课外体育活动是体育课的延伸，是充分发挥学生主观能动性，活化和运用所学知识与技能的重要环境，是培养和提高学生运动兴趣的重要途径。在课外体育活动中，学生的选择更多样，学生有更多的精力和时间去从事他喜爱的运动项目。由于组织形式的多样性，学生容易形成自己的运动爱好和专长，满足个性化学习和发展的需求，在良好的氛围里培养持久的运动兴趣，为终生体育打下基础。

2. 利用体育社会化的影响，诱发兴趣

利用传播媒体来欣赏体育竞赛和接收体育信息，使学生及时了解体育新闻和观赏高水平体育比赛，以此熏陶学生的体育情操，增强学生对学习体育和参与体育活动的兴趣。这也将对学生增强体育意识、形成体育观念产生重要影响。现代青少年对明星偶像都有崇拜心理。例如，乔丹、贝克汉姆、刘翔、苏炳添、苏翊鸣等，凡是与这些人物的有关报道他们都比较感兴趣，教师可利用偶像效应，积极培养学生对体育的兴趣。

3. 利用校园体育文化，激发兴趣

校园体育文化具有一定内涵和指向，对学生产生的影响是全面而深远的，它促进学校体育运动的发展。首先，可以加强体育宣传，充分利用黑板报、广播、海报等宣传媒介，加强渲染、烘托气氛，动员全校师生都来关心和参加体育活动，尤其要对学校的重要的体育活动，如运动会、篮球赛、排球赛等进行重点宣传和报道。其次，可以开展多项目、多形式的体育比赛，如校运动会、篮球赛、排球赛、拔河赛、趣味性游戏比赛等，促使学生参加体育活动，形成良好的校园体育锻炼氛围。最后，可以在班级之间、年级之间开展友谊赛和对抗赛，也可以开展教师与学生之间、学校与学校之间的各类体育竞赛活动。

📖 知识拓展 2-1

体育兴趣的作用

体育兴趣是人们积极地认识、探究或参与体育运动的一种心理倾向，是获得体育与健

康知识和技能，促进身心健康的重要动力。一旦人们对体育运动产生了兴趣，就会主动对与体育运动有关的事情和信息表现出特别的关注，并积极主动地参与到体育运动中来。活动的结果是需求的满足并由此得到积极的情绪体验。因此，体育兴趣是体育参与的基本动力之一，影响着人们体育参与的具体活动方向和强度。

大量的观察和研究表明，体育兴趣与体育学习活动效果常常是成正比的。在身体素质和原有技能水平大体一致的情况下，有体育兴趣的人比无体育兴趣的人活动效果更好。这是因为体育兴趣对体育学习或锻炼具有指导和强化的作用。

1. 指导作用

体育兴趣是人在体育活动中的个性倾向，每个人在体育兴趣上都可能有差异。同时，体育兴趣又是人们心理和行为上对体育活动的趋近倾向。它使人能从多种活动中做出选择，选择他所喜欢的体育活动内容或形式，并且乐此不疲。但是，不同年龄学生的体育兴趣可能发生变化或分化，进而使体育兴趣的指导性越来越明确而趋于稳定，甚至逐渐形成对某个项目的中心兴趣。值得注意的是，这种指导作用会因活动结果的积极强化而不断得到加强，从而表现出体育兴趣的动力性和体育参与的延续性。徐和庆(1998)以我国 15 座城市各类高等院校毕业的两届毕业生 924 人(男 454 人，女 470 人)作为研究对象，用问卷调查法来考察体育兴趣的持续性。将体育活动归纳为三类：娱乐型、健身健美型和竞技型。研究结果表明，中学、大学和步入社会后三个阶段在三类体育活动的兴趣上显示了高度的一致性。其中，对健身健美型活动的兴趣呈增加趋势；对娱乐型活动感兴趣的人，无论在校时还是步入社会后都超过另外两类，并有很高的一致性。924 名被试者的体育兴趣与运动实践的相关分析结果表明，体育兴趣对运动参与有长期明显的指导作用，对促进终生体育有积极的影响。

2. 强化作用

兴趣是最好的老师。对某项体育活动感兴趣，可以促使人们对此倾注更多的时间和精力，产生持久的注意力，并能保持清晰的感知、周密的思维、牢固的记忆和丰富的想象。体育活动要求人们付出较多的体力，容易产生疲劳和厌倦。但是，如果对活动本身感兴趣，就会精神饱满、积极热情地参与，努力学习，不断进步。实验表明：多数女中学生不喜欢长跑，但当长跑改成音乐伴奏下的跑跳步练习时，在生理负荷相同的情况下，她们会情绪振奋，不觉疲劳，课堂气氛活跃，教学效果显著提高。

(资料来源：本书作者整理编写.)

第二节 运 动 动 机

有的学生参加体育活动，有的学生不参加体育活动；有的学生在参加体育活动时积极热情，有的学生在参加体育活动时消极懈怠。这些现象都和学生参与体育活动的需要、动机、兴趣、态度、习惯等动力因素密切相关。体育活动的动力因素不仅能够使学生参与体育活动，提高学生参与体育活动的效率和质量，还能促进学生身心健康的和谐发展。

一、运动动机概述

(一)运动动机的含义

人的有意行为都是指向一定目标，并由某些原因引起。动机是人们朝向某一目标的，激发或抑制某个行为的愿望或意向，是推动个体从事某种活动的内部心理动因。

运动动机，是指由运动目标引发的，推动学生参与体育学习与身体锻炼活动的内部心理动因。学生在体育学习、身体锻炼的目标愿望与运动环境诱因的相互影响下，产生了体育运动的主观需求。有了需求就会形成满足需求的意向，进而成为行为动力，推动学生进行体育学习和身体锻炼活动。强身健体、提高技能、社会交往、情绪宣泄、追求成功、展示自我等，都可能是学生参与体育活动的目标愿望。优良的场地、设备、器械，优越的锻炼环境，以及学校、教师、同学的积极影响，丰富多彩的体育锻炼活动等，都是对学生参与身体运动有吸引力的环境因素。

一般来说，学生的运动愿望是由多种多样的运动项目、体育技能、竞赛游戏等活动激发的。通过参加这些活动，既能满足学生好动、好玩、好奇、好胜的内在需求，又能进一步增强学生参与体育活动的心理需求。

学生内部微弱的运动动机难以从外部观察出来，但当它在学生头脑中达到一定强度时，就会促使他们在心理、生理和行为上有所表现。学生在体育学习和身体锻炼过程中表现出的努力和坚持就是他们运动动机的外在表现，体育教师可从学生在体育学习和身体锻炼中的行为表现观察和推测他们的运动动机。

(二)运动动机的功能

个体的行为动机好比汽车的发动机和方向盘，既提供人活动的动力，又指引着活动的方向。运动动机对学生的体育活动和身体锻炼行为起着推动和定向的作用。

1. 激发功能

学生不会无缘无故去体育场进行体育活动，当他们从事某种体育活动时，表明他们心中一定产生了想要运动的愿望。这个愿望达到一定程度，就会成为心理动力促使他们行动起来。这就是运动动机对学生体育学习和身体锻炼行为的激发功能。

2. 定向功能

运动动机不仅能发动体育活动行为，还能使学生的运动行为具有稳固而特定的内容，使他们的运动行为趋向一定的活动。例如，课余时间可以看到有些学生在跑步，有些学生在打篮球，还有些学生在跳绳，他们各自进行着不同的体育活动。这都是学生运动动机差异的体现。

3. 强化功能

运动动机通常还决定着学生体育参与行为的努力程度。运动愿望强烈的学生，在体育训练过程中会表现出兴趣浓厚、情绪高昂、注意力集中、肯于付出等特点，遇到困难时，克服困难的决心也较大。而在体育活动中情绪低落、注意力分散、怕苦怕累、知难而退的学生，往往运动动机不足。

4. 维持功能

运动动机与体育活动持续时间的长短也有直接关系。学生的体育活动愿望越强烈，运动持续的时间就越长，即使在疲劳的状态下他们也能坚持一段时间。但若从事体育活动的愿望不强，运动持续的时间就较短，想让他们保持较长时间也比较困难。

综上所述，良好的运动动机对学生的运动行为具有积极的推动作用，因此，应当培养和激发学生正确的运动动机，使运动动机的促进作用在学生体育活动中得到充分发挥。

(三)运动动机的分类

1. 内部动机和外部动机

运动动机的
种类.mp4

根据学生进行体育学习和锻炼活动的心理动因是由自身内在需要转化而来，还是由外界条件激发而来，可以将运动动机分为内部动机和外部动机。来自学生自身好动、好奇或好胜的心理，如渴望从体育活动中获得身体上的快感、乐趣、刺激，以及希望满足自己的自尊心、上进心、荣誉感、义务感、归属感，以及自我决策、自我实现等心理需求的动机，属于内部动机；由学生自身之外的诱因转化而来的动机，如教师的表扬、同学的赞赏、竞争获胜的奖励、荣誉，或迫于压力、避免惩罚与升学考试等原因参与体育活动的动机，属于外部动机。

一般而言，内部动机对学生参与体育活动的促进作用较大，学生参与体育活动维持的时间也较长。这是因为由内在需求所引发的活动可以使学生得到某种满足，如运动乐趣的获得、竞争的参与、运动效能感的提高等，无须外力的作用。因此，内部动机的"内在奖励"是既"经济"又富有积极推动作用的心理动力。而外部动机对学生参与体育活动的促进作用相对较小，持续作用的时间也较短。一旦"外在奖励"消失，外部动机的促进作用也会很快减弱。但外部动机并非一无是处，对于那些年龄较小或尚欠缺运动动机的学生来说，利用外部动机引发运动的行为还是十分必要和有效的。

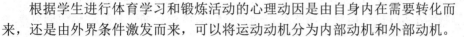

知识拓展 2-2

德西效应

德西效应(Westerners effect)认为适度的奖励有利于巩固个体的内部动机，但过多的奖励有可能降低个体对事情的兴趣，降低其内部动机。

心理学家德西 1971 年做了一项专门的实验。他让大学生作为被试者，在实验室里解有趣的智力难题。实验分三个阶段：第一阶段，所有的被试者都无奖励；第二阶段，将被试者分为两组，实验组的被试者完成一个难题可得到 1 美元的报酬，而控制组的被试者与第一阶段相同，无报酬；第三阶段，为休息时间，被试者可以在原地自由活动，并把他们是否继续去解题作为衡量对这项活动喜爱程度的指标。

实验组(奖励组)被试者在第二阶段确实十分努力，而在第三阶段继续解题的人数很少，表明兴趣与努力的程度在减弱；而控制组(无奖励组)被试者则有更多人花更多的休息时间在继续解题，表明兴趣与努力的程度在增强。

德西在实验中发现：在某些情况下，人们在外在报酬和内在报酬兼得的时候，不但不会增强工作动机，反而会减弱工作动机。此时，动机强度会变成两者之差。人们把这种规律称为"德西效应"。这个结果表明，进行一项愉快的活动(内在报酬)，如果提供外部的物质奖励(外在报酬)，反而会减少这项活动对参与者的吸引力。

(资料来源：本书作者整理编写.)

2. 直接动机和间接动机

根据学生参与体育学习和锻炼活动的心理动因是指向体育活动本身，还是指向体育活动结果，可以将运动动机分为直接动机和间接动机。指向体育学习和锻炼活动的内容、方法或组织形式等当前、直接特征的动机，是直接动机；指向体育活动可能带来的生理、心理和社会的延迟、间接结果的动机，是间接动机。

直接动机与体育学习和锻炼活动本身紧密相关，动机内容相对具体，对行为的直接动力作用较大，是推动学生参与体育活动的有效动力。但当体育活动内容具有一定的难度，需付出较大、较长时间的努力才能学会和掌握时，或学生对某一练习方法产生单调感、枯燥感时，直接动机作用的局限性就会体现出来，其作用的影响范围减小和持续时间减少。而间接动机虽然与当前体育活动的直接联系较少，但它与长时间活动后产生的最终结果和社会意义相联系，其影响持续的时间更长，能使学生更自觉和持久地进行体育活动。因此，直接动机和间接动机具有相互联系和相互补充的作用。

3. 生物性动机和社会性动机

根据学生参与体育学习和锻炼活动的心理动因是以生物性需要，还是以社会性需要为基础，可以将运动动机分为生物性动机和社会性动机。

为了获得刺激、愉悦、运动愉快感觉和宣泄身心能量，满足个体的生理性需要而参与体育活动的动机，属于生物性动机或原发性动机。虽然它是相对低级的、个性化的动机，但对学生参与体育活动的心理和行为影响较大。学生对参与体育活动拥有较大的娱乐、兴奋和宣泄的期待，如不能得到满足，会使他们出现心理烦躁、行为不安、注意力与情绪难以控制的状态。因此，体育教学应安排得生动、活泼、多样化，以适当满足学生的生物性需要。

为了在体育活动中与同学建立联系，进行交往，以及得到认同、发展友谊、追求卓越、施展才能、取得成功、赢得荣誉，满足个体的社会性需要而参与体育活动的动机，属于社会性动机或继发性动机。它是既重交往又重声誉的运动动机，是在后天通过学习获得的继发性动机，具有相对持久性，对学生在体育学习和身体锻炼中的人际互动与相互学习，以及在学习体育知识、掌握运动技能、提高体能水平等方面都具有较大的促进作用。因此，体育教学应注重互帮互助、人际交往、才能展示、合作与竞争等内容的安排，以满足学生的社会性需要。

二、运动动机产生的条件

(一)体育活动需要

需要是个体因缺乏某种东西引起的内部紧张状态和不舒服感。需要使人产生欲望和内驱力，并引起活动。从体育活动需要来说，它同样是一种"缺乏感"体验，以参加体育活动的意向、愿望等形式表现出来，最终形成促进人进行体育活动的动力。

在对学生、运动员以及成年人的调查中可以看到，他们参与体育活动主要是生理的、心理的以及社会性的需要。从生理的需要来看，绝大多数人参加体育活动是身体健康、身体活动、增强体力、增加耐力、促使动作敏捷、消除疲劳、保持良好睡眠的需要。从心理的需要来看，他们认为参加体育活动能调节情绪、掌握技能技巧、保持良好的精神状态、增强上进心、增强注意力、锤炼意志力、性格开朗、养成文明健康生活的习惯。从社会性的需要来看，很多人参加体育活动是出于扩大社交范围、结交新朋友、增强凝聚力、提高竞争力与社会适应性的需要。

从更广泛的意义来分析，对于所有的运动参加者来说，他们的普遍需要可概括为：增进健康的需要；追求运动带来的快乐、振奋、放松感；在运动中获得友谊和社会交往的机会；作为工作和学习活动的补偿和调整，以调节情绪；展示体能与技巧，满足追求成就、自主等需求；了解体育知识，掌握运动技能的认识需要。

(二)体育参与的诱因

体育参与的诱因指激发体育参与行为的外部原因，它是能引起个体参加体育活动的动机，并能满足个体需求的外在刺激。这些刺激既包括物质因素，也包括精神因素，统称为环境因素。

能够引起一个人参加体育活动的诱因很多，宽敞的运动场会使人产生跑的欲望；清洁的游泳池会诱发人去游泳；各种球类设施会使人想去打球；街心公园吸引老年人做保健操、打太极拳；一个球、一根棒、一块石头都会诱发儿童跑、跳、投的兴趣。在学校的体育课上，教师的表扬、同伴之间的情绪感染、分数、奖励更是学生上好体育课的诱因。体育运动的竞争性、运动竞赛的激烈性，是激起人们参加或观看的重要诱因，它会使参与者全身心投入甚至达到如醉如痴的地步。

(三)体育参与行为的动机、需求与诱因的关系

体育参与行为的动机既可由需求诱发，也可由环境因素引起，一般情况下是内在条件和外在条件交互影响的结果。人们出生后就有活动身体的需求，在教育的影响下，随着年龄的增长，学生可能对某项体育活动产生兴趣，这时他们的强烈需求就会驱使他们想方设法创造条件去参与体育活动；但更多情况下是外界条件(如运动会、教师的高超技能、学校的传统优势项目等)的诱发使个体已有的需求从潜伏状态进入活动状态，从而产生动机性的参与行为。由此可见，形成参与体育的需求是根本的条件；而创造参与的外在条件，使二者相互作用与影响，则是将潜在因素转化为积极外显行为的必要途径。

三、运动动机的培养与激发

运动动机的培养与激发既有区别又有联系。动机的培养，是指促使学生从没有运动动机到形成运动动机的过程；而动机的激发，是指将学生已经形成的潜在动机充分调动起来的过程。培养是激发的前提，激发又可进一步加强已有的动机。在学生运动动机的培养和

激发中可采取以下措施。

(一)充分重视和利用学生的各种需求

好动、好玩与好胜是儿童的天性，它们驱动学生参与各种体育活动，并在活动中得到快乐与满足。随着年龄的增长和知识经验的积累，学生参与体育学习和身体锻炼活动的需求也会继续丰富与发展。这就要求体育教师设法了解不同年龄、性别学生的体育活动需求，并将体育教学的内容、方法和形式与学生的需求联系在一起，以达到激发学生体育活动的兴趣，满足锻炼需求，获得运动乐趣，进一步实现学生运动参与的目的。

1. 提高学生的内部动机

提高学生运动动机的直接方法是激发学生体育学习和身体锻炼的内部动机，即充分发挥体育教学的活动性、体验性、技巧性、多样性、竞争性、游戏性、集体性等特点，满足学生期望在体育活动中感受到乐趣、刺激、宣泄的需求，将学生牢牢地吸引在体育活动中，使他们深深地沉浸在体育活动过程的愉快之中，从而激发出学生积极运动的内在动力。

2. 激发学生的外部动机

体育学习和锻炼活动并不总是能够满足学生的需求，学生在面对挑战和内外部困难时，动机可能会发生方向的偏离和强度的弱化。这时，教师可利用表扬、批评或奖励、惩罚等外部手段来激励或刺激学生参加体育活动。在激发学生体育活动参与的外部动机时应注意，不恰当的外部动因会削弱学生运动参与的内部动机，使学生从为了自身的乐趣参与体育学习和锻炼转为为了获得教师的奖励和避免惩罚而参与。运动参与与外部诱因或压力建立联系后，一旦奖励和惩罚减轻或撤销，学生的动机就会减弱或消失。这就是奖励和惩罚的"过度效应"。因此，在运用奖励和惩罚手段时，要明确体育学习和锻炼行为的规范与要求、奖励和惩罚的目的与具体措施，以及实施这些措施的策略。

(二)提高学生的体育成就动机

1. 成就动机的含义

成就动机是一种较高级的社会性动机，指个体积极、主动地参与自己认为重要或有价值的活动，并力求达到完美、取得优异成绩的心理倾向。它是在成就需求的基础上产生的，在社会交往中习得的内在推动力量。一般而言，学生的体育成就动机强弱不同，他们对体育学习和锻炼的社会意义与个人价值的认识也不相同，体育实践活动的目标、进取精神以及面对各种挑战持之以恒、坚持不懈地进行体育活动的毅力也不相同。

体育学习和锻炼充满了速度、力度、高度、远度、准确度或难度等的竞争与评价，是典型的成就情境，对学生的勇气和进取精神提出了种种挑战。体育成就动机强的学生能积极参与竞争，主动迎接挑战，自觉坚持锻炼，乐于选择与自己能力相当的活动任务，自信高、焦虑低，不怕挫折和困难，迫切期望在体育学习和锻炼中表现得更成功、更完美。而体育成就动机弱的学生则回避竞争和挑战，有人观看、评价就迟疑、退缩，自信低、焦虑高，为保护自尊，倾向于选择难度较低的活动任务。

就体育学习和锻炼动机而言，从表面上看，追求成功和避免失败都能促进学生努力参加体育活动，但在心理上和对活动效果的影响上却大不相同。追求成功使学生振奋、乐观、积极、喜爱运动，而且运动效果也较好。而避免失败的心理则使学生在体育活动中感到忧心忡忡、心情压抑，因此运动效果也较差。所以，体育教师应鼓励学生积极参加体育学习和锻炼活动，追求体育活动的进步，避免将勉强过关作为参加体育活动的目标。

2. 体育成就动机的培养

学生的体育成就动机可以通过教育得到提高。例如，可以通过与学生的谈话、讨论，使他们对与体育学习成就动机有关的自我行为产生"意识化"；通过游戏、竞赛或其他相关活动，使学生认识到采用实现目标的行为策略与成败的关系，以及成败对情感体验的影响，获得成功与失败经历的"体验化"；体育教师通过对与成就动机有关的"运动目标""心理定向""成功标准"等概念的讲授与理解，使这些观念在学生头脑中"概念化"；通过变"常模参照"为"自我参照"，即多强调学生自己体育学习和锻炼前、锻炼后的比较，使他们获得更多的成功机会。成功的经验会提高学生的体育水平，增强其实现目标的自信心。成功激励了学生对更高成功的向往，而这种向往又促进了进一步的成功。

(三)提高自我效能感

当面对一项挑战性任务时，个人是否主动参与、全力以赴，取决于他对自己胜任能力的评估。自我效能感是人们参加体育活动的强大推动力，在控制与调节人的行为方面有着不可估量的价值。

1. 自我效能感对行为预期的影响

在体育活动中，源于自我效能感的胜任动机对行为预期的影响主要表现在以下几个方面。首先，它影响行为的选择。体育活动的项目众多，人们总是倾向于选择自己力所能及并能充分展示自己才能的项目，同时避免选择超出其能力范围的项目。而那些具有较高能力知觉的人更有可能选择挑战自己能力的更高目标，并愿意为之付出更多的努力。其次，它影响努力的程度和持续时间。在参与体育活动的过程中，不可避免地会遇到体能、技术或战术方面的挑战。那些对自己的胜任能力缺乏信心的人可能会减少努力，甚至放弃；相反，能力知觉较强的人会更加努力并坚持不懈地克服困难。最后，它影响情绪反应。自我效能感较低的人往往会过分关注可能的失败或意外，这会降低他们的表现并产生压力和焦虑；而自我效能感较强的人则会集中注意力于当前的活动，对完成任务抱有信心，情绪乐观、稳定，并感到愉悦和振奋。

2. 自我效能感的形成

1) 直接经验

直接经验指个体在以往参加体育活动和练习操作中的亲身经历，它对自我效能感的影响最大。成功的经验可以提高自我效能感，而失败的经历则可能降低人对自己能力的判断。但是，一旦自我效能感形成，即便遇到偶然的失败，也不会轻易降低。

2) 间接经验

间接经验如观看比赛和他人练习。观看或想象与自己相仿的人操作成功能提高其自我效能感，并相信自己也有能力完成类似的练习任务；而看到与自己相仿的人操作不成功，则可能降低自我效能感，并认为自己也难以成功。

3) 书本知识或他人建议

书本知识或他人建议包括说服性的建议、劝告、解释以及自我规劝。某一体育项目的发展史、某位运动员的奋斗历程对青少年都有积极的社会教育意义，会对他们的自我效能感产生积极影响。

4) 本人的身心状态

本人的身心状态是个人在参加某一活动之前对自己胜任能力进行评估的最直接信息来源。良好的身心状态能提高能力判断，而过度焦虑、疲劳、伤病或烦恼会使人难以胜任任务。

(四)适当展开竞争，积极组织合作

体育教师通过强调不同的教学目标(竞争获胜、合作学习、个人提高)、反馈(赞许获胜者、互动者、进步者)、制定成功标准(战胜对手、小组成功、超越自我)等，可以在教学中营造不同的课堂教学氛围。其中，当竞争是在能力相当的合作小组之间进行，既要求合作又要求竞争，而且每个学生都要努力超越自己以前的成绩时，学习和锻炼的效果最好。因为在这样的教学形式中，学生会更有责任感，主动性和积极性会更高，学生之间的相互鼓励、相互帮助会更加频繁，相互之间的促进作用也会更加明显。

1. 适当展开竞争

竞争是激发学生体育学习动机和提高体育活动效果的一种有效手段。体育教学中不可避免地充满了不同形式的竞争，如能合理利用，学生体育学习的成就动机会更加强烈。一般来说，大多数少年儿童喜爱体育活动的一个主要原因是能够获得竞赛和取胜的机会。他们乐于参与体育活动中的竞争，并愿意为获胜付出较大的努力。因此，对喜爱竞争的学生，可根据他们的能力和水平安排不同形式的竞争。实力相当的竞争对他们的体育学习和锻炼活动有积极的促进作用。

2. 积极组织合作

合作是增加课堂人际互动、促进集体学习活动的另一个有效手段。合作学习以学习小组为基本组织形式，以团体成绩为评价标准，利用师生之间尤其是学生之间的相互作用来促进学习，共同达成教学目标的教学活动。尽管合作学习的方法与形式有多种，但其共同特征有以下几点。

1) 小组目标、计分与奖励

大多数的合作学习都是以小组形式进行的。每个小组由 4～6 人组成，按照"组内异质、组间同质"的原则组建。首先由教师进行集体授课，其次学生在各自小组中进行学习，确保所有成员掌握所教内容，最后，所有学生参加个人测试或组间竞赛。教师将学生的测验成绩与他们以往测验的平均分相比较，根据他们达到或超过先前成绩的程度来计算分数，这种计分方法称为提高分计分制。每个小组都制定小组学习活动的目标，将小组成员的个人提高分数相加构成小组总分，实现小组目标或达到一定标准的小组可以获得奖励。

2) 个人责任

在小组目标明确的前提下，还要将小组的任务进行分解，由每个成员负责完成其中的一部分，小组的成绩以个人测验分数的总和或小组成员的平均分数来计算。因此，每个成员既要学好分配给自己的学习任务，实现或超过自己的练习目标，获得个人的提高分；同时还肩负帮助组内其他成员完成学习任务的责任，大家一起努力共同实现或超过小组目标。

3) 成功机会均等

完成个人任务即算成功，合作学习为每个成员都提供了成功的机会。在具体操作过程中，运用个人提高分的计分方法来记录和评价努力的情况，确保每个学生的成功机会均等。

4) 组间竞争

许多合作学习的方法都将小组间的竞争作为激励学生在组内合作的手段，简而言之，就是组内合作、组间竞争。

5) 交往技能

社会交往技能的掌握与运用是合作学习小组有效活动的关键。学生应学会相互接受和信任，了解团体协作、配合的重要性，明白各种角色的作用，懂得相互理解与尊重，掌握倾听、倾诉与协商的技能，能够相互鼓励和帮助，共同分享学习成果与体会。

6) 注重个人需求

合作学习的方法将个人的交往、归属和尊重需求放在重要位置，重视根据个人能力确定学习任务和评价学习进步，小组的表现也是由个人表现决定的。因此，合作学习是一个适应学生个人需求的方法。

国内外研究表明，合作学习不仅促进了学生之间的人际和学习行为的互动，以及学业成绩的提高，而且使学生对学习、同学、教师和学校的态度发生了积极转变，个人的自尊、交往技能及与同学的友好关系也有所提升，而同学之间和小组之间的轻视和敌意则相对减少。

一般而言，学生既喜欢合作性学习活动，也喜欢竞争性学习活动。合作与竞争都与学生积极的学习态度有很强的正相关性。因此，合作与竞争在学生的课堂学习活动中都是必要的，恰当地综合使用合作与竞争或集体与个体奖励是有效促进学生积极学习的手段。在体育教学中，若要取得竞争与合作的最佳效果，还应特别强调教学内容的内在价值和教学活动的最终目的，不能因为采用合作或竞争方法而忽略了学生体质的增强和对教学内容的掌握与运用。与此同时，还应注意合作与竞争方法的相互补充与合理运用。单纯的合作可能使小组活动因单调缺乏激发作用，极端的竞争往往又会对学生的学习行为和个人、小组间的关系产生消极影响。只有在小组合作活动基础之上展开的中等程度的竞争活动，即适量和适度的小组合作与竞争方法的结合，才能发挥个体与小组间的广泛互动作用，以调动学生的学习积极性和创造性。

(五)及时反馈，肯定评价

学生在体育学习中能够及时获得反馈信息，了解自己的技术水平、体能和健康状况的提高，这有利于进一步激发他们参与体育活动和锻炼的动机。因为当学生看到自己的进步时，会激发其体育学习与锻炼的热情，增加努力的程度；看到自己的不足时，会激起其不甘落后、迎头赶上的上进心。

1. 运用多种反馈形式

体育教学中的反馈形式多种多样，如社会性评价(教师在全班同学面前表扬某个学生)、象征性评价(教师在成绩单上给某个同学画小红旗)、客观性评价(教师根据学生的技术或能力表现给予的分数)和标准性评价(教师通过排名次的方法给学生打分)。小学低年级的学生对社会性评价和象征性评价比较敏感，受教师的表扬或各种形式的赞扬影响较大。虽然分数成绩很重要，但低年级的学生会将教师给予的各种符号(如微笑的面孔、金色的星星等)与教师的认可联系起来，而对分数中所包含的评价信息和强化意义还不能充分理解。因此，对小学低年级学生应通过多种形式给予表扬，教师对他们的肯定能使学生对体育参与保持比较积极的乐观态度。

随着年龄的增长，学生会根据他们学习的客观成绩或与他人学习成绩的比较来了解学习结果。这时，单纯告诉学生体育成绩所产生的动力作用将会降低。应将学生体育学习成绩的反馈与体育态度和锻炼主动性的评价相结合，在评价中给予学生更多的反馈信息。根据学生在体育活动中表现的具体情况给予的顺应性评价和校正性评语，无论是书面的还是面谈的，都具有较大的强化作用，对学生的体育学习与锻炼效果的影响很大。

2. 恰当使用表扬和批评

在对学生的体育学习和锻炼活动提供反馈与评价时，教师往往要根据学生的进步或退步情况给予表扬或批评。因为学生有追求赞美、排斥贬低的需求，所以，教师运用表扬或批评时一定要恰当。放弃表扬或批评就等于放弃了教师的责任，但过度的表扬或批评也会产生不良的效果。

总的来说，表扬的效果优于批评的效果，表扬更能提高学生的动机水平。因为表扬能够满足学生的自尊，引起积极的情感反应，同时还能告知学生什么是应该做的，什么是做得不错的；而批评往往只是制止了某个行为，但没有指明学生应该怎么做，还会造成学生的紧张感和自卑感。教育心理学家盖杰和伯林纳曾说，表扬是一种最廉价、最易于使用且最有效的，但也最容易被人们忽略的激发学生学习动机的方法。因此，教师要以正面表扬为主，但也要适当地运用批评，因为在教学环境中存在一个赏罚相对性的现象，其表现为对一个学生的惩罚会不知不觉地起到奖赏其他学生的作用，反之亦然。因此，在体育教学实践中，教师要学会恰当地使用"正向强化"的方法。

表扬和批评都是以促进学生努力和进步为目的的。在多鼓励、严要求和适当、适度批评时，要力争做到表扬每个学生的每一次进步，强化学生的每一次努力；要针对不同年龄、性别和能力的学生进行表扬和批评，如对经常受表扬的学生，要适当地指出其不足；对能力较差的学生要通过及时表扬他们某一方面的点滴进步给予鼓励；要"对事不对人"，尤其要将表扬和批评的重点放在学生是否努力上，放在行为表现上，放在成绩是否有所提高上；要树立学生的评价标准，使他们逐步做到自我表扬和自我批评。要了解学生对教师表扬、批评的理解与评估，如学生对表扬和批评满不在乎，表扬和批评就不起作用了；而学生将表扬或批评作为对自己的一种鼓励和帮助，则具有积极的效果。要公开表扬，私下批评，理智、慎重地使用惩罚，如能启发学生自我寻找成功或失败的原因，启动他们的内部动机调控机制进行反思，则能将动机的外部控制转化为学生的、任务定向的内部控制。

📖 **拓展阅读**

体育教学中如何培养学生的动机

体育动机是指在运动需求的刺激下，推动人们参与体育活动的内在动力。所谓内部体育动机，通常是指参与者认识到学习的目标、内容和方法，并由此产生的内在需求所驱动的动机。内部体育动机是学生参与体育活动的内在驱动力，也是他们自觉参与体育活动的强劲动力。因此，体育教师在教学中应掌握合理激发和利用内部体育动机的策略，引导学生对体育的目标、内容和方法产生兴趣，重点培养和激发学生参与体育活动的内在动机，激发学生内在的学习积极性，使学生自觉自愿地持续进行体育活动，从而提升体育教学的整体效果。

一、明确学习目标，激发学生的学习积极性

学生参加体育活动的内部动机，往往是在认识到学习目标的基础上产生的。因此，教师在教学中通过学习目标来激发学生的内部体育动机是至关重要的。首先，教师要让学生明白为何学习，学习体育的社会意义是什么。为了激发学生学习体育的自觉性和积极性，教师不仅要帮助学生明确总体的学习目标(长远目标)，如整个初中、高中或大学期间的体育学习，一学年或学期的学习目标，还要结合学习实际帮助学生确立切实可行的具体目标(阶段性目标)，这样才能真正将客观要求转化为学生的学习需求。其次，教师为学生确立的现实目标应具有一定的挑战性，但应是通过学生自身的努力可以实现的阶段性目标。这些阶段性目标应该是可衡量的，非常具体和明确的学习目标。最后，将长远目标与阶段性目标有机结合，将有效地促进内部动机的形成。例如，给一个上肢力量较弱的学生设定一个学期后俯卧撑能增加 20 个的长远目标，那么阶段性的练习目标就是每周比上一周多做 1 至 2 个。随着一个个阶段性目标的实现，学生学习的热情和乐趣就会提升，并从学习成果中体验到成功感和成就感，从而增强参加体育活动的内部动机的强度和持久性，提高自觉参加体育锻炼的积极性。

二、提高教学艺术性，激发学生的学习兴趣

对于青少年学生来说，激发他们的内部体育动机还需要提供一定的学习诱因。而在体育教学中，最佳的学习诱因就是选择丰富多样且新颖的教学内容、教学形式以及注重教学方法的艺术性。只有这样，才能吸引学生的注意力，激发学生的探求欲望，提高学生学习的兴趣和积极性，从而增强学生的内部体育动机。因此，体育教师要注意用新知识激发学生的求知欲。教师在教学中应采用生动、多变、新颖的教学方法。例如，通过组织游戏、竞赛、合作等教学形式来活跃课堂气氛；采用提问、设疑，或让学生自编体育游戏，或自制运动器材等教学方法来启发学生的创造性思维；教学中体育教师还应适当运用音乐、幻灯、投影、录像等多种现代化教学媒介，提高学生的学习兴趣，从而激发和维持其持久的内部体育动机。

三、给予及时适当反馈，树立学生的学习信心

在体育教学过程中，给予学生有关体育学习结果的及时反馈可以有效增强他们的内部体育动机。德西等人的研究显示，积极性反馈条件下的个体比无反馈条件下的个体具有更高的内部动机；而无反馈条件下的个体又比消极反馈条件下的个体具有更高的内部动机。因此，只有考虑特定情绪、个人差异、特殊任务需求时适时给予积极反馈，才能成为提高质量的有效反馈。在体育教学活动中，体育教师应让学生及时了解自己的学习结果(如动作掌握的正误、所学知识的应用效果以及学习成绩的好坏等)，从而强化内部动机。学生在了解学习结果后，看到自己的进步会产生能力感，从而激发学习热情和进一步努力的愿望；看到自己的不足时，能力感会激发上进心，促使他们克服缺点并争取进步。

四、提供尝试成功的机会，激发学生的成就动机

在体育教学活动中，体育教师让学生不断获得成功的体验，是运用现代心理学研究成果激发学习动机的重要且有效的策略之一。根据自我效能理论，以往的成功活动(体验)可以增加个人对未来成功期望，增强自我效能感，从而加强内部动机；而过去的失败则可能导致学生在体育运动中的个人能力感受到下降，进而削弱内部动机。因此，教师应根据学生的实际能力，有针对性地提出他们力所能及的要求和练习目标，并为他们提供成功尝试的机会。总之，当学生经常体会到成功和自身能力的提升，就会产生成就感。这样不仅增强了学生学习的自信心，而且能激发他们持续参与体育活动的内部动机。

五、营造积极的动机气氛，营造良好的心理环境

在体育教学实践活动中，让学生始终处于良好的心理氛围中，对激发和维持学生的内部体育动机具有十分重要的意义。成就目标理论的相关研究表明，环境因素造成的情境性目标结构或动机氛围对个体的动机过程、认知和行为有着重要的影响。方媛等人(1998)在研究学生对体育课堂动机氛围的认知与内部动机、自我效能及体育成绩的关系时也发现：强调个人进步和任务掌握的动机氛围更能促进学生集中注意力于学习的内在奖励，更愉快地参与体育活动，并在运动中付出更多努力，发挥更大潜能，体验到更强的能力感；而在成绩目标导向的动机氛围中，学生则较少体验到运动带来的乐趣和能力感，却更多感受到参与体育活动时的压力和紧张。因此，体育教师在课堂教学中应充分发挥自己的主导作用，向学生提出力所能及的目标，将鼓励个人进步、要求学生尽最大努力参与集体活动等理念贯穿于整个教学过程中，并注意营造和谐、健康、宽松的体育活动环境，始终引导学生朝着掌握目标的学习方向努力。同时，充分利用青少年学生具有的强烈竞争心理，适时组织他们参加体育比赛、相互评价、互为裁判等活动，这样可以极大地活跃体育课堂氛围，进而激发学生强烈的体育兴趣和动机。

总之，在体育教学中培养和激发学生体育动机的策略是一门教学艺术。作为一名现代的体育教师，应充分遵循青少年身心发展特征的规律，遵循现代体育课堂教学的规律，结合教学任务、教学对象、环境条件等，将动机教育融入整个教学过程和体育活动中，从而持久地激发和培养学生的体育动机，拓展他们的兴趣，为他们多姿多彩的人生增添一抹亮色！

(资料来源：本书作者整理编写.)

本 章 小 结

　　增强学生的体质是学校体育工作的重要目标之一，实现这个目标的关键在于提高学生参与体育锻炼活动的积极性，也就是培养和激发学生的运动兴趣和动机。本章讨论了运动兴趣的含义、品质和分类；运动动机的含义、功能和分类；影响运动兴趣水平的主要因素；运动动机的形成；以及培养和激发青少年学生运动兴趣和动机的策略等。

思考与练习

1. 什么是运动兴趣？运动兴趣具有哪些特性？
2. 请试述运动兴趣的分类。
3. 影响运动兴趣水平的主要因素有哪些？
4. 什么是运动动机？它可以分为哪些类别？
5. 运动动机具有哪些功能？
6. 如何培养和激发学生的运动动机？

人们把我的成功，归因于我的天才；其实我的天才只是刻苦罢了。

——爱因斯坦

第三章 运动归因

本章学习目标

- 利用所学的归因理论解释运动中的成败原因。
- 了解青少年运动中习得性无助感的成因。
- 知道正确的归因方法，克服运动中的习得性无助感。
- 掌握影响运动归因的内部因素。
- 掌握影响运动归因的外部因素。
- 掌握提高青少年运动自信心的再归因训练方法。

核心概念

归因　内外源　稳定性　可控性　协变性原则　习得性无助感　归因训练

小周怎么了

我们经常会遇到这样的情况：学生在学习时缺乏动力和进取心，遇到挫折时又大多倾向于放弃，甚至是自己力所能及的任务也不能完成，而且还会认为自己无论怎么努力都不能取得成功，在情感、认知和行为上表现出消极的、特殊的心理状态，情绪抑郁、焦虑，并以自暴自弃的形式表现出来。在笔者的班上就有这样一位学生。小周的体育成绩越来越差，他也越来越不认真锻炼，具体表现为上课时心不在焉，或低头做小动作不完成任务，无论老师怎么批评都无济于事；与同学关系疏远，经常一个人独处，最近还经常逃学。小周自己也想改变成绩不好的状况，但是发现即便努力了，成绩还是不理想，而且自己的努力也没有得到老师的认可，依然因成绩不佳受惩罚、挨批评。渐渐地，他就怀疑自己完成任务的能力，认为自己的成绩是无法改变、无力控制的，从而逃避。

上面案例中的小周到底怎么了？本章将简要介绍与运动归因有关的一些知识。相信你可以在本章的学习中找到答案。

（资料来源：本书作者整理编写.）

第一节 归 因 理 论

归因是指解释自己和他人行为(或事件)原因的过程,也是人们解释其行为因素并得出结论的认知过程。具体来说,它是个体对他人行为或自己行为进行的因果解释和推论的过程。心理学将归因理解为一种过程,即依据行为或事件的结果,通过知觉、思维及推断等内部信息加工活动来判断其原因的认知过程。换句话说,归因被视为一种决策过程,个体在做决策时往往面临多种可能的影响因素,需要通过比较和推断,最终做出决策,并从中筛选出最有可能的一种或几种因素作为该结果的影响因素。总而言之,任何导致人们寻找原因的行为、事件或现象都可以称为结果,归因就是从结果推断其原因的过程。因此,强调归因是从某种结果开始寻找原因的过程,是为了更好地符合人们的认知习惯。自从海德(Heider, 1958)提出归因的概念和理论以来,归因问题的研究一直是社会心理学领域的热点。到目前为止,学者们已进行了大量关于归因问题的理论与实践探索,并形成了许多归因理论和模型,然而该领域的研究仍然是心理学研究的一个前沿课题。

一、单维归因理论

归因理论最早由美国心理学家海德(1958)提出。最初,海德的归因理论只有一个维度,即控制点。他认为,对个体知觉的研究,就是要考察一般人对有关他人(自己)信息的处理方式,以寻求对行为的因果解释。行为的结果可以归因于个人或环境的力量,或者归因于这两个因素的交互作用。如果原因在于环境因素(如他人、奖惩、运气、工作难易等),则行为者就可以对其行为不负什么责任;如果原因在于个人因素(如人格、动机、态度、情绪、能力、努力等),则行为者就需要对其行为的结果负责任。有效的个人力量是由"能力"和"努力"构成的,而环境力量是由"任务难度"和"运气"构成的。"能力"和"任务难度"相结合,形成了被称为"能够"("不能够")的维度。也就是说,如果任务很难,必须有很高的能力才能完成;相反,如果一个很有能力的人失败,往往是因为任务难度太大。海德关于环境与个人、外因与内因的归因理论成为归因理论研究的基础,他认为,人的知觉在人际交往中的作用,就在于它能使观察者预测和控制他人的行为。

二、对应推论理论

要从行为及其结果出发,回溯推导出行为的真正意图或动机。而推导出来的行为意图或动机,若与所观察到的行为及其结果相对应,则构成对应推论。观察者所获得的有关行为及其原因的信息越充分,其对该行为原因所作出的推论的对应性就越高;一个行为(或结果)越是不寻常,观察者对其原因所作出推论的对应性也越高。如果人们能够了解某一个体行为的真正目的,那么对其个性的推断就会更加准确。了解行动者的意图后,下一步就是对其个性本质的推断。从行动者意图到行动者个性本质的推断过程中,应考虑三个基本因素:社会赞许性、独特性和选择自由性。行为的社会赞许性越低,个体与他人行为的共同性越少,相应推断的可靠性就越高。如果某人的行为是自由选择的,那么其行为与其态度相一致,这有助于根据其行为来作出相应的推断(章志光、金盛华, 1996)。

三、三维归因理论

1973 年，凯利提出了三维归因理论。他认为，在归因过程中，人们往往会考虑三个方面的因素，即客观刺激物(存在)、行动者以及当时所处的情境(关系)。这三个方面的因素构成了一个"协变"的立体框架，遵循协变性原则，因此也被称为三因素归因理论。三因素中的任何一个因素的归因，都依赖于行为的三个维度，即一致性、一贯性和区别性。一致性是指他人对同一刺激是否也能作出与行为者同样的反应；一贯性是指行动者是否能在不同情境或不同时间对相同的刺激作出同样的反应；区别性是指行动者是否对不同类别的刺激作出不同的反应。例如，当我们看到某人在观看球赛时高声喊叫，在进行归因时，我们需要了解：是在场观看球赛的所有人都高声喊叫，还是只有这个人高声喊叫，这是一致性信息；这个人是否在观看球赛时才高声喊叫，还是在其他场合也高声喊叫，这是一贯性信息；这个人是否只在观看这场球赛时高声喊叫，还是观看所有球赛时都高声喊叫，这是区别性信息。

四、成败归因理论

成败归因理论.mp4

1972 年，韦纳在海德归因理论的基础上，进一步发展了归因理论。韦纳认为，内因与外因仅是判断归因的一个方面，除此之外，还应当增加另一个方面，即暂时性与稳定性。这两个方面都至关重要，并且是独立的，暂时性与稳定性在形成期望、预测未来成败上具有重要意义。他认为，努力、注意、他人帮助等因素受个人意志控制，是可控因素；而能力、运气、心境等因素不受人的意志控制，是不可控因素。

韦纳认为，人们对成败的归因是行为的基本动力。他认为，能力、努力、任务难度和运气是人们面临成功和失败时寻求解释的四个主要原因。同时，他将这四种原因根据控制源划分为内部原因和外部原因。与此同时，他还提出增设一个"稳定性"维度，将行为原因分为稳定原因和不稳定原因。归因模型如表 3-1 所示。

表 3-1　归因模型

稳定性	控制位置	
	内部的	外部的
稳定的	能力	任务难度
不稳定的	努力	运气

韦纳对行为结果的归因进行了系统探讨，并把归因分为三个维度：内部归因与外部归因、稳定性归因与非稳定性归因、可控归因与不可控归因。内因是指行为(事件)发生来自个体自身(内部)的原因，如人格、品质、动机、态度、情绪、心境以及努力程度等个人特征。如果个体将行为(事件)归因于自身，则称为内部归因。外因是行为(事件)发生的外部条件，包括背景、机遇、他人影响、工作任务难度等。如果个体将行为(事件)的原因归因于外部条件，则称为外部归因。综合归因是指在许多情境中，行为(事件)的发生可能不是由单个内因或外因引发的，而是两者共同作用，在这种情况下，则称为综合归因。在成败归因中，个体成功时倾向于内部归因；而个体失败时，则倾向于外部归因。成功的内部归因

有利于自我价值感的提升，而失败的外部归因则能减少自己对失败的责任感。在竞争环境下，个体倾向于将别人的成功归因于外部原因，从而减轻别人的成功给自己带来的压力；如果别人失败，个体则更倾向于将其归因于别人的内部原因。个体在对他人的成败归因时，往往会明显使自己处于最有利的位置以保护自尊，这种归因倾向称为动机性归因偏差。韦纳认为，每个维度对动机都有重要影响。在内部维度和外部维度上，如果将成功归因于内部维度，如能力，会产生自豪感，从而提高动机水平，激发下一步行动的渴望；如果将成功归因于外部维度，如任务难度或运气，则会产生侥幸心理，成功的满足感较少，也不会有继续进行的想法及下一步成功的愿望。如果将失败归因于内部维度，则会产生愧疚感，并认为以后仍将失败；如果将失败归因于外部维度，则会减少羞愧感，但认为下次可能还是失败的结果。

韦纳用他的二维归因模型解释成就动机，发现人们的行为遵循以下理论模型。

成就行为与结果 $\longrightarrow$ 归因 $\begin{cases}\text{稳定性 —— 期待变化}\\\text{控制位置 —— 情感反应}\end{cases}$ 成就行为

从这个模型中我们可以看出以下几点。首先，归因会导致人们对下一次成就行为结果的期待发生变化。如果将成就行为归因于努力或运气这些不稳定因素，那么对下一次成就行为结果的期待可能与这一次成就行为的实际结果不一致，即这次成功了，下一次可能也会成功，但也可能失败；如果将成就行为归因于能力或任务难度这些较稳定的因素，那么对下一次成就行为结果的期待往往与这一次成就行为的结果一致，即这次成功了，也会预期下一次会成功。其次，归因还会激发情绪反应，例如，将成就行为归因于内部因素时，会出现较强烈的情感反应，如成功时感到满意和自豪，失败时感到内疚和羞愧。然而，如果将成就行为归因于外部因素，那么不论是成功还是失败，通常不会引起强烈的情绪反应。最后，归因所引起的期待变化和情感反应会影响下一步成就行为动机的强度、选择性和持续性。

韦纳通过一系列研究得出了一些归因的基本原则。①当个人将成功归因于能力和努力等内部因素时，会感到骄傲、满意和信心十足；而将成功归因于任务容易和运气好等外部原因时，产生的满意感则较少。相反，如果一个人将失败归因于能力不足或不够努力，会产生惭愧和内疚；而将失败归因于任务太难或运气不好时，产生的愧疚感则较少。归因于努力与归因于能力相比，无论是成功还是失败，均会产生更强烈的情绪体验。努力后成功，会感到愉快；不努力而失败，会感到羞愧。因此，即便是努力后的失败也应受到鼓励。②在付出同样努力的情况下，能力较低的个人应得到更多的奖励。③能力较低但努力的人应受到表扬，而能力高却不努力的人应受到批评。因此，韦纳总是强调内部、稳定和可控性的维度。教师在教学过程中，应关注学生的归因倾向，并给予适当的引导，帮助他们形成积极的归因模式。

五、多维归因理论

1978 年，艾布拉姆森等人在韦纳归因理论的基础上，进一步发展了归因理论。他们基于习得的无助感行为研究对失败的归因进行了补充，增加了第三个维度，即普遍性与特殊性。例如，某个学生可能因为对语文教师有偏见，而不喜欢语文课，导致在语文考试中总是成绩不佳，进而放弃了对语文学习的努力，这就是习得无助的表现。进一步地，如果这种无助感仅限于语文这一门课程，那么它属于特殊性；如果这种无助感扩散到其他课程，那么它属于普遍性。

此外，归因还分为抑郁型和乐观型两种风格。具有抑郁型归因风格的人倾向于从消极方面解释生活和理解他人，他们将消极事件归因于内部的、稳定的和普遍的因素，而将积极事件归因于外部的、不稳定的和特殊的原因；而具有乐观型归因风格的人则倾向于将积极事件归因于内部的、稳定的和普遍的因素，将消极事件归因于外部的、不稳定的和特殊的原因。皮特森和塞利格曼(Peterson & Seligman, 1987)在一项档案研究中发现，这两种归因风格对个体的健康有影响。其原因可能是抑郁型归因风格影响个体的免疫系统，其作用机制与压力类似；抑郁型归因风格的人在问题解决中可能不够有效，他们可能会在问题解决过程中感到困扰；他们可能忽视自己的健康，缺乏适当的营养、睡眠和运动，面对疾病时较为被动，不倾向于主动寻求帮助(侯玉波，2007)。

第二节　运动中的归因分析与训练

一些事情发生后，我们总会寻找不同的原因，那么，是什么因素影响我们的归因呢？

一、影响运动归因的因素

(一)内部因素

1. 性别

男女运动员在归因方式上是否存在差异，目前的研究结果并不确定。国内外的许多研究表明，归因的倾向与被试的性别有关。具体而言，男性比女性更倾向于将成功归因于稳定的、内部的因素；而女性则比男性更可能将成功归因于运气或其他不稳定的、外部的因素，并将失败归因于内部的、稳定的因素，如能力缺乏等。例如，尼克尔斯(1975)和德韦克(1973)的研究都得出了类似的结论，即女性倾向于将她们的失败归因于能力低下(内部的、稳定的原因)，而男性则倾向于将失败归因于运气不佳或努力不足等(不稳定的原因)。运动情境中的归因研究也得出了类似结论(祝蓓里，1992)。杜德宁(1978)对足球、排球和橄榄球运动员的研究发现，男运动员比女运动员更倾向于用能力来解释运动结果(季浏，1994)。他认为男女在归因方面存在差异的主要解释是，与男性相比，女性在竞争条件下的自信心和成就动机较低。

另外，也有不少研究指出，在运动竞赛情境中，男女运动员对成功与失败的归因并没有差异。这是因为在运动情境中，比赛结果的比较大多数是在同性之间而不是异性之间进行，将男女运动员在运动竞赛情境中的归因进行比较，可能存在不合理之处；既然男女运动员选择参加同样的体育活动，那么他们在心理方面(包括人格方面)应该更多地存在相似之处(艾森克，等，1982)。总之，男女两性在归因方式上的差别及形成原因有待进一步探讨。

2. 年龄

尼科尔斯和米勒(1984)的研究表明，儿童对于成就情境的看法，尤其是对努力、能力和结果的理解，随着年龄的增长而变化。5～7岁的儿童还不能区分努力、能力和结果，因为在他们看来，努力的人就是成功的，成功者必定是努力者。7～9岁的儿童倾向于将努力视为结果的原因。到了9～10岁，能力也被认为是结果的可能原因。直到10岁或11岁时，儿童才完成对两者的综合理解，他们开始意识到能力的局限，在任务结果中它会限制努力的作用。16～18岁的青少年表现出明显的性别角色模型作用，即男性的表现多被归因于努力，而女性的表现则被认为更多地与运气有关。一般认为，随着被试年龄的增长，其归因方式逐渐定型并内化，要改变这种归因方式是相对困难的。此外，成年被试对于实验者所提出的理想的归因模式训练可能会产生怀疑，这将直接影响归因训练的效果(如刚彦，2000)。

3. 个性特征

不同的个性特征会导致不同的归因倾向。研究指出，具有外向型特质的运动员(他们通常也是低特质焦虑者)面对成功或失败时倾向于内部归因；而具有内向型特质的运动员(他们通常也是高特质焦虑者)在获得成功或遭遇失败时倾向于外部归因。这主要是因为前者通常比较乐观、随和、追求兴奋，积极上进，相信自己的能力，对自己充满自信，因此面对成功或失败时会尽可能从自己身上找原因；而后者通常比较安静，做事犹豫不决，遇事缺乏主见，对自己信心不足，在获得成功或遭遇失败时会习惯性地从外部寻找原因(谭先明等，1998)。

4. 自我效能感

高自我效能感者倾向于将失败归因于努力不足，而低自我效能感者则将失败归因于能力不足。同样，如果将成功归因于内部的或可控制的原因，如能力或努力，那么自我效能感就会提高。

5. 成就动机

个体的成就动机会影响其对成功和失败的归因。越来越多的运动心理学研究支持这一观点：高成就动机者倾向于将成功归因于能力，将失败归因于努力不足；而低成就动机者则倾向于把成功归因于运气，把失败归因于能力不足。此外，在研究成就动机与归因的关系时，应结合文化背景和不同个体的特点来进行(徐慧明，蒋代新，2004)。

(二)外部因素

1. 运动项目特征

国内外研究表明，在运动情境中，从事集体项目和个人项目的运动员所报告的内外归因没有区别。但也有大量研究表明，集体项目中的个体与个人项目中的个体在归因方式上存在差异。例如，吉尔等人在1982年的研究中表明，集体项目中的运动员更可能进行可控或不可控的归因。罗斯(1977)的研究更深入一些，他发现特定项目的运动员，其归因方式会受到项目特性与结构的影响。例如，跳水、体操、花样滑冰等由裁判评分决定竞赛结果的项目,运动员往往将成败归因于外部、不稳定和不可控的因素;而田径、游泳等以客观标准决定比赛结果的项目,运动员则往往将成败归因于内部、稳定和可控的因素。此外,吉尔(1980)的研究还发现,在双人项目中,运动员更可能将失败归因于自身因素,而不是责备同伴(季浏,1994)。

另外,主力队员和非主力队员在归因的自我可控性方面也存在显著差异。

2. 社会文化背景特征

社会文化背景特征的不同也会对运动员的归因方式产生影响。例如,达德(1987)的研究表明,与美国西南部的印第安裔大学生男女运动员相比,英裔运动员(尤其是男性运动员)更可能采用社会比较法来评价运动中的成功与失败,并且以成败来衡量自己的能力,他们将获胜视为自己的目标;而美国西南部的印第安裔运动员则根据个人控制能力和活动过程来评价目标的完成情况。进一步的研究发现,付出努力而非显示自己的能力是评价目标完成的重要指标(季浏,1994)。

3. 比赛结果

受现代体育市场化的影响,运动员对比赛结果的看重程度增加,他们总是不由自主地对运动结果进行归因。一般来说,失败的结果比成功的结果更可能引起归因,尤其是出乎意料的失败比预料中的失败更倾向于原因探究。虽然胜负是运动归因的一个重要因素,但归因还与其他因素有关。例如,成功者可能对自己的表现不满意,而失败者可能对自己的全场表现较为满意。研究表明,满意的成功者比不满意的失败者具有更高的内部归因(徐慧明,蒋代新,2004)。

4. 训练时间

训练年限不同,归因的稳定性也存在差异。我国学者盛绍增的研究发现,训练时间在5年以上的运动员的稳定性归因明显高于训练时间不足 5 年的运动员。造成这种差异的原因可能是随着年龄和训练时间的增长以及经验的积累,运动员的心理越来越成熟(徐慧明,蒋代新,2004)。

另外,教练员、运动队的凝聚力以及家庭背景等也都是影响运动员归因的因素。

二、运动中的归因分析

(一)内外源

在运动情境中,倾向于内部归因的人常常将自己体育运动取得的好成绩归因于自己的运动能力强或努力。反之,倾向于外部归因的人则常将失败归咎于任务难度大、运气不佳、教练指导不当、裁判不公等外部因素。一般来说,内部归因的个体成绩优于外部归因的个体成绩(应用与操作)。因此,可以将内、外归因与个体能力结合,用来预测个体的体育运动成就(信息通道)。

个体的归因方式是可变的。一方面,个体的归因方式会影响其体育运动成绩;另一方面,体育运动成绩也会反过来影响个体的归因方式。例如,一个总是将体育成绩较差归因于外部因素的学生,如果长期且反复得到较差的体育成绩,他可能会逐渐从外部归因转向内部归因，认为自己的体育成绩不佳是由于自己的体育能力不足。

因此，在教学与训练过程中，体育教师与教练应通过多种途径了解学生或运动员的归因情况，并根据归因变化的规律，调整对学生或运动员体育成绩的反馈，以帮助他们利用这些反馈信息获得最大的动机激励。

📖 知识拓展 3-1

罗特的控制点理论

具体来说，控制点是指个体将责任归因于自身的内部因素还是外部因素。例如，一个人取得好成绩，你认为仅仅是因为运气好，还是因为努力？当一个人的身体健康出现问题，你认为是命中注定，还是因为没有照顾好自己？对这些问题的回答揭示了你在控制点（认为事件受个体控制还是不受个体控制的倾向）这一人格维度上的位置。控制点的研究始于 20 世纪 50 年代中期，当时心理学家罗特提出了自己的社会学习理论。罗特最初研究的是传统的学习理论，该理论认为学习来自强化。罗特拓展了这些概念，认为学习还取决于个体对特定强化物的评价，即强化的价值。罗特认为，并非所有强化都是等价的。某些强化物，如社会赞许和认同，并不被一些人看重，因此对这些强化物的反应较小。除了最看重的强化物之外，个体对强化的预期也存在差异。有些人预期特定的行为能带来强化，换言之，他们认为自己可以控制生活。这就是罗特所说的学习行为的"期待模式"。有趣的是，预期在一定程度上包括个体在每个环境中表现出来的个人特征，即对强化的预期涉及区分每个个体的个人特点。例如，假设一个人预期以坚定的自信和命令的方式行事可以得到自己想要的东西。当他希望得到晋升时，就会预期在老板面前表现得坚定自信才能得到晋升。另一个人可能有着相反的预期，认为这样的行事风格会适得其反。因此，他相信坚定的自信不能带来工作上的提升。这两个人对同样的坚定自信行为模式有着不同的结果预期。一个人认为他可以通过做些什么来达到目的；而另一个人则认为只需要等待老板做决定。两个人在工作中会表现出差异，如一个是支配型的，另一个是服从型的，这可能是他们对特定行为（自信）是否带来强化（想要的晋升）的预期存在很大差异造成的。

1966 年，罗特编制了内—外控制点的测量问卷。罗特强调，个体在不同情境中都有对强化的预期，他称之为泛化预期。当遇到新环境时，个体以泛化预期为基础判断将会发生什么，自己是否能应对。例如，如果一位年轻人通常认为自己很少能影响事件的发展，那么在新环境中，比如上大学后，他的泛化预期就是事情都不在他的掌控之中。他会认为成绩来自运气、机会和命运，而不是任何他能够控制的事件。这种认为事件不受控于自己的泛化预期，被称为外控。而内控是指事情在自己控制之内的泛化预期，认为每个人应该为自己的生活后果负责。一个高内控者会认为，事情的后果主要是自己的努力结果。相反，一个高外控者则认为，事情的后果主要归因于无法控制的外在力量。

有关一般控制点的研究近年来开始减少。研究者越来越对特定生活领域感兴趣，在某些情况下个体可能是内控的，而在其他情况下可能是外控的。例如，一个人可能在健康问题上是内控的，相信只要自己吃得好、多锻炼，就可以控制自己的健康状况；但涉及政府和政治问题时，他则是外控的，认为自己无论做什么都不可能影响制度。罗特最初的问卷将众多领域融合在一起进行了泛化测量。最近，研究者开始研究个体对与控制点有关的具体生活事件之一——健康的预期,即人们是否相信健康取决于个人的行为。

另一个特定领域涉及儿童对学业成绩的预期,即儿童对自己在课堂上的行为表现是否会得到老师的表扬及好评的期望程度。此外,研究者还编制了一份问卷来研究婚姻中的控制点预期,即人们是否相信个人的行为能够影响婚姻的质量和结果。对于所有这些领域——健康、学业以及婚姻,研究普遍发现,相对于外控者来说,内控者更倾向于主动负责任,并为结果承担更多的责任。

当研究者想要了解并预测特定领域中的行为时,对特定控制点的测量是很有用的。例如,了解一个学生觉得自己能在多大程度上控制自己的大学学业,可以很好地预测他的学业成绩及对成绩和教授的看法,但不能预测他对健康问题及恋爱关系的预期和行为。相比较而言,罗特的问卷则更全面,有助于了解个体的泛化预期,即人们对生活的不同领域都可能有的预期。

(资料来源:本书作者整理编写.)

(二)协变性原则

一个人对成功与失败的归因常常根据他人在同一任务中的表现来解释或预测。即,当他人的成绩与自己的成绩相一致时,会将其归因于外部原因;当他人的成绩与自己的成绩不一致时,会将其归因于内部原因,这种现象被称作协变性原则。例如,当某运动员在网球比赛中击败了一个此前大家都输给他的对手时,他很可能会将自己的胜利归因于如能力、水平高等内部因素。而当一个人在某次测验中得了满分,并了解到每个人都能得到满分时,他就会将其归因于外部原因(如这是一次容易的测验),这是归因的逻辑模式。此外,协变性原则已通过相关实验得到证实(祝蓓里,1992)。

(三)期望与归因

个体的动机和行为受期望的驱使,而期望的改变与个体的归因紧密相关,特别是与归因的稳定性高度相关。根据韦纳的观点,将某一行为结果归因于稳定原因的个体比归因于不稳定原因的个体更期望该行为再次发生。例如,如果一个运动员将失败归因于运气不好,这说明他认为下一次可能不会输。但如果他将失败归因于能力不足,则说明他认为下一次可能还会有同样的结果。

研究还发现,可控制性这一要素,尤其是努力,与期望改变未来行为结果有较大相关性。鼓励年轻运动员将失败归因于努力不足是明智的,这意味着通过更多的努力可以将失败转为成功(祝蓓里,季浏,2000)。

(四)习得性无助感

1. 习得性无助感的含义

习得性无助感是指个体经历失败和挫折后,面对问题时产生的无能为力和丧失信心的心理状态与行为表现。当个体形成习得性无助感时,可能会导致其在学习与生活中的积极主动性减少。这可能对其整体的一生发展产生不利的影响。

习得性无助感.mp4

2. 习得性无助的个体的主要心理特征

(1) 自我效能感低：习得性无助的个体对自己完成学习任务的能力持怀疑态度，倾向于设定较低的学习目标以避免失败。在活动中，他们往往会想象失败的场景，并将潜在困难看得比实际更严重，感到力不从心，使他们对学习望而却步。

(2) 消极思维：习得性无助的个体常常不能正确进行自我认识，久而久之，学生可能产生焦虑，自信心受损，形成"我不行、我笨"等消极的自我暗示。

(3) 情绪失调：习得性无助的个体在情绪与情感上经常表现出烦躁、冷漠、绝望、颓废、害怕、退缩、被动、心灰意冷、自暴自弃等情绪，并可能呈现抑郁、焦虑的状态，这使他们的身心健康特别容易受到损害。

(4) 人际关系不佳：习得性无助的个体大多性格多疑，缺乏对他人的信任感，同时可能认为自己在团体中不受欢迎，这导致他们与同伴的关系逐渐疏远，经常造成人际关系的紧张。

3. 学生形成习得性无助感的原因分析

(1) 客观原因。一是教师、家长和教练的教育方式不当。一些家长和教师对学生的学习成绩期望过高，常常提出超出他们能力范围的要求，使学生无论怎么努力都难以达到，经常处于受挫折的状态。二是应试教育环境往往忽视了发现和发展学生个性化特长的重要性，导致一部分学生成为学习的失败者。长期的失败经历可能会引发他们的无助感。

(2) 主观原因。习得性无助的个体在归因模式上存在偏差，他们倾向于将学习的失败归因于个人能力不足或智力低下等不可控的内在稳定因素，而将成功归因于偶然的运气或任务难度较低等外在不稳定因素，从而形成一种消极的解释风格和对失败的消极预期。

4. 对习得性无助学生的教育措施

(1) 对青少年应多给予鼓励，帮助他们形成积极的自我暗示。教师、家长和教练应帮助青少年正确面对失败，鼓励他们取得进步，避免过多地将他们与其他人比较，主要以鼓励性评价引导他们充分认识自己的优点，增强自信心，从而形成积极的自我暗示。

(2) 引导青少年树立正确的目标导向。教师、家长和教练应帮助青少年树立正确的学习目标，即将学习和锻炼过程本身视为努力的目标，着重引导他们积极投入学习和锻炼任务。避免学生仅将成绩视为努力的目标，这有助于避免习得性无助感的形成，并培养学生的自主行为。

(3) 通过归因训练来提高学生的自我效能感。塞利格曼指出，人对失败的归因在无助感的形成过程中起着重要作用。只有当一个人将失败归因于某些内部、稳定的因素时，自我评价才会降低，动机水平才会降至最低，无助感也由此产生。因此，有必要通过归因训练纠正习得性无助个体的错误认知模式，帮助他们摆脱失望的状态。

(4) 创设良好的人际交往环境。良好的人际交往环境有助于个体形成心理安全感。因此，教师或教练应加强班级或运动队的人际交往环境建设，构建积极向上、平等互助的良好人际关系，激发青少年的多种兴趣，满足他们多层次的需求，促使他们在学习与训练活动中增强自信心和成就感(马勇琼，2004)。

📖 引导案例分析

还记得本章开头提到的小周的问题吗？小周表现出了"习得性无助"的特征。他在认知、动机、情感乃至个性品质上都存在一定的问题。"习得性无助"是多种因素共同作用的结果，并非由单一因素引起。小周形成"习得性无助"的原因如下。

1. 社会因素

1) 教师、同学和家长的消极评价

学习过程中不可避免地会涉及评价。教育研究者发现，绝大多数学生对新奇事物充满兴趣，愿意探索原因并总结规律。然而，经过一段时间，当他们无法顺利完成学习任务，且频繁受到教师或同学的批评和嘲笑时，便可能产生焦虑情绪，对探索事物规律和参与活动产生恐惧心理。在连续遭受教师或同学的消极评价，并经历一系列挫折和失败后，他们可能开始相信自己缺乏成功所需的能力，不愿再为完成任务付出更多努力，长期下来，可能会发展出"习得性无助"。对于像小周这样的学生，缺乏学习上的指导，加上同学的歧视和教师的忽视，可能产生强烈的挫败感，长期的挫折感可能导致"习得性无助"。时间一长，小周可能感到学习缺乏精神支持，最终可能放弃学习。

2) 不良的竞争环境

学习中不可避免存在竞争。一个健康的竞争环境对学生掌握知识是有益的。但是，受应试教育的影响，许多学校、教师和家长仅将分数作为评价学生的唯一标准。在这种不良竞争环境中，学生为了分数而学习，而大多数教师也倾向于"以分数论英雄"。这导致教师与学生、学生与学生之间无法建立真正意义上的平等和谐关系。如果教师对待学生不能一视同仁，同学间也存在不健康的竞争，那么对于学习有困难的小周来说，与成绩优异的学生竞争会显得不公平，他可能觉得自己无论如何努力都无法达到教师的期望，最终可能绝望地放弃学习。

3) 教师的教育方式不当

一些教师可能过分重视学生的学习成绩，忽略了他们在成长过程中的心理需求和可能出现的心理问题。当小周努力学习但成绩平平时，教师往往只指出他的问题和缺点，很少从肯定和欣赏的角度评价他，导致小周经常感到受挫。长期这样，小周可能会产生焦虑情绪，自信心受损，形成"我不行、我很笨"等消极的自我暗示，面对困难时容易放弃努力，从而可能产生"习得性无助"。

2. 自身因素

1) 不当的归因

美国著名心理学家韦纳认为，可控与不可控维度更能有效地解释"习得性无助"现象。当学生将失败归因于能力(不可控因素)而非努力(可控因素)时，就可能产生"习得性无助"。例如，小周在学习过程中长期经历失败且无法扭转局面，那么他可能将失败归因于无能等稳定、不可控因素，而非客观分析完成任务的难易程度或归因于自身的努力。即便偶尔成功，这些成功也可能被他归因于运气好、任务容易等不稳定的外部因素。这些不恰当的归因方式最终可能导致小周产生强烈的习得性无助感。

2) 消极的角色定位

一个人只有在得到社会环境的接纳和认可，才能形成稳定的自尊感和自我认同感，才能获得自信和安全感，从而获得积极的角色定位。对于学生来说，他们还没有形成成熟的个人独立评价体系，对于思维、推理和与他人的沟通等的判断，也都是以教师和同学的态度为参照的。由于经常受到教师和同学的消极评价，小周的自尊心受到损害，不能较好地自我认同，形成消极的角色定位，因此对学习采取消极态度，从而产生"习得性无助"。

3) 不正确的社会比较

在许多情况下，社会比较是人们形成明确自我评价的重要途径。正确的社会比较，使学生倾向于将比自己优秀的同学作为比较对象，从而形成积极的学习态度，设定较高的学习目标，并愿意为此付出更多的努力。相反，不正确的社会比较，使小周倾向于将比自己差的人作为比较对象，设定较低的学习目标甚至没有学习目标，也不愿意付出较多的努力。

三、运动中的再归因训练

常用的再归因训练方法有以下三种。

1. 团体发展法

团体发展法要求归因训练以团体讨论的方式进行。首先，小组成员在一起讨论和分析行为的原因，并由一名受过一定心理学训练的教师或教练对个人及整个小组的情况作出比较全面的分析，引导他们进行正确的归因。其次，要求每个人填写归因量表，并从一些备选原因中选出与自己行为最相关的因素，并对几种主要因素所起作用的程度作出评定。最后，教师或教练对这些自我评定和归因结果进行统计分析，并及时对小组成员作出反馈，指出归因存在的偏差，鼓励更加符合实际的、积极的归因。

2. 强化矫正法

采用强化矫正法进行归因训练时，让学生或运动员在规定的时间里完成某种行为，然后要求学生从事先准备的归因因素列表中进行选择，并对行为作出归因。每当学生作出比较积极的归因时，随即给予鼓励或奖赏，并对那些很少作出这类归因的学生给予引导。

3. 观察学习法

采用观察学习法时，让学生或运动员观看几分钟归因训练的录像，录像中展示学生或运动员在完成某一行为时进行归因的情况。在运用这种方法时，录像中学生或运动员的特征(性别、年龄等)应与受训学生或运动员的尽可能相似，所从事的行为也应尽可能与这些学生或运动员的实际行为相一致，并在观看录像后让学生或运动员模仿片中的行为。这样，能够使观察学习的效果更好地迁移到平常的体育学习与运动训练中去。

四、体育运动中的归因训练

在体育运动中，归因训练的研究相对较少。在竞技体育方面，目前对运动员心理技能的训练正在逐步提高。归因训练作为一种认知干预技术，对运动员失利之后的心理调整和恢复非常有利。而在体育教学与运动训练

体育运动中的
归因训练.mp4

方面，正确的归因训练可以显著促进学生和运动员更好地完成训练任务，并达到体育教学与运动训练的目标。体育运动中的归因训练可以从以下几个方面着手。

1. 进行积极的反馈

研究指出，主要给予积极反馈并偶尔给予批评，比其他反馈方式的效果要好。当学生或运动员失败时，要使他们知道自己虽有缺点，但仍被集体、教师或教练员完全接受和喜爱。在尽量给学生或运动员提供积极反馈的同时，要促使他们的态度从"这不是我的过错"转变为"这是我的责任"。

2. 增加成功的体验

个体只有经历了一定的成功体验，才能形成一种积极的心理定势，相信自己可以再次成功。为此，可以将学生或运动员按照年龄、技能水平、体能水平分组，进行体育教学或运动训练比赛，以使不同水平的学生或运动员有更多的机会体验成功。

3. 建立成功与失败的恰当标准

成功的标准是相对的。应让学生和运动员根据自己的具体情况为自己设定恰当的成功标准。这一标准应具体、明确，且富有挑战性，能给他们带来持续的成功体验。

4. 明确各种影响因素的可控性

教练员或教师应指导运动员或学生明白哪些因素是可控的，哪些因素是不可控的，并将他们的注意力集中到那些可控因素上，忽略那些不可控的因素。例如，饮食、睡眠、准备活动、注意力集中、战术应用等属于可控因素；天气、场地、比赛时间、裁判、观众、记者、教练、队友、对手等属于不可控因素。

5. 设置明确与具体的目标

设置明确且具体的目标，可以帮助运动员明确个人的责任。内控型的学生和运动员具有较高的自我导向和自我调节能力，他们更愿意为自己的成绩和未来的发展承担个人责任。外控型的学生和运动员也能从这种目标设置中获益，因为它可以使他们更清楚地认识到设定目标—付出努力—达成目标之间的因果关系，意识到通过努力可以实现或部分实现自己的目标，从而增强对事物结果控制的现实感和自信心。

6. 强调个人努力

教育学生或运动员，个人努力是提高技能水平和运动成绩的最重要的决定因素，这将产生更好的动机效果并取得更好的运动成绩。特别是对那些水平较低、成绩较差的学生和运动员来说，努力定向的归因就显得尤为重要。反之，如果将失败归因于能力不足，则最可能导致学生或运动员退出体育运动。

7. 谨慎地比较个体之间的差距

老师或教练员在进行个体分析时，应注意使用客观的标准和合理的期望。例如，如果使用可操作性、具体的评论来指出学生或运动员的不足，有助于技能较差的学生或运动员明确了解他们应当作出怎样的努力才能提高体育技能，同时还不会引起他们的失落感和羞愧感。

8. 实事求是

如果学生或运动员确实尽了最大的努力，但仍未成功，这时，就不宜仅用努力归因来引导他们。不分场合地一味进行内部归因、可控归因，如果产生与实际不符的情况，会使学生或运动员对教师或教练员产生不信任和抵触情绪。这将不利于学生或运动员自信心的建立和运动成绩的提高(季浏，殷恒婵，颜军，2016)。

📖 拓展阅读

情绪归因理论的五个问题

(1) 归因研究为同情和愤怒影响助人行为和攻击行为的假设提供了有力的证据。然而，这个证据本身并不能确切说明这些情绪是如何影响动机的。韦纳认为，同情和愤怒对动机的影响是显著的。例如，同情是通过直接帮助他人的愿望产生的，而愤怒则可能激发攻击或抑制助人行为的欲望。可以看出，同情和愤怒在行为上的影响是由关怀所调节的。如果一个人的帮助是出于同情，或者在愤怒中进行攻击，那么这个人的行为似乎是由这些情绪激发的。一个人之所以助人是因为他感受到同情，而攻击是因为感受到愤怒，但这些行为背后并没有更深层的意图。一个人的助人行为可能是为了缓解同情或愤怒的感受。实验研究支持了这种理论。

(2) 如果一个人考虑内疚的问题——内疚是如何引起并修复一个人由于某种原因对他人造成的伤害的——这种感觉可能是模糊的。同样可以假设调解机制是享乐主义的：一个人试图修复造成的伤害以减少不愉快的内疚感。我们从这些因素中可以得出结论：有些情绪(如同情、愤怒)通过非享乐机制影响动机，而其他情绪(如内疚)通过享乐机制影响动机。或者我们可以这样说，所有情绪都具有非享乐主义效应和享乐主义效应两种机制，应该根据不同情况下的效应赋予不同的权重。

(3) 假设某些情绪是非享乐主义的，并对动机有直接影响，问题仍未解决，即如何将这些情绪行动欲望转化为具体行动。我们这样假设：是否存在不同的情绪行动机制？或者我们是否可以认为情绪行动倾向是通过众所周知的决策和行为选择机制转化成行为的，这种机制对非享乐主义行为的影响也是一样(例如标准的信念—欲望机制，或者期望—价值机制)。归因理论和其他评价理论家假定情绪产生特定的行动倾向，归因理论有时表达出想要完全取代经典动机和决策理论的愿望。然而，更合理的假设是，冲动的情绪行为与其他欲望(愿望)通过相同的机制转化为具体行为。为了澄清这个问题，我们需要对情绪评价理论的关系进行更详细的讨论。

(4) 除此之外，对情绪的欲望—产生功能需要进一步的解释和阐述。情绪产生的欲望与其他行动倾向不同。情绪是如何从一开始就管理并生成特定的目标或行动倾向的？这是硬连接、情绪进化的结果吗？或者至少部分是情绪的学习结果？这种效应是否由进一步的认知过程或处理所调节？结果是否由其他信息潜在地扩展？例如，我对另一个人的同情(即使我相信我不能以任何方式帮助他)会唤起帮助他的倾向吗？

(5) 在情绪归因理论和相似的评价理论中，尽管情绪是最接近行为激发因素的，但它们可能不是动机的最终来源。相反，根据标准的评价理论，情绪本身取决于对事件的评价(与动机一致或不一致的事件)，以及之前存在的动机(欲望)。一个基于情绪的动机完整理论因此也必须详细说明潜在情绪的动机——最终描述一组人类的基本动机。澄清这个问题也可能对细化分析特定情绪的先决条件很重要。例如，在进行这项研究的过程中我发现，道德情绪(如同情和内疚)不仅基于特定种类的思维，也基于特定种类的欲望。

(资料来源：本书作者整理编写.)

本 章 小 结

  归因是指个体对自我或他人行为结果的原因进行分析、解释和推测的认知过程。人们进行归因活动的目的是更好地总结经验教训，以便在未来的活动中避免走弯路，取得更好的成绩。归因是一种普遍的心理现象，它存在于人们生活、工作的各个领域。本章首先介绍了几种主要的归因理论；讨论了运动中归因所涉及的各个方面，以及影响运动归因的内、外部因素；介绍了再归因训练的方法和体育运动中归因训练的具体方法。

思考与练习

1. 简述几种归因理论。
2. 简述韦纳提出的归因三个维度及其分类。
3. 阐述协变性原则，并举例说明。
4. 列举影响运动归因的主要因素。
5. 探讨体育运动中归因训练的着手点，并分别举例说明。
6. 讨论如何帮助青少年进行内源性归因，并试举例说明。
7. 分析体育教学或运动训练中学生或运动员产生习得性无助感的原因，并探讨帮助他们克服该感觉的方法。
8. 探讨如何利用再归因训练方法提高运动员或学生的运动自信心，并分别举例说明。

身体教育和知识教育之间必须保持平衡。体育应造就体格健壮的勇士，并且使健全的精神寓于健全的体格。

——柏拉图

第四章　体育教学效果的心理学优化

本章学习目标

- 了解体育教学设计的种类、作用及方法。
- 能根据体育教学目标、教学内容和学生特点，选择适当的教学方法。
- 掌握体育教学策略的含义。
- 掌握体育学习策略的教学方法。
- 可以从心理学的角度来分析、设计体育教学环境。
- 掌握优化体育课堂心理气氛的教师因素。
- 运用心理学的知识与方法评价体育课堂学习。

核心概念

体育教学设计　体育教学策略　体育教学心理环境　体育课堂心理气氛　体育课堂学习过程的心理学评价

守门员比利

比利今年七岁，是少儿冰球队"水牛轰炸机"的守门员。在球门附近的一场小规模战斗中，他与队友和对手纠缠在一起。在此过程中，瘦弱的比利虽然使出了浑身解数但还是被撞得眼冒金星，并因此球队频繁丢分最终输掉了比赛。赛后，比利气馁地向教练提出退队的请求，教练对比利说球队需要他，可他却觉得自己什么忙也帮不上。但是，后来比利无意中听到教练对助手说："比利真厉害！虽然身体瘦弱但是反应能力很快，上场比赛如果没有比利我们会输得更惨。"听完教练的话他很高兴。

在家里，比利的爸爸也为他的表现感到自豪。他告诉比利，身体瘦弱可以通过更加努力的训练而变强壮，但如果退出球队就真正失去了重新夺得胜利的机会，要像个男子汉一样重新投入训练，冰球是一种"竞争激烈"的运动，你不能在那里被人推来推去，要知道，北美职业冰球联赛的守门员可不会说任何空话。现在，比利通过艰苦的训练已成为一名令对手心生恐惧的守门员，出现在球门区的任何人都可能受到他极其"激烈"的对待。比利开始观察职业选手，学习如何增强自己的身体素质，并且为球队晋级提供了极大的帮助！

本章将简要介绍体育教学效果的心理学优化的一些知识。

第一节　体育教学设计的心理学基础

一、确定体育教学目标

(一)体育教学目标及其作用

体育教学目标，是指在体育教学活动中期待学生的学习结果或学习活动应达到的标准。它是基于学生的行为而不是教师的行为，是描述学生的学习结果而不是学生的学习过程。

体育教学目标是体育课程目标的具体化，是指导体育教学活动设计、实施和评价的基本前提，对体育教学活动具有导向、指引、操作、调控、测评等功能，决定着教与学的组织形式，影响着教与学的方法与策略，也为体育教学评价提供了依据。

(二)体育教学目标的明确化

要使体育教学目标明确化，需注意以下两点。

(1) 体育教学目标要用可观察和可测量的学生行为来陈述，使教学目标具有可操作性。在表述目标时，应避免使用描述内部心理过程的动词，应该使用行为动词，如"学会""掌握""达到""明确"等。例如，水平二阶段的武术教材是学习武术的起步和开端，它主要以单个武术动作和简单的组合为内容。其目标陈述可以表述为"乐意学习和展示单个武术动作或简单动作组合""能完成单个武术动作或简单组合动作""知道自己所做武术动作的术语"。

(2) 体育教学目标的陈述要反映学生行为的具体改变，要陈述学生学习的结果，说明在什么条件下评价学生的学习结果。表述一般与"精确度如何""好到什么程度""要多少时间""质量要求如何"等问题有关。例如，通过本单元学习，初中二年级的女生能完成800米跑，其中80%的学生能够在几分几秒内完成。

二、选择体育教学内容的依据和途径

(一)选择体育教学内容的依据

1. 依据体育课程的目标体系

体育课程目标是选择教学内容的依据，体育教学内容则是实现教学目标的手段。每个教师都有选择具体教学内容的权利，这样既可以发挥教师的创造性，又能使教师充分结合本校的实际情况(学生的爱好、地域运动项目、场地和器材等)。但必须要注意的是，所选的具体教学内容要有利于促进学生的身心健康发展，有助于学生达成教学目标。

2. 依据学生身心发展特征

体育教学要与学生身心的发展水平相适应，必须符合不同年龄、不同性别学生身心发展的规律，体育教学内容的选择要与学生的需要和兴趣相符。体育教学的效果主要取决于学生体育参与的心理动力，即学生参与体育教学活动的自觉性、主动性和积极性的情况。

3. 依据学校的具体条件

学校的体育活动场所、器材设备、办学规模和师资水平等也是影响体育教学内容选择的因素之一。根据学校现有的条件，因地制宜地选择适合学生发展需求的教学内容非常重要。

(二)选择体育教学内容的途径

根据前文选择体育教学内容的三个依据，体育教师对教学内容选择就有了明确的标准，只要是有利于达成教学目标的内容就可以选择，而不必局限于传统的、单一的竞技运动教学内容。具体而言，既可以选择传统体育教材中的内容，也可以选择对竞技运动改造后的内容；既可以选择民族民间的体育、娱乐活动内容，也可以选择新兴运动项目的内容。另外，还可以选择与学生生活实际和生活经验紧密相关的内容，以提高学生体育学习和活动的兴趣。

三、分析教学对象

(一)分析学生的体育态度

学生的体育态度既是其过去参加体育活动的某种结果，又是其继续参加体育活动的某种条件或原因。体育态度由认知、情感和行为倾向组成，能解释和预测个体的各种行为反应。所以，了解学生的体育态度十分重要。一般可通过以下途径加以了解。

(1) 通过查阅有关文献资料或根据所积累的体育教学经验，对学生的一般特点或可能具有的体育态度进行基本的或大概的估计。

(2) 召开座谈会，听取有关人员主要是教师对学生情况的介绍，据此对学生的体育态度作出分析。

(3) 运用问卷调查法，了解学生对体育教学有关目标、内容、教材、组织、方法、传媒等的看法、喜好和选择。

(二)分析学生的认知—运动能力

认知—运动能力，是指在以肌肉收缩为特征的运动活动过程中人的认知活动的表现水平，包括运动知觉、运动表象、运动记忆、运动思维、运动注意等。体育教学的目标、内容、方法、手段等的制定与选择都要以学生的认知—运动能力为基础，以保证学生能够独立完成学习任务，或能够在教师的指导及同伴的帮助下完成学习任务。

如果体育教学内容的选择超过了学生的认知—运动能力，学生体验不到所学动作的肌肉感受，就无法建立应有的动作表象，进而无法进行有效的注意力分配和转移，不能内化运动技能的信息，不能理解体育教学内容的要求，也就不能实现体育教学目标。相应地，如果体育教学内容的选择低于学生的认知—运动能力，只是低水平的重复教学，学生不需要指导和帮助就能顺利完成学习任务，那么学生的体育技能就得不到提高，同样也达不到体育教学的要求。

四、选择教学组织形式与方法

(一)体育教学组织常见的心理学分组形式

1. 能力分组

能力分组是教师根据教材内容的特点，结合学生体育能力的水平将学生分成若干小组，或由学生根据自己学习的情况与能力来选择学习小组。按能力分组的形式，有利于体育教师制定不同的教学要求和标准，便于因材施教，调动学生体育学习的积极性。在采取能力分组的教学时，体育教师可采用课前预先分组和课中临时分组两种方法。

2. 兴趣分组

兴趣分组是指由学生根据自己对体育活动项目的兴趣，自由组合成学习小组。这种分组形式一般是在课程的结束阶段或在复习课和综合课中运用。例如，在复习课中，学生可选择自己需要复习的内容自由组成学习小组。对于一些动作技能水平较高的学生，教师可鼓励他们根据个人的兴趣，对自己有所擅长的项目进行强化训练，使其体育技能进一步提高。对于身体素质和体育能力较差的学生，教师应重点进行帮助和鼓励，增强其信心，消除其畏难情绪，使其刻苦训练，从而达到教学要求。

3. 友伴分组

友伴分组是学生自由选择自己的友伴组合成人数大体相等的学习小组。这种分组形式的心理凝聚力强，由于学生相互之间的信任度高、依赖性强，因此学生在学习过程中更能发挥积极性和主动性，形成合力。

(二)体育教学基本方法的心理学分析

1. 示范法与讲解法

体育教学是教师通过讲解、示范，学生最终掌握体育知识、形成技能，其中间环节是学生观察和练习。人们在认识事物和接受知识、掌握动作的过程中，首先是依靠视觉、听觉、触觉、运动觉和平衡觉等来接收外界的各种信息，而其中又以视觉最为有效。教师准确优美、利落大方的示范动作，能给学生留下完美精确的印象，形成正确的视觉表象，便于学生模仿，还能激发学生学习的欲望、积极性。

教师在讲解动作时，清晰简明、富有较强的感染力的讲解，能引起学生丰富的想象；准确而形象的讲解，有利于激发学生积极的情感体验，产生跃跃欲试的想法；节奏鲜明、重点突出的讲解，有利于学生加深对动作的理解，培养学生分析问题和解决问题的能力；抑扬顿挫、轻重缓急的讲解，有利于引导学生明确学习任务、端正学习态度，将看、听、思、练有机地结合起来。

为提高示范与讲解的实效性、科学性，体育教师要根据学生的不同年龄层次、不同认知—运动能力、不同动作的难度要求等灵活安排和合理运用，以充分体现示范与讲解的心理学意义，促进学生运动技能的学习。

2. 分解和完整练习法

形成清晰而正确的视觉表象，对形成运动技能是一个重要的环节，而要形成视觉表象就需要学生的注意力集中在动作上，这样才能获得鲜明、清晰的反应。但是人的注意力在同一时间不可能同时集中到许多方面，尤其在学习新动作时，学生的注意范围更为狭窄，知觉的准确度比较低，所以更不容易觉察教师示范动作的全部细节。分解教学法的目的之一就是便于学生的注意力集中到所学的动作环节上，形成清晰而正确的视觉表象。同时，分解练习也有助于学生知觉的分化。

在完整法教学中，体育教师示范应有意识地突出动作要领，使学生在观察示范动作时，把注意力集中到示范动作的主要环节上。否则，学生容易以既有经验为依据的记忆表象掩盖动作的主要特点。在运用完整法进行教学时，为了弥补其不足，一般采用简化动作、降低难度、突出重点、增加辅助性练习等方法。

采用完整法需要花费较多的时间、体力和精力，但对年龄较大的高中生、大学生以及体育学习能力较强的学生来说，他们能够领会和观察出动作的完整结构，因而采用完整法较为合适；而采用分解法时，由于练习的动作较简单，学习效果呈现得也就比较快，可以经常体验到成功感和满足感，因而对小学生、初中生以及体育学习能力弱、掌握动作不熟练的学生则较为适合。

3. 预防和纠正错误动作法

为了预防错误，体育教师要在学生学习起始阶段就帮助他们获得正确的运动认知，促使他们纠正错误。为此，创造并选择适当的教学时机也非常重要。

一是启发思维。当学生出现错误动作时，教师应采用简明扼要的指导语，并善于利用示范等直观手段，在指出学生存在错误之处的同时，模仿学生错误动作，纠正其完成动作的结构、用力顺序、全身肌肉协调能力等错误之处，使学生了解自己所做动作的形象，及时纠正自己动作的错误，同时注意培养肌肉感觉的自我分析和自我监督能力，将每次正确运动的肌肉感觉与理想的动作模式相比较，领悟完成动作的关键。这有助于激发学生积极思维，了解动作要素之间、分解动作与完整动作之间的联系，有效地纠正错误动作。

二是言语暗示刺激。要求学生明确地意识到动作的错误成分，口头复述正确的动作要领，练习中不断地用正确动作要领的言语暗示自己的动作练习。

三是正误对比强化。要求学生将错误的动作与正确动作交替进行练习，使正确的动作从错误的动作中迅速改正过来。经过对比，错误的动作因为后继性的负诱导，增强了抑制效果，便可在短时间内消除错误。

四是单独与减速练习。这是一种纠正已经建立动力定型的顽固性错误动作的方法。首先，采取重点突破，将错误的动作单独进行练习，这样可以使已经习惯的、固定的动作受到破坏。其次，在进行一段时间的单独练习后，就可以放慢速度进行连贯性动作练习，用非常慢的速度进行练习，形成一种额外的刺激信号，使学生意识到改变有关动作要素的需要，不再依循习惯的动作继续下去。

除此之外，体育教师还可以采用身体拘束法、强制反应法、内心演练法等来预防和纠正学生的错误动作。

4. 游戏法与比赛法

游戏法的心理意义在于其具有情节性和娱乐性，引人入胜，使参加者产生愉快的情绪体验，提高参加者的兴趣。游戏的规则性和竞争性既能约束参加者的行为，同时也可以激发参加者的好胜心，使其在规则允许的范围内发挥主动性和创造性(李京诚，1996)。

游戏能够满足各年龄阶段学生的心理需要，它在提高学生的体育学习兴趣和体育教学效果方面有着独特的作用。体育教学中，课程的每个部分都可以安排游戏。在准备部分中，可进行集中注意力的游戏以训练学生的精力集中能力，也可进行提高兴奋性的游戏为基本部分的教学做准备。在基本部分中，可通过游戏进行技术动作的练习或体能的练习，以提高学生的练习兴趣。结束部分，通过游戏可放松学生的心情，稳定学生的情绪，调节他们的注意力，为下一节课做好心理准备。

比赛法是在比赛条件下组织学生进行练习的方法。它与游戏法具有许多相同的特点，两者的作用也大体相同。但比赛法竞争的激烈性比较强，因而对学生在生理、心理、技战术能力等方面的要求也高于游戏法，它对学生的培养作用也是比较大的。因此，要重视比赛法在体育教学中的运用。

(三)体育学习方法的指导

1. 自主学习法

体育学习方法
的指导.mp4

在体育教学过程中，每一位学生的心理特点、生理特征各不相同，每一位学生都有自己的学习能力，都有自我发展、自我提高的需要。对每个学生来说，实现体育学习目标的途径有多种。例如，为了实现提高力量这一目标，既可以利用健身器械，也可以采取俯卧撑、引体向上等练习方法。不同的学生在体能、技能、兴趣和爱好等方面存在差异，每个学生都有实现自己目标的最适宜的方法。因此，在体育教学中，体育教师应该给学生提供自主选择学习内容和学习方法的空间。

自主学习，有利于确立学生的主体地位，让学生自己主动地确立学习目标，安排学习进度，进行自我调控，激发学习体育的热情；有利于培养学生从"学会体育"(学会一些运动技能)到"会学体育"(掌握全面的学习体育的方法)，即形成体育学习能力，为学生终生体育奠定基础；有利于提高体育教学的学习效果。只有学生在体育学习中，"能学""想学""会学"，体育学习才能真正取得实效(见拓展阅读4-1)。

知识拓展 4-1

现代街舞的创编

(1) 教学目标：培养学生自主学习的意识，体验与他人协作创造的成功喜悦。

(2) 教学内容：现代街舞组合。

(3) 教学步骤如下。

① 体育教师提问："通过前几节课的学习，知道现代街舞的动作特点是什么吗？"

分小组交流、讨论，在此基础上进行小组的集体练习。

② 各小组学生阅读街舞资料，根据本组同学能力来选择学习街舞的组合动作。

③ 体育教师提出街舞队形变换的基本要求。

④ 根据体育教师提出的要求，分小组自主创编街舞组合队形的练习。

⑤ 各小组在全体学生面前进行自编动作表演。

⑥ 表演小组的同学先自我评价，然后老师和其他同学补充分析评价。

4. 评析：在体育教学中，体育教师应经常给学生提供自主学习、自主创造的机会。例如，教师可以用提问的方式让学生思考解决问题的办法，鼓励学生自主学习相关的知识和技能，参加一些体育运动项目技术、练习方法的改造，创编适合自己和具有不同特点的动作或活动等。

在体育教学过程中，提倡学生进行自主学习并不意味着排斥教师的指导，也不是说每件事情都需要学生自己亲力亲为，教师的指导是不容忽视的，应将教师的指导与学生的自主学习、自主创造结合起来。

(资料来源：季浏，殷恒婵，颜军. 体育心理学[M]. 2版. 北京：高等教育出版社，2010.)

2. 探究学习法

探究学习法是体育教师在教学过程中通过引导学生选择和确立研究主题，创设类似于研究的情境，通过学生自主、独立地发现问题、实验、操作、调查、收集与处理信息，表达与交流等探索活动，获得体育与健康知识、运动技能、情感与态度的协调发展，特别是探索精神和创新能力得到发展。

探究学习都是从创设各种问题开始的，并以此引发学生学习的动机。例如，弯道跑为什么不仅要注意身体内倾和两脚前内侧着地，还要特别注意两臂的不同摆幅？以学生实际参与为研究特征，使学生通过实践加深对问题的认识和理解，让每一位学生在活动中创造性地解决问题，逐步提高学生的创新意识和能力。

运用探究式学习时，要注意合理设置问题，即提出的问题既要充分考虑学生的学习基础与学习内容的实际，又能激发学生的探究动机；要鼓励学生积极探究，有目的、有意识地鼓励学生提出问题、大胆创新，对于学生在探究过程中出现的不足甚至错误应给予宽容、理解。同时，要注意运动技能学习的特点，体育教学中运动技能的探究学习不仅是解决懂不懂、知不知的问题，更是解决会不会的问题(见拓展阅读4-2)。

📖 知识拓展 4-2

探究式教学方法

(1) 教学目标：运用所学的知识与技能分析跨栏跑的技术，并能正确地完成动作。

(2) 教学内容：跨栏跑技术的研究。

(3) 教学步骤如下。

① 提出问题。体育教师提问："跨栏中出现问题的主要原因是什么？"

② 分组讨论，提出假设。假设跨栏中出现问题的主要原因是助跑步数不确定、起跨点离栏太近、起跨腿与摆动腿不分、无法连续过栏等。

③ 将跨栏的假设用于跨栏实践，集体观察分析。一个同学练习，另外几个同学分别在起跑处观察、记录。

④ 找出原因，并寻求有效的练习方法。根据体育教师的示范，小组同学进行交流，看谁的动作最标准，起跨点最合适。

(4) 评析：跨栏项目对于高中学生来说既熟悉又陌生，教学中学生受好奇心的驱使，常常是看了示范动作后，马上就进行尝试性练习，不会深入地思考问题。如何让学生去寻找和解决自己的问题，形成一种探究的学习氛围，是体育教师提高教学质量的一个重要方面。

案例中采用了提出问题后让学生提出假设，并采取小组讨论的教学形式，为学生进行较深入的思考提供了条件。针对学习过程中出现的障碍，学生们通过集体的观察、分析和讨论，找到原因并寻求有效的练习方法，从而使学习的形式和氛围都有了很大变化，并取得了较好的效果。

(资料来源：季浏，殷恒婵，颜军. 体育心理学[M]. 2版. 北京：高等教育出版社，2010.)

3. 合作学习法

合作学习法，是指学生在小组或团队中为了完成共同的任务，有明确的责任分工的互助性学习。合作学习将个人的竞争转化为小组的竞争，既有助于培养学生的合作精神、团队意识和集体观念，提高学生的合作技能，培养学生的竞争意识与竞争能力，还有助于体育教师因材施教，使每个学生都得到充分的发展。

五、实施体育教学评价

首先，体育教学评价应依据体育教学目标。教学之后，学生在认知、情感和运动技能等方面是否发生了如体育教学目标所期望的变化？这要通过教学评价来评定。体育教学评价的标准应该和体育教学目标一致，否则就无法客观、全面、准确地评价教学效果。

其次，体育教学评价常常通过测量收集资料，但测量不等于评价，评价是对测量结果加以解释，作出价值判断的过程。测量是评价的前提和重要手段，体育教学评价还可以通过观察法、谈话法等方法收集有关资料。

第二节　体育教学策略和学习策略的心理学原理

一、体育教学策略

(一)体育教学策略的含义

体育教学策略是教师在体育教学过程中有计划地指导学生学习，为达成体育教学目标和满足学生体育学习需要所采取的教学程序的谋划和措施。它不仅包括对体育教学方法的选择，还包括对体育教学组织形式、教学媒介的选择等内容，而且在具体的体育教学方法及其组合上也有策略内容。

首先，现代体育教学策略关注的是学生在体育教学活动中整体的认知—运动变化过程，强调课程结构的完整性和连贯性，整个教学活动是连贯的、递进的。例如，体育教师引入学习目标，并围绕目标来进行一系列的教学活动，师生所进行的所有活动都对实现学习目标起着积极的作用。其次，现代体育教学策略关注个体的进步，期望在个体差异的基础上他们能够各自获得成功。最后，强调学用结合，关注各种能力的培养。

(二)制定有效体育教学策略的基本依据

制定有效体育
教学策略的
基本依据.mp4

1. 体育教学目标是影响体育教学策略制定或选择的决定性因素

体育教学目标不同，所采取的体育教学策略也不同。例如，在教学之初，体育教学的初始目标是提高学生对体育学习的兴趣和信心，然后才是促进学生掌握具体的知识、技能和发展态度、情感、价值观的目标。针对不同的体育教学目标，教师应采用不同的策略。对于学生体育学习兴趣和信心的提高，教师可选择与体育的最新发展动态和社会生活紧密联系、对学生自身发展有积极作用的教学策略，进而达到提高或激发学生积极性的目标；而对于学生掌握具体的知识、技能和发展态度、情感、价值观的目标，教师则应根据知识和技能内在的逻辑联系、知识和技能掌握对学生认知—运动结构的促进作用、知识与技能的迁移规律、学生的主观状态等进行综合考虑，然后制定恰当的体育教学策略。

2. 学生的初始状态是影响体育教学策略制定的重要条件

学生的初始状态，主要指学习者现有的知识和技能水平、学习风格、心理发展水平等。如果仅根据体育教学目标制定体育教学策略，无视学生的初始状态，体育教师所制定或选择的体育教学策略就会因缺乏针对性失效。因为学生的初始状态决定着体育教学的初始情况，体育教学策略的制定必须以此为起点进行具体分析。现代心理学理论认为，教学应在学生的"最近发展区"开始才能达到最佳的教学效果。学生的最近发展区与其学习的初始状态有密切的联系。如果说对体育教学目标的分析是制定或选择体育教学策略的前提，那么对学生初始状态的分析则是制定有效体育教学策略的基础。

3. 教师自身特征是制定或选择影响有效体育教学策略的重要条件

如果说体育教学目标和教学对象是影响制定体育教学策略的客观条件，那么，影响体育教学策略制定有效性的主观因素主要取决于教师的自身特征，如教师的教学思想、知识经验、教学风格、心理素质等。在体育教学过程中，教师是制定、监督和实施体育教学策略的主体，他们一般都倾向于选择与其自身特征相符合的教学思想和教学风格。例如，某教师接受了布鲁姆的教学思想，便会采用"掌握学习"的教学策略，就可能对掌握动作速度较慢的学生投入更多的时间和精力。

📄 知识拓展 4-3

有效的小学体育教学策略要点

(1) 任务目标导向：根据教学计划与学生实际在每课时中进行调整；突出重点、突破难点；为达到教学目标选择最适合的教学模式；考试或考查的时间、内容、标准、要求等提前通知学生，运用评价、检查、考核促进目标达成率。

(2) 清晰的授课方式：教学目标明确、具体、可操作性强，对教学目标达成可进行检查评价；为学生提供清晰的学练步骤，突出多样化教学程序式教、学、练模式，强化教学重点与教学难点；有明确上课要求和各层次、各级别达标指标，分层推进、分类指导；了解学生水平与能力，教学要适应学生最近发展区，使学生持续努力；教学过程贯穿"讲""看""思""练""评"五字要求。

(3) 适应学情多样化教学方法：运用吸引学生注意力和积极参与的学练技巧，如选用游戏法、竞赛法、故事法、情境法等各种方法进课堂；变化练习节奏；变化呈现方式，如集体练习与个性发展练习；变化提问、讲解、示范、组织、解决问题的方式。

(4) 引导学生积极投入学练过程：不断给予新教学刺激，每次教学刺激之后安排新问题让学生学练；采用新颖的教学内容，引导学生投入学练；集体学练、小组学练、个人学练相结合；使用有价值的评价激励方式，引导学生积极投入学练过程并保持积极性；体育作业配合练，不断检查课外作业完成情况，并提出新目标。

(5) 确保学生成功率：明确教学目标上、下位概念，以符合逻辑顺序安排课时；学生独立练习前，提供指导练习和自查方法，学生完成动作之后立即给予反馈；一项教学内容可设大、中、小单元与课时，使学生在各课时中完成学练内容；从容易掌握的教学内容开始，教学内容安排注重上位与下位的延伸、拓展、补偿、追加、创新；变换每课时刺激呈现节奏，使用学练、复习、反馈、考试、评价方法。

(资料来源：刘福林等. 体育游戏[M]. 北京：北京体育大学出版社，1997.)

二、体育学习策略

(一)体育学习策略的含义

体育学习策略，是指学生在特定的体育学习情境中，为了达到体育学习目标而对学习步骤与学习方法所作的优化组合与精巧安排。其实质是学生在对影响体育学习的各种因素及其关系的认知基础上，为了达到一定的学习目标，对体育学习活动进行调控的一系列执行的过程。体育学习策略具有目标指向性、操作实用性和应用灵活性等特点。

(二)体育学习策略的分类

根据体育学习策略在认知—运动信息加工过程中的作用，体育学习策略包括体育学习认知—运动策略和体育学习认知—调控策略。

1. 体育学习认知—运动策略

体育学习过程中的认知—运动策略，是指对运动信息进行有效的识别、理解、保持和提取的策略。其主要包括选择性注意策略、练习策略和精加工策略。

(1) 选择性注意策略，是指将注意指向有关重要的体育学习材料的策略。通过选择性注意，可以对进入大脑的信息进行过滤和筛选，从而保障大脑能有效地对信息进行加工。针对选择性注意策略对体育学习的作用，体育教师对学生的体育学习进行指导时应引导学生将注意力集中于动作关键点和学习难点上；指导学生合理分配注意力，学会观察的顺序；指导学生口头表述，将观察与理解和记忆有机结合。

(2) 练习策略：练习是有意识、有计划、系统地以提高学习效果为目的的重复活动。

它是学生掌握体育知识、形成运动技能、培养体育能力的一种必需的学习方法，也是一种身心兼备的活动。练习策略与学生的学习质量和学习负担有着密切的关系。练习策略与学习质量成正比，与学习负担成反比，即练习策略的水平越高，学生的体育学习质量就越高，学习负担就越轻。

① 练习量。确定练习量的依据是与获得最佳练习效果所需要的练习量，并非练习量越大越好，练习效果与练习量不一定成正比。但目前缺乏对练习量的研究，只凭教师的经验来确定练习量，因此随意性很大。练习量是以完成学习任务和学生实际水平为依据，以科学的教学措施为手段，进行典型而有针对性的适量练习。

② 有效练习。探索练习时间与练习效果的最佳对应点是注重练习效率和提高学习效果的重要环节。就运动技能学习而言，模仿练习是形成运动技能的重要环节，它是学生按照动作模式进行仿效练习，体验运动感觉。在目前的体育教学中，受场地、器材、教学内容、学生人数等诸多因素的影响，教师讲解、示范后，学生难以及时进行练习，致使其视觉表象模糊，以此为线索进行的模仿练习就难免产生错误。所以，应当让学生能在讲解、示范后的最短时间内及时进行运动视觉表象练习。同时，体育教师帮助学生及时矫正来自视觉信号与自身本体感觉不相吻合之处，在学生完成动作后尽快给予学生即时的反馈，以帮助学生在练习间隙中积极思考。

③ 重复度。运动知识和技能的掌握和巩固与反复的练习有密切的关系，没有重复练习就不能形成运动技能。但也并非重复的次数越多越好，科学的重复练习应该有一个"度"，以获得练习的最佳效果。在运动技能的学习过程中必须达到"过度学习"程度，对体育学习的重复量要达到 150%的程度，即在刚刚记住和会做(即达到 100%的熟记程度)的基础上，还应继续增加练习重复量的 50%。

(3) 精加工策略，是指将新学习的材料和头脑中已有的体育知识、运动技能联系起来的策略。例如，想象、口述、类比、答疑、做笔记、总结等，它们可以促进学生大脑对信息的理解。精加工对陈述性知识的获得有重要作用。所谓陈述性知识，是指动作的术语、要领、原理、规则等知识，它们是可以用语言来表达和用谈话或书面的方式来测定的。那么，如何才能有效促进学生精加工策略的形成呢？

首先，课堂教学速度要适当。学生的运动记忆容量有限，如果教师的教学速度过快，学生来不及精加工又学习新的内容，则学生没有思考的时间。

其次，课堂教学中随时注意采用类比和比喻的方式，以学生熟悉的生活事件深入浅出地比拟，把新知识、新技能与已有的知识和技能巧妙地联系起来；设计"先行组织者"，引导学生把新知识、新技能与已有的体育知识、技能联系起来。

最后，在运动知识和技能的教学中贯穿方法的教学。例如，结合教学内容，不断地向学生介绍一些精加工的实例，让学生掌握精加工的方法，通过模仿逐步学会精加工，使学生从被动地接受运动知识和技能转变为主动地加工新的运动知识和技能。

2. 体育学习认知—调控策略

体育学习认知—调控策略，是指学生根据体育学习过程中出现的情况，对体育学习活动进行及时的评价和调整的策略。认知—调控策略分为任务指向的自我调控和自我指向的自我调控，前者是指对学习任务、材料、方法与策略等任务操作因素进行反馈与控制，也可称为认知—调控策略或元认知策略；后者主要是对兴趣、态度、动机水平、情绪状态等心理操作因素进行反馈与控制。认知—调控策略对体育学习有以下作用。

(1) 有助于激活与保持良好的注意、情绪与动机状态。体育学习认知调控策略有助于解决学生"想不想学"的问题，而学生只有在想学、愿学的基础上，才会学习并学好。

(2) 有助于分析学习情境。体育学习认知调控策略能够帮助学生根据不同的体育学习内容及体育学习任务的要求，结合自己的体育学习特点来制订体育学习计划，选择合适的体育学习方法。

(3) 有助于执行学习计划。体育学习认知调控策略能够帮助学生根据自己的实际情况使用合适的体育学习方法，监控体育学习进程，维持或适时地更改已选用的体育学习计划和方法。

(4) 有助于反思或总结性地评价选用的体育学习计划与方法所达到的效果，以吸取经验与教训，为以后的学习做准备。

三、体育学习策略的教学

(一)激发学生的体育学习兴趣

学习兴趣是学生学习体育学习策略的前提，在学生自觉运用学习策略和进行学习的过程中具有非常重要的作用。要激发学生的体育学习兴趣，首先，体育教师应表现出对学生体育学习策略的兴趣，以饱满的热情来激发学生的体育学习热情；其次，体育教师应根据体育学习策略的具体内容等注重强化学生的学习动机和自我效能，及时进行学生学习情况的反馈，并运用多种方法与手段引导学生对体育学习策略产生稳定的兴趣。

(二)针对学生特点因材施教

不同年龄、不同智能水平、不同性别的学生对体育学习策略的理解和掌握是不同的。此外，学生原有的智能水平、技能水平也会影响体育学习策略的教学效果。体育教师在制订学习策略的教学计划时，应该对学生的智能水平、技能水平进行评估，以便针对不同学生进行不同的教学。对于儿童来说，由于受认知发展水平的制约，只能掌握一些比较简单的学习策略；而对于初中、高中阶段的学生而言，随着其认知发展水平的提高，有能力掌握一些比较复杂的学习策略。

(三)创设情境鼓励学生积极参与

体育学习策略教学的实质是体育教师引导和帮助学生掌握与运用学习策略。因此，体育学习策略的教学要充分发挥学生学习的主动性、积极性和创造性，让学生在真实的体育学习活动中，通过自己的努力与探索真正理解和掌握学习策略，学会体育学习。

(四)强化元认知

元认知在整个过程中具有启动、维持—情感系统，分析、监控、调整学习任务与活动，以及评价体育学习过程的作用。因此，在体育学习策略教学过程中教师必须有意识地强化对学生元认知能力的培养，促进学生元认知能力的提升。通过强化元认知能力的培养，使学生获得丰富的元认知知识与体验，真正实现从外部引导的学习向以内部机能调控为主自主学习的转变。

(五)教给学生自我调控策略

(1) 自我观察调控：通过自我观察对自己进行控制。学生对自己的体育行为往往不能正确认知，尤其是在过度焦虑、紧张等情绪激烈波动时更是如此，因而不能有意识地控制自己的行为。这就需要通过培养学生的自我观察来增强其自我调控能力。

(2) 自我评价调控：自我评价就是一种自我调控，是学生的体育意识及其行为的主要"调节器"，学生不能正确评价自己是自我调控能力弱的一个重要原因。因此，要培养学生对体育学习行为与体育学习策略的正确评价能力。而且，通过体育学习的自我评价，有助于形成一种表达、练习元认知策略的学习环境。

(3) 自我冷化调控：对自己强烈的消极情感，尤其是消极的激情，进行理智冷静的控制，消除不良情绪。引导学生预见不良激情的严重后果(包括对个人、集体的不良后果)，可促使学生掌握冷化自控的方法，有助于缓解学生的消极情绪。

(4) 自我暗示调控：暗示分为他人暗示与自我暗示。积极的自我暗示就是一种暗示自控。在体育学习中当注意力分散时，自己向自己发出要专心观察、听讲或练习、思考的暗示；对某些难度较大的动作胆怯而不敢练，或对自己不感兴趣的学习内容不愿练习时，在心里对自己说"大胆些""再坚持一下""只有练习才有可能掌握动作！"这些都是自我暗示调控。

(5) 自我激励调控：自我激励是一种积极的自我调控。学生在体育学习中遇到困难、挫折、失败就需要自我激励——"不要灰心，坚持到底"，要让学生学会自我鼓励，增强信心，克服胆怯、自卑心理。

(6) 自我目标调控：让学生在体育学习过程中确立一个适宜的目标，以此作为调控自己体育行为的动力。自我目标调控充分利用了体育学习具有较强竞争性和荣誉感的特点，可帮助学生处理好长期目标与短期目标、具体目标与模糊目标之间的关系，使学生在每个动作的学习活动中都能制定明确的目标，通过实际练习，克服困难，激发学生的体育学习动机。

📖 引导案例分析

本章开头比利因为一场失利沮丧想要退出冰球队，但是教练的一句话改变了他的消极想法，进而成为一名优秀的守门员。作为一名体育教师，我们该如何做呢？

(1) 创造良好的教学环境。在体育教学过程中，只有有了良好的学习环境，学生才能调动自己的学习积极性，主动地参与活动，与同伴一起探究合作学习。良好的教学环境应该具备以下条件：师生之间是民主的朋友关系，教师对于学生的好奇心应该鼓励，满足他们的求知欲望；学生之间能有正常的交流，有竞争也有合作；教师能根据教学需要设置一定的情境进行教学，教学目标符合学生的认识，教学内容趣味化。

(2) 学会学习的方法。教师教给学生知识与技术，不如教给学生学会学习的方法与技巧，这是他们终身学习的保障，他们能自己进行活动，这是主动性的前提，教师要对他们进行相应的指导。比如，在学习跳远时，有的小学生不能做出蹲踞式的动作，自己多次尝试都失败了，这时，教师要提醒他能不能换一种方式进行试跳，比如，可以站到高的地方跳下，在空中体会蹲踞的动作，接下来，就可降低起跳的高度，直到做出蹲踞动作为止。其实，有时学生在学习时学不会，那是因为他没有用对方法，如果教师给予指导，他们很快就会学会，这个过程就是一个方法的学习过程。

(3) 体育教师要保持教学的热情。体育教师的教学热情对教学的有效性有很大的影响，如果教师上课时没有精神、不想说话，表现得懒洋洋的，学生的学习劲头肯定也会不足，何谈学习的积极性。如果教师在上课时，口号响亮、运动敏捷、表情丰富，他的这种情绪就会传染给学生。学生感受到这种热情后，会有一种亲切的感觉，喜欢跟着教师的思维进行学习，练习时也表现得格外卖力。当然，体育教师不仅在体育课堂上需要高涨的热情，在体育学科的研究中也需要高涨的热情：对自己的体育工作热爱，喜欢去探索与研究体育，不断学习体育知识开阔自己的视野，以较高的热情去研究体育教学改革。

第三节 体育教学环境的心理学分析与体育课堂学习过程的心理学评价

一、体育教学环境的心理学分析

(一)体育教学物理环境创设

1. 体育教学物理环境的构成要素

体育教学物理环境，是指教学赖以进行的一切物质条件所构成的整体，它是体育教与学互动的物质基础，如运动场地、器材设施以及场馆的色彩、温度等。体育教学物理环境是一种人为的环境，它的创设要以体育教学目标和学生身心发展特征为基本依据。

体育教学的物理环境对体育教学活动有着重要的影响。首先，它会影响学生的运动认知活动。身心活动的效率有赖于适当的物理环境，如光线强度、环境温度以及颜色等。其次，它会影响学生的情绪体验。例如，色彩中浅蓝色和浅绿色可使学生心情平静，而浅红色和深黄色可使学生情绪激动。最后，它会影响学生的学习行为。良好的物理环境有助于学生产生积极、主动的体育学习行为。

2. 体育教学物理环境的创设

(1) 适合学生的身心发展规律，讲究科学性。体育教学场所的空间、通风、采光、造型设计、色彩运用等与人的生理、心理活动有紧密的联系。体育场馆内的空气新鲜，能使人头脑清醒、心情愉快，从而提高学习效率；器材设施的颜色过于鲜艳，容易使学生在课堂上兴奋好动，注意力分散；操场上温度过高，容易使学生烦躁不安，增加冲突行为；等等。

(2) 注重提供丰富多样的适宜物理刺激，激活学生的身体活动。体育教师在创设体育教学物理环境时，尤其要注意提供丰富多样的教学设备和现代化的教学手段，使学生多种感官参与学习活动，充分开发大脑左、右两个半球的功能。

(3) 注重物理刺激对学生心理的愉悦性，使学生保持积极的体育学习态度。只有具有愉悦功能的体育教学物理环境才可以引起学生积极的体育学习心态，从而保持身心活动的最佳水平。学生在良好的物理环境中学习，不仅会增强其体力和智力活动的效果，还会陶冶其审美情趣，培养其审美能力。

(二)体育教学心理环境及其优化

1. 体育教学心理环境及其构成要素

在体育教学过程中，教师、教材、学生、教学手段等因素存在着紧密的联系，它们之间既有物质的联系，又有心理的相互作用，这种心理的相互作用又构成了体育教学的心理环境。良好的体育教学心理环境对体育教学活动有重要的影响。首先，它有利于师生沟通体育教学信息、交流思想，促进教师与学生、学生与学生之间产生心理相容和情感交流。其次，它有利于克服和消除学生生理和心理疲劳，提高体育教学效果。最后，它还有助于维持正常的体育教学秩序，顺利完成体育教学任务。

体育教学心理环境的构成要素包括体育教学思想、体育教学目标、体育教学内容、体育教学活动、体育教学的人际关系、体育教学风气、体育教学常规、体育教学评价等。

2. 优化体育教学心理环境

优化体育教学心理环境，就是体育教师根据体育教学目标和对学生心理特点的了解，通过调整自己的教学行为，来优化体育教学中各因素之间的关系，使学生有积极心理状态和体育学习行为，以便营造良好的体育教学气氛的过程。

体育教师对自己教学行为的调整是优化体育教学心理环境过程中的操作变量，在这一变量的作用下，发生了师生之间、学生与学生之间的互动关系，这种互动关系的结果就形成了积极、健康的体育教学心理环境。在教师主导作用下营造的积极、健康的体育教学心理环境，既包含教师自身的因素，也包含学生的因素，它相对学生原有的心理环境来说是一种新的外在环境，学生在这种外在环境作用下产生了新的内在心理环境。而正是这种学生内在的心理环境持续反复地发生，使学生的心理结构得到了重组和优化，从而塑造了学生良好的心理品质。

运用心理学原理在体育教学中以良好的师生关系为核心，以情感沟通为桥梁，自觉遵守心理教育的原则，是营造积极、健康体育教学心理环境的基本途径。

二、体育课堂心理气氛

(一)体育课堂心理气氛的含义

体育课堂心理气氛，是指师生在体育课堂中占优势的态度与情感的综合表现。它是体育课中集体心理动态结构特点之一，是课堂教学活动赖以发生的心理背景，也是集体内部促进或阻碍师生共同活动，以及促进或阻碍全面发展的各种心理条件的总体表现。

体育课堂心理气氛具有相对的稳定性和变化性。它一旦形成，就会成为一种团体的环境压力而对每个成员产生影响并持续一段时间。强烈、浓厚的师生情感状态有时会持续一节课。但在很多时候，由于教学内容、方法的改变，学生练习动作的成效，师生之间或学生之间交往的冲突等原因，课堂心理氛围会有起伏，从而对每个成员的情感产生影响，使每个成员的心理活动随课堂心理气氛的变化而变化。

(二)体育课堂心理气氛的基本类型

研究发现,体育教学中师生的指向性、参与性和交往性这三个维度的状态形成(或决定)了课堂心理气氛。其中指向性是基础,参与性是保障,交往性是最高境界。具体地说,体育课堂心理气氛是一种团体的社会心理气氛,因此师生对教学的情绪状态是课堂心理气氛的主要方面;师生之间及学生之间的心理相容程度影响着师生的情绪和行为;课堂教学的目标是课堂心理气氛形成的认知特征;师生对教与学的态度是课堂心理气氛形成的基本条件。上述有关师生的情绪状态、心理相容程度、对教学目标的认知,以及对教与学的态度这四个因素对于形成不同类型的体育课堂心理气氛起着重要的作用。

体育课教学实践表明,课堂心理气氛一般分为和谐型、一般型和冷漠型。常见的课堂心理气氛大多为一般型;和谐型是一种积极的课堂心理气氛,是体育教师需要为之而努力追求的理想状态;冷漠型则是指消极、沉闷的课堂心理气氛。这三种类型的体育课堂心理气氛各有自己的基本特征(见表4-1)。

表4-1 体育课堂心理气氛的基本特征

师生状况		和谐型	一般型	冷漠型
教师状况	情绪状况	情绪饱满,师生感情融洽,对体育教学任务充满信心,自我感觉良好	情绪平静(有时呆板),师生关系一般,对体育教学任务无特别感受,自我评价一般	无精打采,对讲解、示范及对学生不耐烦,师生关系对立,对学生漠不关心,把责任推向学生,自我评价有偏差
	言语行动	批评学生少,表扬学生多,与学生交往多,注意观察学生的练习情况,示范准确舒展,讲解清晰生动,并能及时满足学生的正当要求	以示范为主,伴有指令性言语,批评学生较多,表扬学生较少,组织体育教学时间多,满足学生合理需要较少	指令性言语多,维持纪律占用了大量时间,对调皮的学生实施严厉的惩罚,根本不考虑学生的想法及需要
学生状况	情绪状况	情绪高昂,愿意接受教师所言,对教师的示范、讲解及组织形式、教学手段表示满意,学生喜欢上体育课	总体情绪平和,有的表现出烦闷、懒散、不安,对教师的讲解、示范及组织形式、教学手段无强烈反应,评价一般	绝大多数学生或无精打采或懒散沉闷,对教师提问或在同学面前的示范感到不安、焦虑、厌烦,不愿按教师指导去做,与教师作对
	言语行动	绝大多数学生练习积极,掌握动作迅速、准确,时机把握较好,参与教学程度高,笑声多。注意力专注,相互交往及赞扬多	安静地听讲解或看示范,或私下自发地说话议论或随意活动。有的专注,有的分神,积极练习的人数不多	自发性说话人数多,练习的人数少,有的开小差,有的甚至故意捣乱,相互埋怨

(三)体育课堂心理气氛的作用

1. 效应功能

和谐型的课堂气氛使学生大脑皮质处于兴奋状态,练习动作的积极性较高,体育学习情绪高涨，有浓厚的学习兴趣。学生在情绪上大多表现出积极的"从众"倾向和社会促进效应，进而促进体育学习。冷漠型的课堂心理气氛容易使学生表现出社会懈怠效应的倾向和去个性化行为，进而干扰体育学习。

2. 信号功能

体育课堂心理气氛是学生以情感体验的方式所表达的对课堂教学和人际关系的态度和评价，它对体育课教学状况起到了信号的作用。和谐型的课堂气氛，表明学生对课堂教学、师生关系是满意和肯定的；冷漠型的课堂气氛则表明了学生对教师及其教学的否定和不满意。情感的信号功能具有比较显著的外露特点，因而课堂心理气氛所传递的信号意义容易为教师与学生所感知和领会，从而影响教学活动。

课堂心理气氛作为一种信号，对体育教师来讲，是对体育课教学效果的反馈信息。教师应该敏感地觉察课堂心理气氛的状态，及时了解学生对体育教学的反应，从而在教学内容、方法、态度等方面做出调整，以获得最佳的教学效果。

3. 教育功能

和谐的课堂心理气氛能营造一种感染力强、催人向上的教学氛围，使学生受到感染和熏陶，产生思想上的共鸣。这在体育教学过程中为学生进行品德教育创造了最有利的条件。课堂心理气氛对学生的思想行为的影响是潜移默化的。学生良好品德的形成以及身心健康的和谐发展都需要积极的、生动活泼的课堂心理气氛。长期在冷漠型课堂心理气氛之中学习的学生，不仅体育学习效果会下降，也会妨碍他们良好品德的形成和身心健康的正常发展。

(四)和谐体育课堂心理气氛的创造

1. 运用教学技巧

和谐体育课堂心理
气氛的创造.mp4

教师在体育教学中通过教学方法的选择、教学手段的运用，以及恰当的教学组织形式等，对整个课堂的学生情绪状态进行有效的调节。教师应在观察学生认知、情感、行为变化的基础上，根据教学内容、教学进度、课程结构、场地器材和学生体育能力等情况，恰当地进行示范、评价，组织或调整练习的方式、方法，变换场地器材的布置，适时地采用提问、讨论、分组练习、比赛等教学形式，并通过言语、表情、动作、吹哨等手段活跃课堂的气氛，调节学生的情绪。同时，要将练习式、封闭式的体育教学发展为创新式、开放式的体育教学，加强创造性的教学活动，力求使某些单调的教学内容具有新意。例如，在耐久跑教学中可采取追逐跑、定时跑、越野跑、变速跑、接力跑、运球跑等多种形式，以激发学生的学习愿望，使其学习入趣、入情、入境，形成生动活泼的课堂气氛。

2. 创设生动活泼的教学情境

人的情绪是随情境的变化而变化的。一定的体育教学情境可以使学生的某种情绪状态成为课堂占优势的心理气氛。体育教师可根据体育教学的规律和特点，有目的地创设某种情境，让学生在特定的情境里进行体育活动，营造特定的课堂心理气氛，使整个课堂产生情绪的"共振"，从而提高教学的感染力和教学效果。

3. 美化体育课堂环境

体育教学主要是在室外场地进行，场地器材是体育教学的重要工具，它们在一定程度上影响着学生的情绪和课堂心理气氛。体育教师应在课前根据教学内容的要求合理地规划教学场地。划线清晰、标识醒目、器材有序、沙坑平整等都有助于提高学生的情绪兴奋性，激发学生的体育兴趣，营造浓郁的课堂学习气氛。

4. 为学生制定适宜的学习目标

体育学习目标的制定，直接关系体育学习动机的方向和强度。正确、有效的学习目标，可以激发学生的身心能量，引导和组织学生的学习活动，激发学生的体育学习热情。

5. 对学生积极的期望

期望是人们在对外界信息不断作出反应的经验基础上，产生的对自己或他人行为结果的某种预测性认知。教师对学生的期望会形成何种类型的课堂心理气氛，则取决于以下三种因素。

反馈：教师通过输入信息的数量、交往频率、目光注视、赞扬和批评，向学生提供不同的反馈。

输入：教师向学生提供难度不同、数量不等的运动知识和技能，对问题作出不同的说明、解释、提醒、暗示或示范。

输出：教师允许学生提问和回答问题，教师听取学生回答问题并观察其练习动作的耐心程度，会对课堂心理气氛产生不同的影响。

为了充分发挥教师期望的积极效应，以利于营造积极、和谐的课堂心理气氛，体育教师不仅要认真了解每个学生的特点，发现他们的长处，对每个学生都抱有积极的期望，还要不断地反省自己的行为和态度，有意识地控制自己的行为，在潜移默化中影响学生。

三、体育课堂学习过程的心理学评价目的

体育课堂学习过程的心理学评价是以"以人为本"为基本观点，以尊重学生的人格为前提，注重学生的身心发展，培养学生的自尊和自信，忽略学生之间的比较，帮助学生学会与学习目标和自己的过去进行比较，并在比较中客观地了解和评价自己，学生在教师的指导下设置合理、可行的学习目标，为全体学生的自主学习创造机会和条件。

体育课堂学习过程的心理学评价的目的在于了解学生在体育学习过程中的心理活动及行为表现，分析心理致因，发现学生的潜能，为学生提供展示自己能力、水平、个性的机会，使他们体验到成功的快乐，增强信心，提高自我认识、自我教育、自我发展的能力，从而获得进步和发展。因此，体育课堂学习过程的心理学评价具有激励性和发展性。

体育课堂学习过程的心理学评价的激励是根据体育教学的要求，让学生通过对自己的体能、运动技能、学习态度、情感表现、人际关系、健康行为等方面的情况有清醒而正确的认识，使学生发现自己的进步和发展潜力，激发其参与体育活动的积极性，获得体育学习的成就感和自信。这种评价是对每一位学生进行的，评价指向学生的学习进步和努力方向。

体育课堂学习过程的心理学评价的发展目的是使学生认清自己学习进步的困难和原

因，帮助学生学习进步，并通过探究式评价和解惑式评价，调动学生积极向上的学习内驱力。这种评价也是面向每一位学生的，评价指向学生的学习困难和前进方向。

四、体育课堂学习过程的心理学评价内容

(一)体育学习态度

学习态度作为一种对待学习的内部状态，它影响着学生对学习活动的选择，包括性质(方向)和程度两个维度。性质是指正确与错误、好与不好。每一种学习态度又有程度深浅、强弱的差别。学习态度的评价主要包括参与体育学习的积极性、为达到学习目标主动思维的自觉性和反复练习的主动性、运用所学知识和技能的灵活性等。

(二)情感表现

情感表现包括学生在体育学习中表现出来的情绪状态和意志品质。情绪状态主要包括学习过程中对体育学习与活动的自信程度、在实现体育学习目标中的成功体验程度、在体育学习中的情绪稳定程度、运用体育活动中的手段调控自己情绪的应用程度等。意志品质主要包括在体育学习中克服主观困难和客观困难所表现出的勇敢性、果断性、独立性、坚韧性和自制性等。

(三)交往能力与合作精神

交往能力与合作精神具体表现为理解和尊重他人，与同伴一起分析和处理体育学习中遇到的困难和问题、努力承担小组学习和练习中的责任、与同伴齐心协力取得集体成绩、遵守规则和尊重裁判等。

五、体育课堂学习过程的心理学评价方法

(一)观察

观察是在自然的教育场景下，教师观察学生的行为表现，并加以评定的一种方法。在观察过程中，学生在正常的活动中没有或较少产生任何压迫感，所收集的资料自始至终都是自然、真实的常态表现。因此，观察法可用来客观地评价学生学习态度、情感表现、交往能力与合作精神等心理特征。但是，观察得到的材料不易量化，而且易受教师主观因素的影响，这些都是观察时应该注意的。

运用观察方法应有周密的计划，并随时记录，这样观察才比较细致，但比较费力。常用的记录方法有行为记录法和评定量表法。

1. 行为记录法

行为记录法是指教师对学生学习行为表现进行观察，并随时做记录，可用于评价学生的心理发展。这些学习行为表现反映了学生对学习的态度、兴趣、情绪、意志、交往能力与合作精神等心理特征。教师可采用横向评价的方法将学生的学习行为随时记录下来，即比较同一组学生的心理特征异同；除此之外，教师也可采用纵向评价的方法，即过一段时

间再比较某一学生或某组学生的心理特征是否发生变化(见知识拓展4-4)。

知识拓展4-4

表4-2 动作练习的行为观察记录表

姓名					
练习的投入状态					
练习的自信程度					
练习的情绪稳定性					
练习的意志表现					
练习的合作表现					
遵守规则的表现					
其他					

授课内容：　　　　　　　　　　　　　　　　时间：

(资料来源: 季浏，殷恒婵，颜军. 体育心理学[M]. 3版. 北京: 高等教育出版社，2016.)

2. 评定量表法

评定量表法是对各种行为的性质、特点，分别列出几个程度，用文字加以表述，从而形成评定量表。评定量表的设计由两部分组成：一是所要评定的该项行为特征的名称；二是评定时用的分点说明语。观察时，教师从这几项不同的描述中选择与学生行为表现相符的一项，并标上记号，以此区分学生的行为特质(见知识拓展4-5)。

知识拓展4-5

行为表现的评定量表

年级＿＿＿＿　班级＿＿＿＿　学号＿＿＿＿　性别＿＿＿＿　姓名

评价范围	评价方法	评价内容	评价等级					学生自评	学生互评	教师评价	总评
			优秀	良好	中	及格	不及格				
学习态度	观察问卷问答等	思考学习内容的自觉性	好	较好	一般	不太好	不好				
		练习动作的主动性	好	较好	一般	不太好	不好				
		对学习内容的喜欢程度	喜欢	较为喜欢	一般	不太喜欢	不喜欢				

续表

评价范围	评价方法	评价内容	评价等级					学生自评	学生互评	教师评价	总评
			优秀	良好	中	及格	不及格				
情意表现	观察问卷问答等	对学习内容的自信程度	自信	较为自信	一般	不太自信	不自信				
		学习过程中的成功体验程度	强	较强	一般	不太强	不强				
		学习过程中表现出的意志品质	坚强	较坚强	一般	不太坚强	不坚强				
		学习过程中的情绪稳定程度	稳定	较为稳定	一般	不太稳定	不稳定				
交往能力与合作精神	观察问卷问答等	学习过程中遵守活动规则的表现	好	较好	一般	不太好	不好				
		与同伴一起完成学习任务的合作表现	好	较好	一般	不太好	不好				
		学习过程中爱护体育器材的表现	好	较好	一般	不太好	不好				

(资料来源：季浏，殷恒婵，颜军. 体育心理学[M]. 3版. 北京：高等教育出版社，2016.)

一般来说，使用评定量表法时，如果教师确定的行为特征过于抽象，就不好判断。因此，选择行为特征时应选择可观察的外显行为，避免用一些抽象术语，如同情心、自卑感、愧疚感等。

(二)口头评定

口头评定就是教师运用口头语言对学生在体育学习过程中的学习态度、情感表现、交往能力与合作精神等方面进行评定的方法。语言是人类交际的最普通的工具，也是体育教学中最常见的行为活动，因此，口头评定是在体育课堂学习过程的心理学评价中最常用的方法，也是自己评定和同伴间相互评定时常用的一种手段。

口头评定的用语要清晰、简洁、准确、生动、条理清楚、重点突出，并注意语言表达时的体态举止和面部表情，善于利用表情动作，以便保持学生的注意状态并激发其兴趣，培养学生的思维能力。

六、体育学习过程的心理学评价形式

(一)学生对学习过程的评价

在体育学习过程的心理学评价中，学生的自我评价可随时进行，评价来自学生对学习的"自省"，对于学生激发学习动机和培养学习能力具有重要的作用，但有时会因学生的自我保护意识和夸大优点意识而产生偏差。学生之间的相互评价以教师组织为主，评价来自处于同样学习目标和学习阶段的同伴，有利于学生看到自己的进步或不足，激励自己更好地学习。评价有较强的针对性和主动性，也有较强的刺激性，但评价会因学生的经验不足，缺乏专业知识和对同学缺乏责任感而产生偏差，因此，教师要加以正确的引导和指导。

(二)教师对学习过程的评价

在体育学习过程的心理学评价中，教师评价主要是由体育教师根据学生的学习目标达成情况、行为表现和进步情况等，参照学生自我评价和相互评价的情况，对学生的知识与能力、学习态度、情感表现、交往能力与合作表现等进行的综合评价，以保障体育学习过程评价结果的公正性。

📖 拓展阅读

操场设计的灵活性

海沃德等人(1974)对三种典型的操场进行了比较。第一种是传统式操场，包括秋千、滑梯、单杠、鞍马等。第二种是现代式操场，提供了可移动的现代化设施，这些设施不仅有许多作用，而且从美学的角度进行了设计，如洒水车、喷泉设备等。第三种是冒险性操场，有时也被称作"废物操场"，这种操场给儿童提供一些非常规的设施，如轮胎、胶合板、泥土山、采掘工具、画笔和调料等。这种操场通常"无建筑物"，广大的区域允许儿童去种植或按他们的意愿改变操场上的自然景观。

通过观察发现，学龄前儿童在冒险性操场上活动的比例是非常低的，他们常常在传统式操场或现代式操场上玩耍；学龄儿童(6～13岁)是三种类型操场上活动的主力军，但他们更愿意在冒险性操场上活动，占比为 44.58%；在冒险性操场上活动的青少年占比为 33.16%，而在其他两种类型操场上，他们的占比不到 10%。毫不奇怪，成年人主要集中在学前儿童玩耍的操场上。在传统式操场和现代式操场上，成年人往往是游戏的"领导者"或"顾问"。在冒险性操场上，儿童通常是独自或与同伴一起来"建造"俱乐部，做一些有想象力的游戏。在非冒险性操场上，儿童常常是荡秋千、坐滑梯，在沙滩上玩耍或脱掉鞋袜在浅池塘里玩耍。传统式操场和现代式操场往往给成年人提供舒适的、方便的、可以坐下观察儿童活动的地方，因此，受到照看年龄较小儿童的成年人的欢迎。

研究还发现，学龄儿童之所以喜欢冒险性活动场地，是因为它提供了生动的、千变万化的、不断更新的自然材料，这对儿童是非常有意义的。儿童用这些材料植树、建造俱乐部、攀登小山坡和通过灌木丛等，这些活动可以刺激儿童的想象力和锻炼身体，提高儿童解决问题的能力。

(资料来源：俞国良. 心理健康[M]. 北京：高等教育出版社，2009.)

本 章 小 结

本章针对体育教学效果的心理学优化这一主题，根据体育教学心理主要研究的规律，即学校体育教学情境中师生的心理活动及其行为。这样既可以促进学生体育与健康知识和运动技能的掌握，以及体育态度与行为的形成，也可以促进学生对知识和技能掌握、体育态度与行为形成情境创设的心理学原理的探讨。本章主要针对教学过程设计良好的教学条件，体育教师传授体育与健康知识、运动技能和促进学生形成正确的体育态度与行为等心理学问题进行研究。

思考与练习

1. 从心理学的角度来看，如何明确体育教学目标？
2. 为什么在进行体育教学之前，教师要分析学生的体育态度和认知—运动能力？
3. 怎样组织和实施体育教学中的探究学习？
4. 如何培养学生的体育学习策略？
5. 为什么要创设良好的体育教学环境？
6. 如何对体育课堂学习过程进行心理学的评价？

只有运动才可以除去各种各样的疑虑。

——歌德

第五章　体育活动与心理健康

本章学习目标

- 了解体育活动带来的心理健康效益。
- 知道影响人们体育活动坚持性的因素。
- 清楚体育活动锻炼成瘾的应对策略。

核心概念

体育活动　心理健康　认知功能　主观幸福感　自尊　应激　体育活动坚持性　锻炼成瘾

健康的心理状态对身体健康的影响

一位医生治疗了一位女病人，女病人不断地描述自己正经受着最剧烈的身体疼痛。然而，医生并没有发现她有任何身体疼痛的症状。于是医生给她开了一些轻度到中度的止痛药，但病人仍然认为这些药没有任何疗效。于是，医生表情严肃地拿来一个巨大的药片，用钳子夹着，使药片尽量离开自己的身体，他把药片小心翼翼地放入水中，并告诫病人应该在"嘶嘶声"停止后把药水一口一口慢慢喝掉。这种完全不同的治疗方法立刻有效地缓解了这位妇女的疼痛。但是，她并不知道，这只是一个大的维生素 E 药片而已。

(资料来源：季浏，殷恒婵，颜军. 体育心理学[M]. 3 版. 北京：高等教育出版社，2016.)

本章将简要介绍体育活动与心理健康的一些知识。

第一节　体育活动的心理效益

身体和心理的关系问题一直以来受到哲学家、心理学家和神经科学家的关注：心理这个看起来非物质的实体是如何引起身体的动作，或是如何改变生理过程的？身体的动作或生理过程的改变又是如何引起心理这个非物质的实体变化的？在过去的 20 多年里，人们的研究发现，体育活动不仅可以增强体能、预防疾病、提高生命质量，还与心理健康存在着一定的关系。

一、体育活动的概念

在体育运动心理学领域，"身体活动"是上位概念，它是指任何由骨骼和肌肉产生的导致能量消耗的身体运动，包括体育锻炼以及职业劳动。也有学者认为，身体活动是指那些能量消耗多于休息时新陈代谢水平的人类活动，通常指那些日常生活中经常进行的有助于健康的身体活动，如有规律的长时间散步、骑单车、爬楼梯等。本章的体育活动则包括各种与心肺功能、肌肉力量和耐力、柔韧性和身体健康等有关的活动形式，它通常指那些有计划、有规律、重复性的，以发展身体、促进健康、增强体能为目的的身体活动，如慢跑、举重、有氧锻炼等。

二、心理健康的含义

"心理健康"是一个复杂的概念，影响因素包括生理、心理和社会文化等方面，因而它既是一种医学现象、心理现象，同时又是一种社会现象。综合理论界各种对心理健康的描述，不难发现一些共同之处，那就是心理健康强调个体内部的协调及其对外界环境的适应，它是指在智力正常的基础上形成的良好的个性心理特质和稳定的情绪表现，是一种能够有效地处理内、外关系的良好状态。

关于心理健康的衡量标准，不同的心理学流派有不同的观点：精神分析流派强调自我升华的能力。行为主义学派重视从经验中学习的能力。人本主义理论则强调自我实现的重要性，认为自我实现者就是真正心理健康的人。依据生物—心理—社会模式，适应和发展是考察心理健康的立足点。而世界心理卫生联合会确立的心理健康标准是身体、智力、情绪反应协调；能较好地适应环境，在人际关系中彼此谦让；有幸福感，在工作和职业中能充分发挥自己的能力，过幸福且有效率的生活。

正是对心理健康有了较多的思考和探讨，人们才开始重新审视身体与心理健康的关系，重新审视体育活动的功能，并逐步意识到体育活动的意义与功能不仅仅在于健身。

📖 引导案例分析

还记得本章开头那个女病人的情况吗？

回顾以往对身心关系进行的研究可以看出，身体和精神是不可分离的，生理活动与心理活动对健康有着同样重要的意义，人类的身体健康和心理健康之间存在着相互依赖、相互影响的关系。

一方面，健康的心理状态会促进患病的身体以较快的速度恢复，不健康的心理状态则会造成生理的异常和病态，并进而影响身体健康。

另一方面，健康的心理状态依赖于健康的身体，身体不健康、患有身体疾病或有生理缺陷等都会影响人的心理状态，使之处于焦虑、忧愁、烦恼、抑郁之中，既影响了认知、情感和意志等心理过程，又阻碍了人格的健康发展和人际关系的和谐，最终导致心理的不健康。

从以上不难看出，身体活动既可以使人接近自然，又可以让人抒发郁闷的情绪，起到调节心理的作用。

(资料来源：季浏，殷恒婵，颜军.体育心理学[M].3版.北京：高等教育出版社，2016.)

三、体育活动的心理健康效益

(一)体育活动对认知功能的影响

心理学的研究表明，人类的认知活动不是被动地接收或加工信息、符号和解决问题的过程，而是一个主动、积极地加工和处理输入信息、符号与解决问题的动态系统。认知功能是人类的高级活动功能，它是人体对外界信息的反应能力，主要包括感觉、知觉、注意、表象、记忆、思维、语言等组成部分。随着认知心理学的发展，人们对认知过程的研究逐步深入，有研究者把认知归纳为五点：认知是信息的处理过程；认知是心理上的符号运算；认知是问题求解；认知是思维；认知是一组相关的活动，如知觉、记忆、思维、判断、推理、问题求解、学习、想象、概念形成、语言使用等。

对于体育活动与认知过程的关系，众多的回顾性研究文章发现，两者之间存在正相关性。研究者认为，长期的体育锻炼在认知表现上比短期的体育锻炼有更大的效应；有规律的锻炼可以通过提高知觉和运动系统的总体速度进而提高精神运动的速度(Spirduso，1986)。学习运动技能，尤其对儿童身体知觉能力和技能知觉能力的准确性有明显的影响。有学者整理了1997—2009年发表的相关论文，结果发现，体育活动对特定认知功能影响效果依次为动作功能、动作技能、学业成绩、推理、反应时间、执行功能。而且，体育活动对失聪症、阿尔茨海默病和帕金森综合征也有一定的正面效果。另外的综述也发现，体育锻炼能够促进儿童的认知功能和学业表现。综合该领域的研究，可以归纳如下。

(1) 体育活动与认知过程之间存在相关关系，且在一定条件下呈正相关，但不能看作因果关系。

(2) 体育活动与认知过程的关系在不同年龄人群的身上有不同的体现，但大部分情况下表现出有益作用。

(3) 不同的活动项目、活动时间、负荷，以及坚持年限对认知功能的影响也不相同。

(4) 体育活动能促进儿童和青少年认知功能的发展，能延缓或预防中老年人认知功能的衰退。

(5) 体育活动对正常人群和有心理障碍人群的认知功能的影响也不相同。

(二)体育活动对情绪的影响

1938年，雅各布森提出通过渐进性放松法来干预焦虑情绪，这标志着以特殊的锻炼方式影响人类情绪的首次尝试。自此之后，体育活动与情绪之间的关系成了锻炼心理学领域中研究最广泛、内容最丰富、方法最成熟的热点话题(毛志雄，1998)。研究指出，体育活动是在所研究的10种行为中，对情绪进行自我调节最有效的手段(Thayer，1994)。美国健康和人类服务中心的研究报告(1996)指出，体育活动对情绪有改善作用，能够减轻人们的焦虑和抑郁程度。国内的研究也支持这一观点，认为体育活动对调节消极情绪(抑郁、焦虑等)，以及改善心境状态具有明显的效果(陈作松，季浏，2003)。近年来的研究同样显示，体育活动对情绪具有积极的影响。体育活动在调节情绪方面的优势主要体现在两个方面，首先，体育锻炼是人们调节情绪的最自然的选择；其次，体育活动作为一种情绪调节手段，具有建设性的特点。

1. 体育活动的抗抑郁效能

世界卫生组织预测，到 2020 年，抑郁症将成为全球范围内第二高发的疾病。自 20 世纪 90 年代以来，大量的有关体育活动与抑郁关系的研究得出如下结论：临床上被诊断为抑郁症的患者健康水平较低；体育活动与传统治疗方法一样有效；体育活动是对传统治疗方法(团体或个别的心理治疗和医学治疗)的补充；体育活动能够提高身体健康水平，但这对心理健康不是必要的手段(唐征宇，2000)。

1990 年，North 与他的同事对 1969—1989 年间进行的 80 项关于体育活动对抑郁控制作用的研究进行了元分析。结果表明，一次性体育活动和长期体育活动均能有效地改善抑郁情况，这种作用在需要得到特殊心理照顾的被试身上体现得最为明显；体育活动既可以改善特质性抑郁(长期的、稳定的)，也可以改善状态性抑郁(短期的、波动的)；体育活动既可以改善正常人的抑郁，也可以改善精神病患者的抑郁；有氧锻炼和无氧锻炼均可以改善抑郁；体育活动的持续时间和频率与抑郁的改善情况有关；体育活动比放松练习和其他愉快的活动更能有效地改善抑郁；体育活动可以最大限度地减少药物和心理恢复手段的运用，如果将体育活动与心理治疗相结合，那么所达到的治疗效果会更好。另外，体育活动的抗抑郁作用能持续多久也有一些相关的研究(见知识拓展 5-1)。

🔖 知识拓展 5-1

锻炼的抗抑郁作用能持续多久

Dunn 等人对体育活动与抑郁症之间的关系进行了研究。该实验以 20~45 岁的成年人为被试，他们被诊断为轻度到中度的抑郁症。一部分人每周进行 3~5 天、每千克体重消耗 7 kcal 或 17.5 kcal 能量的运动，一部分人每周进行 3 天伸展练习。12 周以后，不管是每周进行 3 天还是进行 5 天的运动的被试，与基线值相比，运动量高组的医生评价症状减轻了 47%，运动量低组减轻了 30%，而对照组为 29%；同时，运动量高组的病人发病率也低于其他组，锻炼效果持续时间较为持久。

一项新的研究认为，当经常运动的人中断自己的运动时，两周后心情就会变得很差。研究发现，对那些经常进行有规律运动的人来说，如果一两周不去运动，心情就会变得更抑郁。该研究包括 40 名经常进行适量、有规律运动的人，实验结果显示，被迫不做运动的"假期时间"并没有为任何人的精力进行充电；相反，还会让人感觉比以前更糟。

(资料来源：季浏，殷恒婵，颜军. 体育心理学[M]. 3 版. 北京：高等教育出版社，2016.)

2. 体育活动降低焦虑的效能

目前，该领域的研究有两种类型，一种为体育活动的急性效应(短期)研究，这些研究探索了某次体育活动即刻降低焦虑的效能，在实验设计方面，选择了慢跑、游泳、功率自行车、跑台以及将专门设计的体育活动计划作为自变量，活动的强度多以最大吸氧量或每分钟心率为标准，强度从低到高。多数研究的结果表明，体育活动具有即刻减轻焦虑的效果，包括减轻认知性焦虑和躯体性焦虑。例如，1978 年，Bahrke 和 Morgan 就比较了三组被试，第一组在跑步机上进行 20 分钟跑，第二组进行强度为 70%最大心率的跑步，第三组沉思或安静休息。结果发现，这三组被试的焦虑情况均有所改善。Long(1984，1988)比较了慢跑、渐进性放松、压力管理三种改善焦虑的技巧。结果发现，慢跑具有即刻改善状态焦虑的显著作用。

另一种研究为体育活动的慢性效应(长期)研究。与急性效应研究相比，体育活动的慢性效应的研究相对较少，研究结果也不尽相同。这是因为大多数研究在实验设计上多选择较长的锻炼时间周期，通常为 2~4 个月，每周 2~4 次体育活动，有时也会进行更长时间的追踪研究，因此难以对实验过程和实验变量进行严格的控制。

自 20 世纪 90 年代以来，对于体育活动改善焦虑的研究有了进一步的发现：虽然有氧锻炼与无氧锻炼都能改善焦虑，但多数研究仍然将重点集中于有氧锻炼上(见知识拓展 5-2)；体育活动与调节、改善状态焦虑和特质焦虑有关；从改善焦虑的效果来看，长期锻炼比短期锻炼更能产生积极的效果，有规律的锻炼者比不锻炼者在较长时间内更少出现焦虑情绪；状态焦虑的减轻可能是因为体育活动的效应抵消了日常生活产生的压力；体育活动对感受高度压力的个体具有特殊的效应；进行体育活动均能减轻焦虑，但在 30 分钟以内的锻炼效果最好；停止活动 24 小时内，焦虑程度会回到活动前的状态；体育活动改善焦虑与活动降低了肌肉的紧张度有关。

🔖 知识拓展 5-2

什么样的体育锻炼才能有效地改善焦虑

Morgan(1987)做了 7 个系列的实验研究，最后他指出，只有在强度为最大心率的 70%下所进行的锻炼，才能有效地改善焦虑，低强度或中强度的体育锻炼并没有改善焦虑的作用。Raglin(1987)等人发现，进行体育锻炼后的 2 小时内焦虑程度会有所改善，但实验参加者在休息 30 分钟后心情又回到了原来的状态。迄今为止的 30 多个关于焦虑的体育锻炼效果的研究结果显示，只有有氧运动才有积极的效果。

1996 年，Beger 等通过研究制定了体育锻炼获得最大情绪效益的方法模型(见图 5-1)。

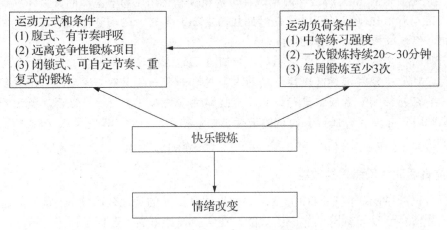

图 5-1　体育锻炼增加心理效益的模型

(资料来源：季浏，殷恒婵，颜军. 体育心理学[M]. 3 版. 北京：高等教育出版社，2016.)

3. 体育活动提高主观幸福感的效能

主观幸福感，是指描述个体目前体验到的幸福程度的综合性指标，是评价者根据自定的标准对其生活质量进行的整体性评价。主观幸福感是由积极情感、消极情感和生活满意度三个不同的维度组成，它是衡量心理状态与生活质量的重要因素之一。

早在 20 世纪 70 年代，就有学者对体育锻炼对主观幸福感的影响进行了研究，该领域的研究结果可以归纳为以下几点。

(1) 多数研究结果支持体育活动与主观幸福感之间存在某种关系。Overman(1986)以女运动员为实验对象进行研究。结果表明，女运动员的主观幸福感优于非运动员女性。殷恒婵(2004)研究发现，体育专业与非体育专业大学生心理健康特点存在差异，主要表现为体育专业大学生在自主性、环境适应与控制、自我接纳、主观幸福感、角色互换与合作等方面的得分显著高于非体育专业大学生。Angela 等人(2014)进行的一项实验结果显示，运动后人的主观幸福感测量值高于不运动的人。

(2) 体育活动与主观幸福感之间的关系存在性别差异。一些研究指出，有规律的体育活动与主观幸福感之间存在正相关性，而且女性比男性表现得更突出(Angela et al.，2014)。一项对 30 名女性的实验发现，长期的、有规律的有氧运动可以提高女性的社会满意度(Hasan et al.，2003)。此外，还有研究发现，体育群体在成功体验与控制感、环境适应与控制、自我表现、自我接纳和认同等 5 个维度项目上存在显著的性别差异(殷恒婵，2004)。

(3) 体育活动与主观幸福感之间的关系可能存在项目差异：一些研究发现，体操运动员与篮球运动员的主观幸福感存在差异，但差异并不明显；有研究者对这一问题进行了实验研究，他们将被试分为提高心血管功能的训练组和降低心血管条件反射的对照组。结果发现，两组被试的主观幸福感存在显著差异，提高心血管功能组明显优于对照组。

(4) 体育运动与幸福感之间存在着较强的正相关性，这可能与运动引起神经系统的变化、自我效能感的提高以及社会支持的改善有关。

4. 体育活动中的特殊情绪体验

体育锻炼除了能够产生上述情绪效益之外，有时还能使锻炼者从中感受到一些特殊的情绪体验。

(1) 流畅体验。流畅体验的概念于 1985 年首次提出，"当产生流畅体验时，个体似乎表现出不惜一切代价地从事某项活动，并且完全是出于所从事的活动过程本身。"它是一种理想的内部体验状态，来源于人们的生理需要或心理需要的满足。Jackson 和 Marsh 于 1996 年将流畅体验的理论引入运动心理学领域，并将其定义为个体从事活动时的一种最佳状态，指一个人完全投入、自如控制、非常享受他所从事的活动，各组织、器官发挥最佳水平时所处的心理状态。在这种体验状态中，人们忘我地全身心投入所从事的活动之中，从活动过程本身体验到乐趣和享受，并产生对活动过程的控制感(张力为等，2003)。这是优秀运动员追求的状态，也是任何水平的锻炼参与者所追求的状态。

(2) 跑步者高潮。关于跑步者高潮，在文献中可以找到至少 27 个不同的形容词来描述，其中包括"兴奋""灵性""觉醒""力量""优美""容易行动""完美""晕眩"等(简耀辉，2002)。这些感觉通常会在跑步过程中突如其来地出现，这对有规律的锻炼者来说是一种很普遍的体验，我们将它称作"跑步者高潮"。有时类似的兴奋感觉在除跑步以外的体育锻炼项目中也会出现。当出现这种感受时，跑步者会体验到一种良好的身心状态，感觉到自身与情境融为一体，身体轻松，忘却自我，充满活力，超越时空障碍(张力为等，2003)。当锻炼者成功地完成某项锻炼任务，并在某次锻炼中产生这些特殊的情绪体验后，就会诱发积极的情感和再次尝试的欲望，能抵消一部分抑郁、焦虑等情绪的影响，进而改善心理状态。

(三)体育活动对人格的影响

20 世纪 60~70 年代，涉及人格与运动表现和项目选择关系的研究非常普遍，很多研究的侧重点放在运动员与非运动员人格特征的差异上。研究主要从横向比较研究和纵向追踪研究两个方向进行。

体育活动对人格
的影响.mp4

1. 体育活动对某些人格特质的改变

一些研究认为，参与体育活动能够促进人格发展。纵向的研究结果显示，青少年时期参加体育活动对个体的人格发展有促进作用(见知识拓展 5-3)。研究者监控了一些男孩的人格剖面图，他们参加了为期 5 年的游泳训练，这期间，这些男孩在外向性、稳定性和依赖性方面都有明显的转变(Tattersfield，1971)。Schnurr 和 Vaillant(1990)对哈佛大学 1942—1944 年毕业的白人男学生进行了追踪调查。他们试图查明在大学里测试的人格特点能否预测被调查者今后生活中的运动习惯。此项目始于 1938 年，两位心理学家对获得的资料进行了仔细的研究，记录了他们在大学里每天和每周的体育运动的时间和类型，并询问了被调查者所从事的运动类型和运动量。调查结果表明，被调查者大学期间的人格特点，如精力充沛、兴趣广泛、焦虑水平低、大方等，预测着他们在未来生活中有频繁的体育活动。

📖 知识拓展 5-3

运动员的人格特征与一般人的人格特征有区别吗?

早在 20 世纪 60 年代就有研究指出，运动员比非运动员更加自信、更有能力、更喜欢交际(Cooper，1969)且通常比普通人更聪明(Hardman，1973)。1974 年，摩根提出了一个假设模型，他认为具有稳定、外向人格的个体倾向于进行体育运动。这是由于运动竞争的"自然选择"，被保留下来的运动员一般都比较外向、独立和自信。此后的很多研究都支持摩根的这一研究假设。

Schurr，Ashley 和 Joy(1977)用卡特尔 16 种人格因素问卷测量了近 2 000 名男大学生，比较运动员和非运动员在人格方面是否存在差异。研究结果并没有发现任何人格特质可以用来区分运动员与非运动员。但研究发现，与非运动员相比，不论是参加集体项目还是参加个人项目的运动员都更外向、更独立、更客观，焦虑水平更低，抽象推理更差。与不锻炼的人相比，经常参加锻炼的人有较强的自制力，他们更聪明、认真、富有想象力，为人直率，而且有较强的自立能力(Hartung&Farge，1977)。研究者还发现，普通女性与成功女运动员在人格剖面图方面存在差异，女运动员显示出与正常男性及男运动员非常类似的人格特质，即过于自信、成就取向、支配、自信、独立、有进取心、聪明、缄默等(Williams，1980)。与现有标准相比，女健美运动员更加外向、更精力充沛，不那么焦虑、神经质、沮丧、易怒和困惑(Freedson，Mihevic，Loucks&Girandola，1983)。运动员比非运动员适应刺激的能力要强，更容易引起积极的反应，他们很少情感不稳定(Rhodes et al.，2002)。运动员通常比普通人更有责任心(Romualdas&Malinauskas，2014)。一项针对 100 名年轻女性的研究也显示，体育活动能使年轻女性不会那么神经质(Zdral-Stolarska& Stolarski，2014)。另外研究者还发现，经过 46 个月的研究，女性在长时间参加和坚持体育活动后，性格会变得更温和，更有责任心和更外向(Lindwall et al.，2015)。

(资料来源：季浏，殷恒婵，颜军. 体育心理学[M]. 3 版. 北京：高等教育出版社，2016.)

近年来，一些学者开始关注体育活动对改变 A 型行为特征的作用，并逐渐重视体育活动对人格整体结构的影响。A 型行为模式的特征是缺乏耐心、有强烈的紧张感、过度的竞争性以及容易唤起的敌意，它是产生冠心病的一个重要因素，因为其中的负面情绪如抑郁、愤怒和敌意，是引发冠心病的危险因素。就体育活动对 A 型行为特征的影响而言，尽管目前研究结果的说服力都还不够强(季浏，1997)，但还是有不少研究发现，有氧锻炼可以使 A 型行为特征发生积极的变化(Lobitz，1983；Roskies，1986；Blumenthal，1988)。

📖 知识拓展 5-4

体育教学对青少年人格的培养

近年来，国内外关于体育教学与学生性格关系的研究比较多，主要集中在体育教学对学生个性心理特征和心理状态的影响上。

在一次体育夏令营中，布瑞德米尔等人比较了社会学习理论指导下的干预方法(模仿和强化)和结构发展理论指导下的干预方法(对话和平衡)对 5～7 岁儿童道德推理的影响。经过 6 周的实验，2 个实验组的儿童的道德推理水平明显提高，而控制组被试则没有提高。类似的针对体育教学中道德干预措施对小学生道德行为影响的研究也发现，体育教学过程中的道德干预方法可以有效地改变学生的道德推理和道德行为。然而，参加体育活动并不能自主地促使儿童道德水平的提高，只有在社会学习理论和结构发展理论指导下进行系统的道德干预才有利于学生提高体育道德水平(贺亮锋，祝蓓里，1999)。

研究发现，经常参加体育活动的大学生运动员具有高乐群性、高敢为性和高幻想的人格特征。长期系统的体育活动可以有效地培养青少年勇敢、顽强的意志品质和乐观的情感；有助于青少年学生情感的社会化和深刻化；有助于培养学生的竞争意识和自我意识。而体育教学则可以培养学生形成对社会现实的正确态度以及对待自己的正确态度；有助于学生调节自己的情绪，形成良好的社会情感；有助于培养学生的理智感和良好的意志品质。通过体育教学，可以指导学生形成积极锻炼的习惯，从而形成守时、抗干扰的稳定心理特质；能够培养和提高学生的自制力、果断性和坚韧性。

值得注意的是，上述的研究虽然有一定的科学基础，但在阐明这些观点时，研究者并没有提供足够的实验依据，体育活动对学生的人格产生的影响到底有多大？究竟是通过哪些锻炼方式和锻炼项目产生影响的？这些问题尚没有明确的答案。而且，体育教学中进行的身体练习并不完全等同于日常生活中的体育活动。因此，上述研究结论的外推力要受到较大的限制。

(资料来源：季浏，殷恒婵，颜军. 体育心理学[M]. 3 版. 北京：高等教育出版社，2016.)

2. 体育活动对自尊的维护

自尊作为个体自我系统的重要组成部分，是一个起中介作用的人格变量，它与自我概念、自我控制一起构成了自我。自尊对一个人的认知、动机、情感、品德和社会行为均有重要的影响。但是与锻炼心理学其他领域的研究相比，体育活动和自尊关系的研究还相对薄弱，不仅在理论上，而且在手段上也有待于进一步发展。目前的研究发现，体育活动对自尊的影响主要有以下几个方面。

(1) 体育活动能提高身体自我价值和其他重要的身体自我认知(身体表象)。尤其是那些经常参加体育活动的人，能够从中获得最大限度的自我认知和自尊的提高(包括身体状况较差的人，如中年人、老年人、体重超重者和肥胖者)。积极进行体育活动的儿童比不积极进行体育活动的儿童有更强的自尊心(Gruber，1986)。有氧健身锻炼与自尊之间有中度相关(McDonald&Hodgdon，1991)。人们进行体育锻炼，不仅是为了增强体质，也是为了获得提高他们的自尊和社会心理状态的一种经历(Sygusch，2002)。不同的锻炼项目对自尊有不同的影响，但总体来说，它们呈正相关(Peter 等，2013)。

(2) 体育活动对不同性别人群的自尊会产生不同的影响。国外多数研究认为，体育活动对自尊的影响没有显著的性别差异，男性和女性都可以体验到积极的活动效果。但国内有研究发现，青少年男女在具体身体自尊和身体价值、身体吸引力量表上的评价差异显著，男性明显高于女性。但青少年男女在整体自尊量表和生活满意感量表上差异不显著，即在身体自尊上有差异，在整体自尊上无差异(何玲，2002)。

(3) 体育活动对低自尊者的影响更加明显。研究发现，体育活动对低自尊、低自信、低身体自我价值感、低身体表象的人，对大多数轻度抑郁的妇女，对有身体残疾的儿童和成人，对超重、肥胖的成人和儿童，可能会有较大的影响(Fox，2000)。因此，将体育活动作为临床治疗的手段效果更佳。

(4) 不同活动方式对自尊的影响有差异。各种类型的体育活动几乎都能对自我认知的变化产生影响。但是，有氧练习和控制体重练习的作用更明显，而且，控制体重练习在短期内具有最明显的效果。有限的研究还表明，短期的体育活动往往看不到显著的心理效益，自尊的变化需要更长时间的干预，在促进自尊提高的因素中，不能忽略活动的坚持性。整个活动计划需要持续 12 周以上，最好是 6 个月或者更长时间。

(四)体育活动对应激的影响

应激，是指个体对应激源或刺激所作出的反应，是个体与环境的一种特别关系，即个体认为所拥有的资源不能满足自身的需要，并对其健康产生威胁。针对体育活动与应激的关系的研究主要集中在以下几个方面。

1. 体育活动对应激具有积极的作用

大量研究表明，体育活动作为一种积极有效的应对资源、应对策略和方式直接或间接地影响应对过程，降低应激反应，促进锻炼者的身心健康发展。Taylor 对 1989～2000 年的多项研究进行分析后发现，体育活动能提高运动者的抗应激能力、降低应激反应的强度，但还存在性别和年龄等方面的差异。目前，体育锻炼应对应激的积极效益问题已得到基本证实，但是关于如何根据具体情况选择"适宜"的体育活动以达到最佳效益的问题，还需要进行深入的研究。

2. 体育活动与应对方式的关系

已有的多数研究结果支持适宜的体育活动对应对方式具有积极的作用。体育活动能够有效地改善心境，促进锻炼者采用积极的应对方式，减少消极应对方式的应用，降低应激反应，缓解应激对人体的损害。一些对高中生、大学生应对方式的调查结果表明，自觉参加课外锻炼的人比不自觉参加课外锻炼的人更倾向于选择积极的应对方式；身体锻炼对应对方式产生作用，需要中等以上的锻炼量。

3. 体育活动与防御机制的研究

体育活动与防御机制的研究表明，体育活动与成熟的防御机制相关，且受其他因素的影响。研究发现，体育专业与非体育专业的大学生的心理防御方式具有非常显著的差异，体育专业的大学生防御方式更具积极倾向，非体育专业的大学生表现出整体成熟度较低的倾向；不同专业的女性大学生的掩饰倾向显著高于男性，非体育专业的大学生掩饰方式的差异较突出，而体育专业的大学生表现则不明显。

第二节　体育活动的坚持性

尽管研究者已经证实体育活动有助于产生良好的生理和心理效应，但实际调查显示，有相当一部分人并没有参与有规律的体育活动。这一现象引起了很多体育心理学工作者的关注，为了让更多的人参加有规律的体育活动并产生与活动有关的良好的身心效应，研究者开始分析什么因素会促使人们参加体育活动，又有哪些因素会阻碍他们坚持活动。他们试图了解与人们的活动坚持性有关的各种因素，以帮助更多的人积极参加体育活动，养成有规律的锻炼习惯。

一、人们在体育活动坚持性上会有不同表现的理由

(一)参加体育活动的理由

体育活动参加动机问题的系统研究可以追溯到 1968 年，Keyon 首先提出了一个解释体育活动原因的理论模型，该模型认为参加体育活动的原因至少有 6 个方面：为丰富社会经验而锻炼；为强身健体而锻炼；为消遣和寻求刺激而锻炼；为丰富审美经验而锻炼；为精神发泄而锻炼和为磨炼意志而锻炼。Gould&Horn(1984)的研究指出，大多数参加体育锻炼的人都有各自不同的动机，如为了提高技能、获得愉悦感、人际交往、体验兴奋与激动的感觉、获取成功、发展体能等。也有人指出，为了控制体重、降低心血管系统的危险性、减少压力和忧虑、乐趣、增强自尊、社交等，是人们进行健身运动的主要理由(简耀辉，2002)。最近研究发现，影响人们参加体育锻炼的因素是多方面的：职业、年龄、性别和体育活动类型等(陈龙，杨剑等，2014)。成年人参加体育运动受不同年龄、性别和运动项目的影响(Key van Molanorouzi et al.，2015)。

归纳国内关于成年人参加体育锻炼原因的研究可以发现，人们参加锻炼的原因有很

多，大致出于生理需要、审美需要、情感需要、交往需要、自我实现需要、功利需要、社会环境的需要和休闲娱乐的需要等。甚至还有人认为，参加体育锻炼不需要理由，其动机带有很大的随意性和偶然性。

(二)不参加体育活动的理由

一项针对 88 625 人的调查发现，不参加体育活动的人群有如下特征：参加体育锻炼的意识和需求水平较低；在业余时间更愿意选择静态活动；性别差异较小；受教育程度低的人数比例高；40 岁及以上的人比例高；乡村人数比例高。不参加体育活动的人群中，以走为工作主要方式的人数比例大；从事农、林、牧、渔、水利的人数较多。调查还发现，"体力活动过多""锻炼意识低""锻炼需求低"和"没时间"是人们不参加体育锻炼的主要原因(李然等，2010)。体育活动失败后产生的失败感和习得性无助感将导致锻炼的积极主动性的丧失，产生一些不良情绪，如绝望、退缩、被动、心灰意冷、自暴自弃等，并由此陷入抑郁、焦虑，从而影响其后续行为(白彩梅，马文飞，2010)。当然，仔细观察可以发现，在所有阻碍体育活动参加的因素中，很多都是个人可控制的因素(见表 5-1)，与他们个体的态度和价值取向有关。

表 5-1　阻碍体育活动参与的原因分析

阻碍原因	将该原因视为阻碍的人数百分比(%)	阻碍的形式
主要的困难		
没有时间	69	个人
没有精力	59	个人
没有动机	52	个人
次要的困难		
费用太高	37	个人
生病或受伤	36	个人
没有邻近的体育设施	30	环境
觉得不舒服	29	个人
缺乏技术	29	个人
害怕受伤	26	个人
次要的困难		
没有安全的运动场所	24	环境
没有人照顾小孩	23	环境
缺少同伴	21	环境
锻炼安排不足	19	环境
缺乏支持	18	环境
交通不便	17	环境

(资料来源：Robert S. Weinberg. Daniel Gould. 体育与训练心理学[M]. 谢军，梁自明译. 中国轻工业出版社，2016.)

(三)退出体育活动的理由

人们退出体育活动的原因多种多样。一项调查研究显示，人们认为体育活动时间过长影响了工作和家务、家庭成员需要照顾、活动缺乏乐趣、前往健身中心太费时间和金钱等，都是退出体育活动的原因(Cox，1994)。许多退出者认为按时参加体育活动，并坚持锻炼计划直到结束是很困难的。退出体育活动者表示，班级授课的活动形式很不方便，需要花费太多的时间，而且活动方案影响了他们的工作。在这些退出者中，一部分人反映的可能是真实情况，而另一些人则可能只是以此为借口，掩饰他们不愿参加体育活动的想法。

此外，研究还发现，大多数退出体育活动的人在活动初期都有 2~4 个基本目标，他们希望通过活动达到预期的目标。一旦活动者发现活动没有帮助他们达到预期的目标，他们就会退出活动。因此，为参与者准确设定目标，并协助他们实现这些目标，对于降低体育活动的退出率至关重要(张力为，2003)。

二、影响人们坚持体育活动的因素

对许多人来说，开始锻炼难，坚持锻炼更难。影响人们坚持锻炼的因素有很多，大致可以归纳为两类：一类是个人因素，另一类是环境因素。

影响人们坚持体育
活动的因素.mp4

(一)个人因素

影响体育活动坚持性的个人因素主要有人口统计学变量、个体生理状况、个人行为以及个人的心理特征和状态。

1. 人口统计学变量

人口统计学变量主要包括年龄、性别、职业、受教育程度、经济收入等。研究者基本认定人口统计学变量与体育活动有密切关系。受教育程度高、社会地位高、收入水平高、男性等因素与体育活动呈正相关；年龄与体育活动坚持性无显著性相关。研究发现，蓝领工人在实施心脏康复锻炼方案时的退出率是白领的 1.7 倍，这是由于他们缺乏对疾病和康复过程的了解与理解(Oldridge，1983)。也有人认为，重体力工作者退出活动的可能性是轻体力工作者的 1.55 倍，这可能是由于工作中的体力劳动使他们感到太疲劳(Andrew，1981)。

2. 个体生理状况

大多数研究支持导致患心脏疾病的危险性等因素与体育活动呈负相关。也有研究发现，那些不相信自己有健康问题或者认为自己心血管问题是由锻炼而引发的个体，更容易退出体育活动。相反，那些相信自己有健康问题的个体则更倾向于坚持体育活动。

3. 个人行为

一般来说，自愿参加体育活动的个体比被动参加有人监督活动的个体坚持锻炼的时间更长。这说明，活动坚持性与参与锻炼的性质(被动、主动)有关，参加活动越主动，坚持的时间就越长。反之，参加活动越被动，退出率就越高(张春华，2002)。

一些研究发现，在有外部监督的情况下进行体育活动的人，可以通过他们过去参加活动的行为和经验预测他们现在参加活动的情况(Dishman&Sallis，1994)；可以通过他们青少年时期的体育活动来预测他们长大后的体育锻炼情况(Twisk，2000；Telama，2005；Hallal，2006)。当然，童年时期的运动经验与他们成年后体育活动的坚持性之间的相互关系尚有待进一步探讨。

在选择和维持体育活动时，对体育活动产生障碍的潜在因素之一是个人不利于健康的行为，如物质滥用。以吸烟为例，一般来说，吸烟者的生活比较安静，锻炼少、强度小，而且比不吸烟者更容易放弃新的活动内容。研究显示，吸烟者的体育活动退出率是不吸烟者的 2.5 倍，吸烟对于大强度活动或低强度、高频率的体育活动起到直接的阻碍作用。

4. 个人心理特征和状态

某些人格特征与体育活动的启动和坚持有关，如自我效能、自我动机、独立性、控制源等。自我效能可以准确地预测个体体育活动的坚持情况；自我激励得分低的人更容易在体育活动中退出；A 型人格的人有从体育活动中退出的倾向；独立性强的个体更能坚持体育活动；内部控制型的人比外部控制型的人更能坚持体育活动(蔡理，季浏，2015)。此外，社会体格焦虑也影响着体育活动行为的各个方面。社会体格焦虑，是指个体过分担忧他人对自己体格的评价。一些研究发现，高社会体格焦虑的参与者具有较高的与身体外形有关的锻炼动机(Brown，2002)。社会体格焦虑也会影响人们参加活动的方式和乐趣，如肥胖者可能会选择个体性的活动项目(跑步、游泳等)(季浏，1997)。也有些人会因为担心被认为超重、不协调、体格不佳、体形不美，而不愿参加体育活动。

(二)环境因素

1. 社会环境

社会环境是影响体育锻炼坚持性的重要因素之一。研究发现，大多数个体不喜欢自己单独锻炼。据调查，有配偶或家人支持的成年人，比那些没有家人支持的个体更能坚持体育活动。这表明家人的支持能够促使家庭成员积极进行体育锻炼。也有一些研究证实，获得父母、社会支持的儿童，其体育活动的坚持性要比没有获得父母和社会支持的儿童更高。因此，家庭教养也是预测体育活动坚持性的一个指标。

此外，体育活动指导者也是一个不可忽视的社会环境因素。一名高水平的体育活动指导者也是影响体育坚持性的因素，而且没有亲和力的、专业知识欠缺的指导者必然对实施活动方案不利。与那些受到指导者关注的人相比，感觉自己不受重视的人退出体育活动的可能性要大很多(Andrew，1981)。很多参与体育活动的人都表示，好的指导员是进行体育运动不可或缺的因素之一(闫娟娟，2015)，这就对体育活动指导者的专业素养提出了要求。

2. 物理环境

活动场所是否方便、活动设施是否健全和安全是影响体育活动坚持性的重要因素之一。对于有规律的体育活动者来说，有个适宜的健身场地非常重要，很多人退出体育活动就是因为活动场所不便。但是，体育活动指导者要清楚退出体育活动者的原因是主观感觉到活动场所不便，还是活动场所确实不便。

3. 体育活动的特征

近年来的研究发现，当个体以 50%或未超过他们的有氧能力的负荷量来进行体育活动时，活动的坚持性最高。此外，一次活动的持续时间对活动坚持性也有显著影响。往往持续时间越长，退出活动的可能性越大。因为，对一些平时不活动的人来说，当他们开始活动时，往往倾向于过度训练，但这容易导致运动损伤，并增大退出可能性。大量研究认为，活动刚开始的 4～6 周，每次活动的持续时间相对较短，运动强度相对较小，这样才有利于人们坚持下去。

第三节　体育活动的成瘾行为

随着运动心理学研究的不断深入，研究者发现，体育活动产生消极效应的可能性正在增加。在体育活动过程中，有一些运动者(尤其是跑步者)产生了某些强烈的、特殊的感觉，如强迫、依赖、着迷、成瘾等。20 世纪 50 年代，跑步在当时的欧美是一种时尚，人们对跑步的热衷达到了盲目的地步。当时社会流行的口号是"生活就是为了跑步"，很多人片面夸大了运动的价值，忽视了科学的方法，结果导致很多人产生锻炼成瘾(exercise addiction)，给个人、家庭造成了不利影响。而在当今马拉松运动日渐盛行的中国，锻炼成瘾作为一种类似"文明病"的社会现象也正逐渐出现。

一、锻炼成瘾的界定

(一)成瘾的定义

成瘾是健康心理学的一个重要研究课题，虽然这个术语已被广泛使用，却没有一个被普遍认可的、科学而准确的界定。狭义的成瘾，是指个体强迫性地寻求药物和使用药物的行为，其生理和心理已对药物产生强烈依赖，如对海洛因、可卡因、酒精及烟草等的滥用。广义的成瘾则延伸到对一些行为的强迫性依赖，如病态赌博、疯狂购物、网络成瘾等。因此，有人把前者称为物质成瘾，后者称为过程成瘾。本书所提到的锻炼成瘾是一种过程成瘾。

(二)锻炼成瘾的定义

锻炼成瘾，是指对有规律的锻炼生活方式的一种心理生理依赖(Crossman et al.，1987)。根据一些学者的阐述，锻炼成瘾是对体育活动的一种强迫性冲动，个体具有强烈的参加体育活动的渴望，逐渐将所进行的体育活动变成一种无法控制的、过度的锻炼行为，由于这种行为可能包含身体疲劳与心理病态，所以通常被认为是不健康的行为。

实际上，从临床心理学的角度来看，锻炼依赖性类似于对酒精、药物和赌博的精神依赖，它一旦形成难以摆脱。一般来说，形成锻炼依赖的个体对体育锻炼的重视程度和投入程度远远超过其他活动，他们会将锻炼计划视为生活中最重要的事情。德国著名长跑选手 Cierpinski(1980)就曾经说过，"我从婴儿时期就已经开始跑步了，这是我酷爱的生活，运动是我生命中的一部分，若没有跑步我将无法活下去"。如果锻炼计划受阻，一旦中断锻炼 24~36 小时，就会出现停训症状，如便秘、失眠、饮食失调、注意力涣散、抑郁、焦虑、易怒、肌肉痉挛、全身发胀和神经质等。这些症状一般与停止锻炼有关，但是，这些症状只是在某些原因阻止(伤病、工作、家庭事务等)不能锻炼时才出现，如果是为了休息一两天而停止运动则不会出现上述症状。

Anshel 研究发现，锻炼成瘾者和非锻炼成瘾者之间存在差异，这些差异主要表现在以下 4 个方面。

(1) 锻炼成瘾者活动后更难以休息，并产生更多的应激。

(2) 锻炼成瘾者参加体育活动后体验到高度积极的情感。

(3) 锻炼成瘾者错过一次活动机会后会产生高度的抑郁、焦虑和愤怒的情绪体验。

(4) 锻炼成瘾者为完成某项锻炼计划倾向于忽视身体的不适、疼痛或伤病(特别是男性)。

二、关于锻炼成瘾行为的研究

关于锻炼成瘾行为的研究.mp4

(一)锻炼成瘾的项目差异

大多数关于锻炼成瘾行为的研究都是以跑步者为研究对象。Pierce(1992)等人观察到长跑的距离与锻炼成瘾显著相关，并发现超级马拉松和马拉松运动员在锻炼成瘾调查中的得分高于参加 5 公里跑的一般锻炼者和运动员。Thornton 和 Scott(1995)研究发现，跑步依赖者与跑步的距离和频率相关。当然，研究者也对进行其他活动的锻炼者进行了调查，Pierce 等人(1993)使用"消极性成瘾量表"研究了女舞蹈演员、女跑步者和女曲棍球运动员的锻炼成瘾行为。结果显示，舞蹈演员比跑步者和曲棍球运动员的锻炼依赖性更显著。研究显示，不管是跑步者还是参加其他活动的锻炼者，锻炼的时间越长，就越可能成为锻炼成瘾者(季浏，1997)。

(二)锻炼成瘾的个别差异

一些研究发现，锻炼成瘾行为存在着性别和年龄的差异。男性锻炼者更有可能成为锻炼成瘾者，原因是男性锻炼者有强烈的竞争意识和高度的成就需求。相反，女性锻炼者较少可能成为锻炼成瘾者，这是因为女性锻炼者参加活动的动机主要是管理身材、增加人际交往和提高社交技能。近年来，较多的研究指出，锻炼成瘾与饮食不合理的女性的运动依赖、关注体重、强迫观念与行为的人格特质之间有显著关系。而且，同样的研究证明，在饮食正常的高运动水平的女性中，体育活动量和强迫观念与行为之间也有显著关系。Mia Beck(2013)的研究发现，年轻人更容易锻炼成瘾，这或许与年轻人的生活压力相对大有关。

(三)锻炼成瘾造成的伤害

研究显示，锻炼成瘾者更容易出现运动损伤。Anshel(1998)的研究表明，锻炼成瘾者更可能在活动过程中忽视身体的不适，而且，当活动停止一段时间，他们会产生严重的抑郁症状。锻炼成瘾的人会不顾身体不适、个人不便或者运动对他们生活其他方面的一些扰乱而继续运动,因此,运动造成的伤害只能越来越大(Emilio,2013)。

(四)锻炼成瘾与人格特质

研究者指出,男性的锻炼成瘾与完美主义及强迫性人格特质有关(Davis,1993)。锻炼成瘾与自尊呈负相关,与焦虑呈正相关(Szabo,2000)。研究者采用艾森克人格特质问卷比较了锻炼成瘾者和非锻炼成瘾者,结果发现,外向性与锻炼成瘾之间没有高相关性(Mathers&Walker,1999)。一些人认为,锻炼成瘾者可能是 A 型人格,由于 A 型人格的锻炼者通常比较容易忽视身体的损伤或生病的信号。因此,这类人更可能在锻炼过程中遭受运动损伤。值得注意的是,A 型人格与特质焦虑和高神经症分数显著相关,并且跑步依赖者比非跑步依赖者在神经症分量表上得分高(Yates et al.,1991)。

(五)锻炼成瘾的应对策略

锻炼成瘾对个体的身心健康会产生消极的影响,因此,就如何进行积极的应对,研究者进行了探讨。他们从预防的角度入手,提出了一些简单易行的策略来应对锻炼成瘾。

(1) 尽量采用不同形式的运动来满足运动需求,避免长期从事同一种运动。

(2) 在两次运动之间安排合理的休息时间,避免身心疲劳。

(3) 尽量参加一些集体性的运动,降低焦虑和提升自尊,防止因独处产生负面情绪。

(4) 尝试学习有效的压力管理技巧,如放松、瑜伽、太极或冥想等。

总的来说,锻炼成瘾行为在各种运动项目中都有可能存在。但就目前而言,还缺乏有效的测量工具对锻炼成瘾行为的程度进行准确的判断,这也是造成这一领域研究结果不一致的主要原因。未来研究的重点是进一步完善测量量表并设计出新的有效量表。

📖 拓展阅读

体育锻炼与心理健康的关系

1. 研究对象

北京市 83 名中小学生。

2. 研究工具

交往能力问卷、心理适应能力问卷、意志力测验、青少年体育锻炼心理效益问卷。

3. 研究结论

自主参与锻炼的群体,其交往能力、体育锻炼的心理效益、心理适应能力及意志力均好于非锻炼群体,而且具有显著性差异(P<0.01)。

4. 建议

鼓励自主参与锻炼的群体继续坚持体育锻炼,同时进一步找出非锻炼群体不能自主参与锻炼的原因,使非锻炼群体也能够积极、自主地参与锻炼,以促进全体中小学生的心理健康发展。

(资料来源:马天天,殷恒婵,康威. 北京市中小学生自主参与锻炼对其心理健康的影响[C].

第二届体育锻炼与心理健康学术会议,2012.)

本 章 小 结

本章针对体育活动与心理健康关系这一主题，介绍了体育活动带来的心理效益，从生理学和心理学等多个角度解释体育活动影响心理健康的原因。同时，为了明确可能影响人们体育活动坚持性的因素，并更有效地促进人们参加体育活动，本章分析了人们的各种体育活动行为，描述了各种体育活动行为之间的差异，并提出了一些提高体育活动坚持性的策略。

思考与练习

1. 简述体育活动与认知、情绪、人格、应激等的关系。
2. 简述影响个体参与体育活动的因素有哪些？
3. 探讨采取怎样的手段帮助个体坚持参加体育活动。
4. 体育锻炼为什么有助于心理健康以及什么样的体育锻炼会有效增进心理健康？
5. 如果你是一位社区体育指导员，你发现有一些中年人从正在进行的体育锻炼中退出来，你将遵循什么原则给他们提供指导和建议？

第六章　动作技能学习

本章学习目标

- 知道动作技能的概念、组成和基本特征。
- 知道动作技能的分类。
- 清楚动作技能形成的理论、阶段。
- 清楚影响动作技能学习的内部因素和外部因素。
- 掌握如何进行动作技能的学习与训练。
- 掌握动作技能迁移的理论、原则。
- 了解影响动作技能迁移的因素。

核心概念

动作技能　封闭性动作技能　开放性动作技能　连续性动作技能　系列性动作技能 不连续性动作技能　低策略性动作技能　高策略性动作技能　自动化　图式理论　练习曲 线　高原现象　分散练习　整体练习　集中练习　技能迁移　概括化理论　共同要素说 前摄迁移　后摄迁移　迁移的原则

引导案例

教师采用不同方法讲授"单手肩上投篮"动作技能的现象

篮球运动一直都是学生喜爱的运动，在小学、中学、大学不同阶段的体育课堂中，都有"单手肩上投篮"动作技能的学习内容。那么，在教师传授这项动作技能过程中，是从开始到结束完整地进行讲解且完整地进行练习，还是将"单手肩上投篮"分解成持球准备、蹬地腰腹伸展、提肘伸臂、屈腕拨指进行讲解且分解地进行练习。教师面对不同的学习个体，采用不同的动作技能学习方法；针对动作技能学习的不同阶段，采用不同的训练方法，这对动作技能学习效果起到了至关重要的作用。

动作技能的学习有其自身的特点，它既注重身体动作技能的训练，又遵从认知学习的一般规律。体育教学过程不仅是传授运动知识的过程，更是动作技能学习的过程。因此，只有正确地认识、把握体育动作技能学习的内在规律，才能进行有效的学习和提高。

本章将介绍动作技能的概念及形成过程，分析影响动作技能学习的因素，探讨动作技能的学习、训练以及迁移问题。

第一节　动作技能概述

一、动作技能的概念

动作技能，是指通过练习巩固下来的，自动化的、完善的动作活动方式(祝蓓里，季浏，1998)。动作技能的种类很多，包括日常生活中的写字、行走、骑自行车；体育运动中的游泳、体操、打球等。一般情况下，可以将动作技能和运动技能互换使用。

动作技能具有以下几个特征。

(1) 指向目标，即动作技能都有其各自的操作目标。

(2) 动作技能的操作具有随意性，即不能把反射性运动视为动作技能，虽然眨眼可能有一定目的而且也包含运动，但因为它是不随意运动，所以不能被看作一项动作技能。

(3) 动作技能需要身体、头或肢体的运动来实现目标，这是动作技能区别于人类其他技能的基础。例如，虽然数学运算也是一项技能，但运算并不需要身体或肢体的运动来实现，所以通常把数学运算看作认知技能。

(4) 为了完成技能的操作目标，人们需要对动作技能进行学习或再学习。例如，弹钢琴便是一个典型的需要学习的动作技能，行走技能表面看来是人类自然就会的，事实上，对于婴儿而言，行走技能也是通过多次学习后才获得的。

二、动作技能的组成

动作技能包含心理过程和技能操作过程两部分，不同动作技能的这两个过程的强弱和方向是不同的(施密特，1999)。在动作技能学习的过程中，个体正是对这两个过程或过程中的某一环节把握不同表现出显著的水平差异。

很多动作技能的操作看似简单，实际上包含了复杂的心理过程。例如，有些动作技能特别强调感知觉因素，要求对感觉信息进行快速分析，如乒乓球比赛中预判对手的发球方式与回球区域等，它对后续动作能否正确完成具有重要影响，也是技能水平熟练的标志。运动员在激烈的比赛过程中必须随时决定该做什么、怎么做以及什么时间做。例如，运球后卫要随时做出是投篮还是传球以及何处投篮等决策，这一认知与决策过程影响着动作技能的操作效果。一般来说，动作技能包含以下心理过程：感知相应的环境特点；决定做什么，在哪里做及何时做；产生有组织的肌肉活动，并实施行动。

动作技能的操作过程可分为以下三个部分。

(1) 姿势成分：整个技能的物化形态是动作的支撑，如射击运动员的手臂需要有稳定的平台支撑以提高射击的准确性。

(2) 身体移动成分：移动身体朝向或到达技能实施的位置，如体操运动员推杠腾跃后再去抓杠等。

(3) 操作成分：与其他成分结合在一起互相协调完成动作技能，即形成动作，如在复杂电子游戏中手指和手腕的协调动作。

三、动作技能学习过程的变化特征

动作技能学习过程
的变化特征.mp4

(一)动作技能是后天习得的

一些简单的或不随意的外显肌肉反应，如人的眨眼反射或摇头动作等都是不需要学习的，因此不属于动作技能。动作技能是后天习得的，并能相当持久地保持的动作活动方式，如骑车、打球等。它是以感知系统与运动系统之间的密切协调为必要条件的动作活动方式，只有通过艰苦训练和意识性努力才能达到既定目标。

(二)动作技能的学习从意识性向无意识过渡

动作技能的操作具有随意性。尤其是技能形成的初期，此时神经过程处于泛化阶段，内抑制尚未形成，多余动作和错误动作较多，技能的执行需要较多的意识控制，如果此时意识控制稍有削弱，正确的技能就很难形成。但随着动作技能的反复练习，控制技能的神经系统逐步形成分化与自动化，人们完成技能时关心的是怎样使这些技能服从于当前任务的需要，而不是如何操作，操作的控制逐渐由意识性向自动化方向发展。自动化是技能达到熟练水平的标志，但并不是不需要意识的控制，如果技能操作环境发生变化，意识便会很快参与到对新情境的决策中。例如，篮球后卫在学习运球的初期，要求其在运球的同时进行技战术组织，这是相当困难的，但优秀运动员往往能够较全面地分析场上队员的站位情况，从而快速、合理地布置进攻策略，运球几乎处于自动无意识状态(希纳尔等，1998)。

(三)动作技能的程序化

练习能使动作技能学习从开始时的动作呆板、不协调、时空定位不准确以及易出错，逐步过渡到熟练掌握动作，最终实现动作技能自动化。正如比赛中跨栏运动员行云流水般地自动跨过所有 10 个栏架，攻栏、跨栏、落地、再攻栏按一定程序计划依次进行。优秀运动员这些熟练的技能是由运动操作程序来控制执行的(纳齐特，1967)。最初的程序可能仅能控制几个动作，随着练习的进行，程序逐步能控制越来越长的行为，并且变得更精确，直至发展到对整套动作技能的程序控制。

(四)动作技能的自动化

动作技能是通过练习从低层次的感知系统与运动系统的协调关系向高层次的协调关系发展，最终达到高度完善和自动化。动作技能的获得过程就是动作的自动化形成过程，动作技能的熟练程度越高，自动化程度也就越高。例如，篮球运动中的基本运球动作，初学阶段我们只能把注意力放在拍球力度与节奏上，甚至会出现人跟着球跑的情况，但成为优秀的控球后卫后，运球的同时还可以游刃有余地指挥全队的攻防战术，运球的动作几乎不需要注意。

四、动作技能的分类

动作技能的分类是进行系统化、条理化研究的前提，通过分类，我们不仅可以了解动作技能的内部结构，明晰各种技能的类型，而且可以分析各种技能之间的关系，找出动作技能的控制规律。动作技能的分类方法很多，但目前被广为接受并且应用较多的有以下三种。

(一)封闭性动作技能与开放性动作技能

根据技能操作中环境背景的稳定性，将动作技能分为封闭性动作技能和开放性动作技能。目前，这种分类在工业、教育和康复医学领域的应用非常普遍(金泰尔，2000)。操作中的环境背景包括个体操作技能的支撑平台、操作目标以及操作过程中的其他个体。例如，在乒乓球、排球、网球、足球等项目中，相关的环境背景是指球的位置、飞行状况、对手状态以及周围环境的特征等。

开放性动作技能，是指在操作目标、支撑面和其他人始终处于运动状态条件下进行的技能。要想成功地完成这类技能，操作者必须根据环境的变化对自身动作适时地进行相应的调整，个体完成动作的时机和采取的动作主要由相关的环境背景决定。例如，乒乓球比赛中的接、发球就必须根据对手的发球方式以及其他有关的线索来判断并做出相应的接球策略。

相反，封闭性动作技能的环境背景特征是稳定的，也就是说，环境背景特征在技能操作过程中不会发生位置的变化。例如，固定靶射击、投掷铅球和篮球的罚球等，进行这类技能的练习时，环境特征和技能的程序基本是固定的，个体有充分的时间去完成技能，很少使用快速加工方式进行技能控制，而是多采用本体感受器所传入的反馈来调节动作。学习这种动作技能的关键在于反复练习，直到达到标准的模式和自动化程度为止。

这种分类由于简便易行，在动作技能学习与控制研究领域中得到了广泛应用。但应该清楚的是，典型的两类技能并不多，技能、环境与个体间的关系多数处于这个连续体的中间，技能操作过程中都会不同程度地受环境因素的影响(见图6-1)。

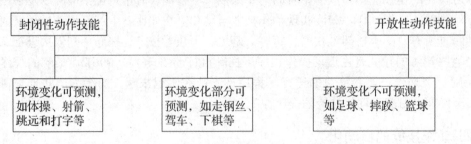

图 6-1　封闭性动作技能与开放性动作技能

📑 知识拓展 6-1

封闭性(开放性)技能连续体理论在开放性技能教学组织中的应用

在动作技能教学中，体育教师可以利用金泰尔分类法中封闭性—开放性技能连续体理论进行开放性技能教学，使教学中的活动构成因素由完全封闭性向完全开放性合理过渡，便于练习者技能掌握。下面是一个棒球击球的教学实例，练习者的学习目标是在比赛条件下击打投手的投球，我们来分析一下其练习步骤。

(1) 练习开始以封闭的形式练习这项开放性技能，教练员将调节条件固定并消除练习中间的变化。

学习者击打球架上的固定球，球的高度保持不变。

(2) 教练员使调节条件保持固定，但在练习中高度有变化。

学习者击打球架上的固定球，但每次练习球的高度都会发生变化。

3．以开放的形式进行击球，教练员使调节条件处于运动状态，并消除练习中间的变化。

学习者击打发球机的投球，每次投球的速度和位置相同。

(4) 教练员让学习者以完全开放的形式练习击球，调节条件处于运动状态，同时呈现练习中间的变化。

每次击球练习由球手投球，并且不断变化每次投球的速度和位置。

(资料来源：玛吉尔．运动技能学习与控制[M]．张忠秋，等译．北京：中国轻工业出版社，2006.)

(二)不连续性动作技能、系列性动作技能和连续性动作技能

根据动作操作过程中的连贯程度可将动作技能分为不连续性动作技能、连续性动作技能以及系列性动作技能。在这个连续体的(起点)一端为不连续性动作技能，其主要特征是一个动作的开始和结束非常明显，且通常持续时间相对短暂，动作完成时带有一定的爆发性，其精确度可以通过计数或度量，如投掷铁饼、标枪、举重、射击等。不连续性动作技能在运动锻炼中非常重要，特别是大量的由投、跳、跑、抢等技能组成的许多公众喜爱的游戏和体育活动。

这个连续体的另一端是连续性动作技能，它的主要特征是运动操作由一个接一个的连串动作或系列动作组成，动作没有明确的开始与结束，即可以任意确定动作的开始和结束，如游泳、滑冰、短跑和自行车等运动都属于这一类。追踪实验就是一个典型的连续性动作技能，操作者通过手臂的移动来控制操纵杆、方向盘、手柄或其他设备，从而达到跟踪某个目标的移动。

在这个连续体的中间位置是系列性动作技能，运动操作是由一组不连续性动作技能连接在一起组成的一个新的、更加复杂的动作技能，大多数技能都属于这一类，如三级跳远、跨栏和跳高等。这里的"系列"意味着动作是由多个动作组成的，各环节间的节奏是获得成功的关键。例如，三级跳远就是一种典型的系列性动作技能，助跑、起跳、腾空和落地四个不同动作是按一定次序串联起来构成的一个整体动作。学习系列性动作技能多采用分解练习，将个别技能依次逐渐组合起来形成一个大的整体技能，就像很自然地完成一个单个动作一样(见图6-2)。

(三)低策略性动作技能和高策略性动作技能

动作技能的第三种分类在认知运动心理学研究中经常用到，这一分类主要是根据动作执行时所需的认知策略多少而划分为低策略性动作技能和高策略性动作技能。低策略性动作技能，是指动作操作成功的决定因素是动作本身的质量，而对该做什么动作的知觉和决

策作用几乎可以忽略，如举重、田径、游泳、体操等。例如，跳高运动员就要明确地知道要做什么，问题的关键是如何让动作做到最好，以获得最好成绩。

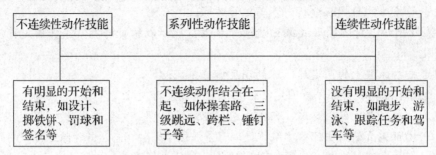

图 6-2　不连续性动作技能、系列性动作技能和连续性动作技能

与低策略性动作技能相对的是高策略性动作技能，这类技能本身并不重要，重要的是在某种情况下做何种动作，即决策做什么动作是最关键的。例如，在羽毛球比赛中，基本动作(杀球、勾球或放网)每个运动员都会，重要的是，运动员要知道在什么情况下用什么动作，"要用脑子打球"，这是这类项目比赛取胜的关键。

动作技能操作时所需的认知策略多少也是个连续体，没有纯粹的策略性技能和非策略性技能。高策略性动作技能主要是选择做什么，而低策略性动作技能是要求操作者怎么做。每一种技能不管看上去是多么需要认知策略，最后都要进行运动输出。同样地，任何低策略性动作技能也都需要一定的决策制定过程。实践中，多数的动作技能处于这两个极端之间的某个位置，都包含决策制定和动作实施两部分(见图 6-3)。

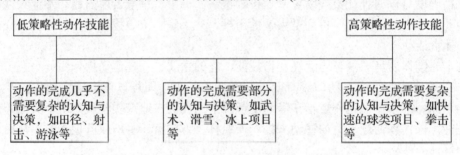

图 6-3　低策略性动作技能和高策略性动作技能

第二节　动作技能的学习与训练

一、动作技能形成的理论

(一)桑代克的联结主义学习论

动作技能形成的理论.mp4

最早对人类学习行为进行全面研究并提出完整理论的是桑代克(1913)，他是行为主义学习理论的代表。该理论认为，学习是一个充满尝试与错误的过程，通过不断地尝试各种动作，逐渐改掉错误的反应，保留正确的反应，因此，学习也就是刺激与反应之间自动联结的过程。桑代克提出了"效果律"概念，指出刺激和反应之间如果伴随着满意的状况，即有效行为，就会记住该行为，增强刺激和反应的

联结。反之，如果伴随着不满意的状况，就会削弱刺激和反应的联结。桑代克的联结理论来源于其对动物的学习研究，其中最著名的就是其对于猫的学习研究，猫通过尝试学习学会了获取食物的操作技能。桑代克由此得出结论，学习是一种渐进的、盲目的、尝试错误的过程，随着错误反应的逐渐减少，正确反应逐渐增加，最终形成固定的操作反应，即刺激与反应之间形成联结。

(二)信息加工理论

技能获得的信息加工理论主要是从信息加工角度对技能学习过程中所涉及的加工装置、加工流程及加工阶段特点进行描述，揭示技能操作习得的内部机制(辛格，1980)。动作信息需要在中枢系统经过一连串的加工处理后才能形成动作，信息的加工过程是由感觉输入、知觉过滤、短时储存、有限注意通道、运动控制、运动输出和信息反馈依次循环进行的，每一阶段都有其自身的特点(斯托林斯，1982)。施密特(1991)将动作技能的信息加工过程分为三个阶段，即刺激辨别、反应选择和应答编程。

(三)动作程序理论

动作程序理论是解释动作学习与操作最具影响力的理论之一，由亚当斯(1968)最先提出。该理论认为，动作程序是一种记忆表征，储存着完成动作所需的信息，动作练习就是习得完成动作操作程序的过程。这一理论强调中心控制，其核心是动作程序，它是一种以记忆为基础的结构，控制并协调运动。很多其他理论观点都可从不同层面通过动作程序进行解释。动作程序理论中最具代表性的思想是由施密特(1999)提出的一般动作程序理论和图式理论。

(四)动力学系统理论

动力学系统理论是一种以系统论为基础来探讨随着时间流逝而发生的人类行为状态变化的理论。它认为人类动作控制是非线性的，行为在时间上的改变是不连续和非线性的，从一种稳定状态到另一种状态的转变是一个突变的过程，强调环境信息的作用以及躯干、肢体的动态特征。这种理论用稳定状态、吸引子、指令参数和控制参数等概念来解释技能学习和变化的内在认知过程，认为子系统的相互作用导致个体技能状态的变化，稳定状态的形成是走向吸引子的过程，代表了一种优选的行为状态，控制参数的持续变化将导致新形态的产生。例如，水在从 0℃逐步加热至 99℃的过程中始终保持稳定状态，但若温度再增加 1℃，水就会变成完全不同的沸腾状态。

(五)协调控制理论

协调控制理论认为，动作技能的学习就是要形成一个包含多关节的协调状态，即形成协调结构，熟练动作就是神经系统对特定的肌肉和关节的协调与控制。例如，排球的传球，新手与熟练者都有自己传球的动作，只是控制传球效果的时机、角度、力度有所不同，熟练者掌握了正确的动作协调结构。不同水平者的动作协调结构不同，学习就是获得最佳协调结构的过程。

📖 引导案例分析

篮球初学者在学习"单手肩上投篮"的过程中，开始会出现蹬地举球分离、持球位置不准确、出手角度低等一系列问题。协调控制理论认为，动作技能的学习就是要形成一个包含多关节的协调状态，即形成协调结构，熟练动作就是神经系统对特定的肌肉和关节的协调与控制，并且不同的学习群体会面临不同的学习困难：有的学习者持球位置不准确；有的学习者动作不连贯，严重脱节。这就要求教师因材施教，了解动作技能形成的过程，并灵活地采用不同的练习方法，而不是刻板地采用单一不变的教学方法。

二、动作技能形成的阶段

(一)认知定向阶段

在技能学习的开始阶段，个体的注意力主要集中在认知问题上，注重对任务的认知，感知和理解动作的术语、要领、原理或规则，以及做动作时应感知的线索(来自身体内部或外部的线索)，学习与它有关的知识，在头脑中形成这种技能最一般的、最粗略的表象，这就是技能的认知定向阶段。例如，为什么要挺身？身体什么时候应该紧张，什么时候又应该放松？右手拍球时左手放在什么位置？我的动作是否正确，如果不正确又是哪儿不对等，以此建立对技能的初步知觉与表象。

(二)动作的联结阶段

通过动作练习建立一定的感知和表象的基础之后，动作技能的学习就进入动作的联结阶段。在此阶段，认知阶段的知识得到了应用，个体已经学会把环境线索与完成技能所需的活动联系起来。虽然个体掌握技能的基本原理和技术仍需提高，但犯的错误越来越少，兴奋和抑制过程在空间和时间上也更加准确，错误觉察能力逐步提高。

(三)协调完善阶段

协调完善是技能形成的最后阶段。在这一阶段，技能几乎变成习惯性的自动化操作，人们不再有意识地去思考自己做什么和怎么做，意识对动作的控制作用减到最低限度。动作的执行完全由程序来控制，受本体感受器调节，动作操作一旦启动，似乎就可以自动执行，不需要特殊的注意与纠正，并且心理与机体的能耗也随之降低。练习者的动作已在大脑中建立起稳固的动力定型，神经过程的兴奋与抑制更加集中与精确。与此同时，练习者已经形成较高的错误觉察能力，能够自己发现错误并纠正错误。

📰 知识拓展 6-2

学习打保龄球运动的开始阶段

为了描述费茨、包斯纳以及金泰尔学习阶段理论的开始阶段，兰吉力(1995)做了一项研究验证了操作者及其绩效在学习初始阶段中的特征。兰吉力研究了初级保龄球学习班(前

10 周)学生的思想发展历程，他让每一个学生在每一节课学习结束的时候都做一份调查问卷。他记录了大量的观察笔记并在笔记中阐释了所观察到的现象。在这 10 周课程的开始、中间、结束阶段，兰吉力分别采访了这些学生。

这项研究的调查结果显示，学生的注意力主要集中在完成操作任务中出现的错误上。第一周，出现的错误主要是由于缺乏对球的控制力，即掷球和瞄准两者不能很好地统一起来。中间的几周，学生开始关注他们掷球的动作特征和结果，并以此作为他们提高水平的关注焦点。最后阶段，学生的主要问题是击球动作的一致性和准确性。与学习阶段模型所预期的一样，这些保龄球初学者的表现正如他们在学习的开始阶段，缺乏正确的动作模式来完成动作目标，操作缺乏一致性，对技能的具体部分缺乏认识(瞄准)，没有觉察错误的能力。

(资料来源: 理查德·考克斯. 运动心理学——概念与应用[M]. 张力为，等译.

北京: 清华大学出版社，2003.)

三、影响动作技能学习的因素

(一)影响动作技能学习的内部因素

1. 经验与成熟度

经验与成熟度直接影响动作技能学习的效果，个体的学习能力随着年龄和经验的增加而提高。希克斯(1930)对儿童进行的追踪任务研究显示，技能的提高主要是成熟和平时练习的结果。福勒(1962)研究认为，对于特别复杂的动作技能学习，越从小开始训练，成绩越好，尤其是游泳、滑冰、竞技体操等项目，运动员的技能训练开始越早，成绩越好。

2. 智力

关于智力与动作技能学习的相关研究很多，总体上存在两种截然不同的观点。一种观点认为，智力和动作技能的学习效果呈正相关，如羽毛球和乒乓球这类高策略性项目；而另一种观点则认为，两者之间的相关程度很低，如重竞技性项目。但至少可以肯定的是，正常以下的智力水平对动作技能的学习速度和效果是不利的。

3. 个性

在进行某种动作技能的操作时，不同的人有着不同的操作方式。并且，个体选择什么运动项目也和自己的个性特征有较大关系。奥吉利夫等(1967)研究表明，与出色完成技能操作有关的个性因素有动机、意志力、对刺激的抵抗力、稳定性、控制性、吃苦耐劳能力、自信心和智力等。

4. 运动能力

个体间的运动能力是各不相同的，因此进行技能学习的效果也存在差异。运动能力的个体差异，首先体现在身体发育的差异，突出表现在年龄与性别上的差异；其次是相同年龄与性别个体间的运动能力差异。

(二)影响动作技能学习的外部因素

1. 教师的指导与示范

"名师出高徒"这句俗语说明了指导的重要性。在技能学习的初期，练习者的动作图式尚未形成，教师应利用形象而生动的讲解与技能演示将所教内容与学生已有的经验联系起来，从概念或框架性指导到实际运用，使其对动作技能逐步形成全面认识。

2. 练习

动作技能是通过练习获得的，在动作技能的获得过程中，不同技能的练习进程不完全一样，但它们之间又存在某些共性，具有一般的发展趋势。当个体学习某项新技能时，练习曲线一般有以下 5 种共同趋势。

(1) 练习的进步先快后慢[见图 6-4(b)]。

(2) 练习的进步先慢后快[见图 6-4(c)]。

(3) 练习的进步先后比较一致[见图 6-4(a)]。

(4) 高原现象：个体练习成绩的进步并非一直上升的，有时会出现暂时的停顿现象，这种现象叫作"高原现象"。其主要表现为练习曲线在某水平时停滞不前，甚至有些下降，但经过一段时间的调整，曲线又继续上升(见图 6-5)。这是某人完成一项复杂追踪任务的练习曲线，在第 23 次至第 27 次练习之间出现了明显的"高原现象"。

(5) 练习绩效的起伏现象：在实际的技能学习过程中，影响练习效果的因素是多方面的，主观方面有练习者的兴趣、动机、情绪、态度等，客观方面有练习环境、练习设备、练习内容、教师或教练的指导方法等，这些因素都会直接或间接地影响到练习的效果。所以实际的练习曲线可能并不具有明显的规律性，更多的是不同发展速度的组合[见图 6-4(d)]，时上时下，是一个从起伏到稳定的过程(见图 6-5)。

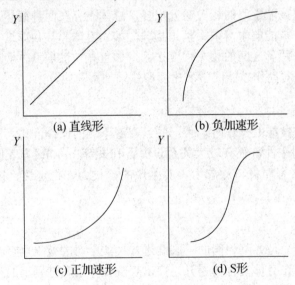

(a) 直线形　　　　(b) 负加速形

(c) 正加速形　　　　(d) S形

图 6-4　四种练习曲线

注：Y 轴表示技能的练习进程

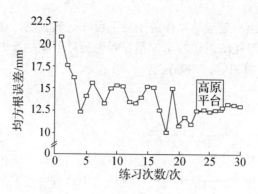

图 6-5　复杂追踪任务的练习曲线

(资料来源：玛吉尔. 运动技能学习与控制[M]. 张忠秋，等译. 北京：中国轻工业出版社，2006.)

四、动作技能的学习与训练

(一)言语指导与示范

1. 言语指导

言语指导是向个体传递动作技能操作方式的常用手段，其作用不言而喻，但要实现更有效的指导，应注意以下几个问题。

1)　指导与注意力

人类的注意容量是有限的，尤其是动作技能学习的初期，所以体育教师必须重视言语指导的质量，要突出动作的关键点，不能轻重不分、漫无目的。初学者一般很难同时将注意力分配到多个任务上，即使很少的语言信息也会超出个体注意力的有限加工容量，例如，试图让一名篮球初学者运球的同时再进行本队的技战术布置是不现实的。

2)　指导与线索利用

指导的一个关键问题就是度的把握，指导过少可能会因信息量不足达不到技能学习的目标，过多又会因记忆容量有限产生干扰，也不利于学习。所以，教练或教师应当使用言语线索将个体引向操作技能需要注意的情境上(兰丁，1994)。言语线索应当简短而精练，能将个体的注意力指向专项情境中的文脉线索，促进个体对动作技能关键信息的获取。例如，"看球"这一线索指引视觉注意在球上，而"屈膝"则强调了关键动作。简短的言语线索指导对技能的学习是非常有效的，既可以促进个体新技能的学习，又可以巩固其已习得的动作技能。

2. 示范

示范是传递技能操作信息的另一种重要方式，在某些技能的学习中，示范可能比其他手段更有效(麦克莱等，2001)。示范教学的关键问题是指导者应当明确示范教学的内容及其适用范围。

示范者无论是老师还是学生，其示范首先必须展示技能的最重要特征，即示范必须正确规范。其次，技能各部分间的相对稳定关系是示范教学传递的关键信息，即动作的协调模式。再次，同伴的示范更有利于技能的学习。最后，技能示范的时机和频率。对于初学者来说，示范是有效传递一般运动动作的主要手段。研究表明，在个体实际操作前体育教师进行示范是有益的，而在练习过程中，指导者也应尽可能频繁地进行示范，从而使个体获得更好的学习效果(赛德威等，1993)。

(二)练习

1. 练习时间的分配

练习时间的分配，是指实际练习时间及休息时间的比例。根据这个比例的大小，常把较长的练习加上较短的休息称为集中练习；而练习中若有较长的休息时间，则称为分散练习。研究中，通常将练习时间与休息时间的比(1：1)作为判断的标准，若休息时间短于练习时间则为集中练习，休息时间等于或长于练习时间则为分散练习。

研究者对集中练习和分散练习的研究兴趣主要集中在因训练引起的疲劳对学习的影响。训练间的休息时间减少，减小了疲劳消除的可能，从而使下一次训练的成绩下降，也阻碍了训练的进程。研究表明，对于投篮、跳远或掷棒球等不连续任务，由于动作持续时间很短，多采用分散练习(Lee et al.，1988)；而对于游泳、自行车等连续性任务，一次练习很容易产生疲劳状态，所以集中训练对疲劳的恢复和随后的练习成绩影响很大。但也有研究者指出，虽然减少练习间的休息时间极大地降低了成绩，并降低了进步速度，但在一定时间休息之后的迁移测验中，集中练习与分散练习的结果并没有明显差异。训练中减少休息时间的主要影响是暂时的疲劳现象，休息后会迅速消失，对实际的学习成绩影响不大，所以无论是集中练习还是分散练习，影响的只是练习效应，对学习成绩影响并不大。

现在较一致的观点认为，分散练习的成绩优于集中练习。例如，曹日昌(1980)的镜画实验研究表明，先集中练习后分散练习组与先分散练习后集中练习组相比较，分散练习的成绩提高快于集中练习。黄希庭(1991)在转盘追踪、镜画、描红、弹钢琴等动作技能的研究中发现，被试随每次练习间休息时间的增加而成绩有所提高，说明分散学习优于集中学习(见图 6-6)。但这些结论多是在练习测验而非保持测验中获得的，通过迁移测验获得的结论可能更具说服力，当然，技能学习的成绩还与实验任务的复杂性等多种因素有关。

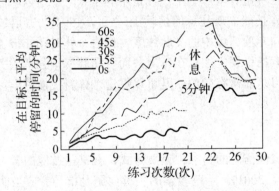

图6-6 转盘追踪实验中分散学习与集中学习的比较

(资料来源：季浏，殷恒婵，颜军. 体育心理学[M]. 3 版. 北京：高等教育出版社，2016.)

📑 知识拓展 6-3

分散练习和集中练习对运动技能学习效果的影响

王健等(2015)运用元分析方法对符合研究需要的 SCI 和 SSCI 公开发表的 31 篇英文文献的研究结果进行统计分析，探讨分散练习和集中练习对运动技能学习效果的影响。他们得出如下结论。

(1) 分散练习对运动技能学习产生的整体效果优于集中练习，分散练习不仅能促进练习者运动技能的掌握，而且有利于运动技能的保持。因此，建议在体育运动中多采用分散练习以促进运动技能的学习。

(2) 在运动技能掌握和保持阶段，分散练习对不同肌肉参与类型运动技能的掌握和保持均有较好的效果，且无显著性差异。

(3) 不同练习的分配方式对运动技能的掌握都有较好的效果，且无显著性差异。但是在保持阶段，练习间隔效果优于单元间隔并呈显著性差异。因此，建议在体育教学中采用练习间隔的方式更有利于运动技能的学习。需要进一步指出的是，具体间隔时间的长短需要依据运动技能的难易程度、练习者的年龄、性别和技能水平等情况来安排。

上述研究结论表明，后续研究需要关注和探究的重点方向领域是对不同年龄练习者(儿童、青少年、大学生、成年人和老年人)和不同层次练习者(初学者、有经验者)的研究；目前多数研究在实验室进行，应增加体育运动实际运用中的研究；不仅要关注练习结果的准确性、错误性、速度和得分等，还要深入探讨分散练习和集中练习促进运动技能学习的内在机制。

(资料来源：王树明. 运动技能学习与控制[M]. 北京：高等教育出版社，2018.)

2. 练习动作的分配

如果每次动作练习都是从头到尾完整地进行一遍，这种练习方式称为整体练习。但大多数动作技能是非常复杂的，很难一次性完整地进行动作学习，尤其对于初学者来说，通常要将动作技能拆分成几个部分分别进行练习，熟练后再把几个动作联合起来练习，这种练习方式称为分解练习。

是否所有的技能都需要进行分解练习呢？将某些技能进行分解练习是否会对学习整体技能有效？分解练习的内容是否可以迁移到总体任务上去？如何合理安排技能的整体练习和分解练习，以获得最大限度的技能迁移绩效？以上问题的回答对于技能的练习至关重要，但不同的技能可能需要进行不同的练习分配。

第三节　动作技能的迁移

一、技能的迁移及其理论

(一)技能迁移

已经形成的动作技能对掌握另一种技能的影响称作技能迁移。技能的迁移有正迁移和负迁移两种。已经形成的技能对新技能的形成产生积极影响，叫作技能的正迁移。例如，学会了篮球基本技能后再学习手球，学会了技巧的前翻动作后再学习跳马动作等，都因原先的技能学习使新技能的学习变得容易。相反，已经形成的技能对新技能的形成产生消极影响，即妨碍新技能的获得，这种现象称为技能的负迁移，也称为动作技能的干扰。例如，学会打网球后再学习打乒乓球、学会了俯卧式跳高后再学习背越式跳高等，两种技能看似同类或相似，使用的运动程序差异也不大，但正是这种相似性使人具有很强的依赖性，最终很难形成新的运动程序，所以练习时表现出明显的干扰现象。

动作技能学习领域的迁移现象是相当普遍的，但技能间迁移的量取决于两个任务间的相似性。网球学习好的大学生，以后学习羽毛球也会很好；篮球技能学习好的大学生，以后学习排球技能也较好。夏皮罗等人(1989)发现，技能的学习不仅可以向非利手迁移，甚至使用身体其他部位操作动作也有相似的动作模式，说明利手习得的技能在肢体间产生了较大的迁移(施密特，1991)。那么，动作技能又是如何进行迁移的，目前较有影响的有以下几种理论解释。

(二)动作技能迁移的理论解释

1. 概括化理论

概括化理论是由贾德(1908)首先提出的一种迁移理论。该理论认为，只要一个人对他的知识经验达到概括化的水平，就可以把这种经验从一个情境迁移到另一个情境。贾德进行了著名的"水下打靶"实验，学习过水的折射原理的练习者可以根据水的深浅自动调整策略，准确地用箭射中水下的既定目标，无论是速度上还是准确性上都高于没有学习过水的折射原理的练习者。这说明练习者对这种折射原理进行了概括，并作为知识或经验而推广到其他情境，即过去已有的经验对目前的操作任务产生了迁移。

2. 共同要素说

共同要素说，是桑代克等(1913)提出的另一种迁移理论。该理论认为，只有一项任务与另一项任务所含成分具有相同要素时才会发生迁移。这种成分一般包括相似刺激或相同反应。这种相同不是模式或意义上的相同，而是各个独立的刺激与反应在形式上的相同。两种任务间的相似程度越高，迁移的可能性越大。

3. 图式理论

图式理论最早由格式塔心理学提出，皮亚杰认为图式是动作的结构或组织，他从概念同化的角度解释了动作迁移发生的内在机制。在个体的学习过程中，原有知识在新知识的学习中发挥了认知框架的作用，学习必须使新、旧概念发生相互作用，在认识过程中将新知识加以变换，纳入原有图式即知识结构中，以达到促进迁移的目的。然而，图式理论主要建立在概念学习的基础之上，没有涉及问题解决情境的技能学习。

以上三种理论都在一定程度上说明了技能间产生迁移的原因。概括化理论可能是迁移理论中应用最广和最有发展前途的理论。这一理论强调学生对技能的概括，特别是结合实际的概括，突出的是方法的价值。图式理论是以认知理论为基础，从运动程序和参数选择角度来解释技能间的迁移机制，是现在较为流行的一种迁移解释理论。其实解释技能迁移的理论还有很多，如双因素理论、格式塔理论和元认知理论等，每种理论的解释角度都不相同，且都有其成立的依据，在应用时应根据实际需要加以选择。

二、技能迁移的测量与评价

分解练习或辅助练习对于目标技能的学习是否有效，一个技能的学习对另一个技能的保持或学习会有怎样的影响，这可以通过对技能迁移的测量来进行评价。从时间序列来看，不仅有已学技能对新技能学习的影响，即前摄迁移；也有后学技能对先前技能保持的影响，即后摄迁移。现在比较经典的迁移测验是由克拉蒂(1973)设计的，用以研究前、后任务间的相互影响(见图6-7)。

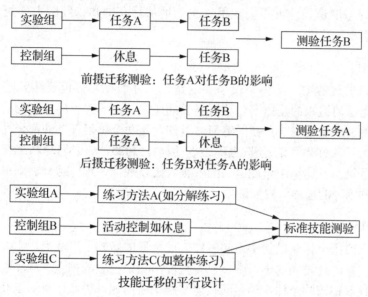

图 6-7　迁移测验的实验设计

在前摄迁移测验中，如果实验最后测得两组的任务 B 成绩相同，说明任务 A 对任务 B 无影响；如果实验组的成绩好于控制组，则说明学习 A 对学习新任务 B 起到了促进作用，反之，则起到了干扰作用。在后摄迁移测验中，如果实验最后测得两组任务 A 成绩相同，则说明任务 B 的学习没有对已学任务 A 的保持产生影响；如果实验组的成绩好于控制组，则说明后学任务 B 对前任务 A 的保持起到了促进作用，反之，则起到了干扰作用。

在实际技能学习的过程中，有时需要考察不同练习方法对目标技能学习的迁移效果，现在多采用平行实验设计。例如，为研究两种不同的练习方法对学习高尔夫技能的迁移效果的影响，实验可用三组平行设计：第一组为一种技能练习方法，第二组为控制组，第三组为另一种技能练习方法。通过最后的标准技能测验和与控制组相比较，评价练习方法 A 和练习方法 C 对标准动作学习的效果。如果在标准场地进行分解练习的被试比控制组成绩好，则说明分解练习促进了高尔夫技能的提高。

三、影响技能迁移的因素

影响技能迁移的因素.mp4

(一)个人因素

1. 学习态度

个体学习动作技能时的态度影响所学技能在新情境中的迁移情况。练习者如果能认识到所学技能对以后学习的意义，并且能够想象到当前所学技能在未来可能的应用场景，这样有助于他们在以后的新情境中主动且积极地运用所学技能和运动知识来解决问题，找出新旧技能之间的联系，形成有利于技能迁移的心境，学习成果的迁移在不知不觉中就发生了。反之，学习态度消极，就不会积极、主动地从已有的知识经验中寻找新技能的关联点，技能迁移就难以发生。

2. 学习目标

在技能学习的过程中，个体不仅需要清楚什么样的练习可以迁移到其他相似的技能中，还需要清楚练习追求的是短期迁移还是长期迁移，不同的目标将影响技能练习的迁移量。一种练习的目的是为另一种技能练习服务的，当两个练习任务的部分动作与结构非常相似，这种练习迁移称为短期迁移(也称接近迁移)。例如，一名篮球教练在比赛前一天对球队队员进行了第二天比赛中可能运用的各种攻防技战术训练，这种训练追求的即是短期迁移，通常这种练习的迁移量较大。

3. 认知结构

认知结构一般指个体在以往学习和感知客观世界的基础上形成的，由知识经验构成的一种心理结构。在动作技能的学习中，已有技能与知识经验的积累、运动程序的丰富性、稳定性与可控性等都影响个体在学习新技能和解决新问题时提取已有知识经验与调用程序的速度和准确性，从而影响迁移的效果。

4. 认知技能与策略

迁移是通过复杂的认知活动实现的，因此认知技能和策略的掌握及其发展水平直接影响迁移的实现。有时所练习的技能间存在明显的共同因素，练习者对知识经验的概括程度也较高，但就是无法实现对新技能学习的迁移。原因在于，尽管练习者掌握了有关的技能知识，却没有掌握解决迁移问题中的认知技能与策略。许多动作技能间都具有相似的策略、规则、指导方针或概念。例如，在篮球、橄榄球、足球、冰球、曲棍球等项目中，尽管技能的实际操作不同，但在过程控制和攻防技战术方面则有相似的策略，练习者可以通过自己已经习得的对一个或几个球类项目的一些稳定的认知策略、打球风格和运动程序来实现技能间的操作策略迁移。有些项目可能使用的场地或器材不同，但有着相似的比赛规则，如体操和跳水比赛中的转体与空翻动作。

5. 心理定式

心理定式是指由先前学习引起的对后继学习活动产生影响的一种心理准备状态。在个体新技能的学习过程中，运用已有技能等多种策略来进行学习，这种心理准备状态对于技能的迁移是十分有利的，它反映了心理活动的稳定性和前后一致性。研究者曾经做过一个实验，让被试学习无意义音节，结果发现，事先被告知用有意义的概念去学习的被试学习效果明显要好，这说明心理定式促进了迁移的发生。

此外，个体的年龄、所处的思维发展阶段、对知识经验的概括能力等都会影响技能的迁移。知识经验概括能力越高，迁移的可能性也越大，效果也就越好。反之，迁移的可能性越小且效果越差。智力高的学生能较容易地发现两种学习情境之间的共性或联系，能够比较顺利地将以前习得的学习策略和方法灵活地运用到后来的学习中，而智力水平低的学生的学习迁移量则相对较小。

(二)客观因素

1. 技能间的相似性

技能间的相似性指新学习的技能与已经习得的技能间存在共同的要素或成分，如组织结构、表面特征、逻辑层次和技能的应用价值等。那些包含了正确的原理、原则，具有良好的组织结构的技能，以及能引导学生概括总结的学习材料，有利于个体在学习新技能或解决新问题时产生积极的迁移。已经习得的动作技能与新学习的技能间所包含的共同要素越多，迁移也就越容易产生。随着任务间相似性的提高，两个任务间产生迁移的可能性也会增加。

施密特(1999)认为，要实现技能间的迁移，仅有共同要素是不够的，还涉及技能间的基本运动模式，即具有相似的运动控制程序。两个技能的迁移必须有共同的运动程序，唯一不同的是在不同项目情境中选用的参数不同。

2. 有效的指导与示范

教师在教学中有意引导学生发现不同技能间的相似性，启发学生去概括总结，注意提高他们的学习策略与方法的能力，采用启发式和引导式教学，指导学生监控自己的学习或教会学生如何学习，这些都会对学生的学习和迁移产生良好的影响。

指导学生练习时怎样操作技能，以及站在哪儿、怎样站、如何抓住器械或其他设备、眼睛注视什么、做什么等，都是教师需要指导的主要内容。而告诉学生新技能与已学技能的相似之处对技能的迁移也是很有帮助的。研究者认为，迁移的发生不仅要求两种技能间的刺激情境相似，而且要求个体必须具有觉察出这种相似性的能力。

四、迁移的原则

教练员和教师为实现更科学而有效的指导及最大化的技能迁移，则应注意以下原则。

(1) 在技能学习的开始阶段，概念和策略性因素迁移很大，因此应指导学生以获得最大的迁移。

(2) 在动作技能学习的后期，即运动模式的获得阶段，不应鼓励练习者从某些相似的技能中进行迁移，此时是学习参数的选择过程而不是模式的获得过程，每个相似的动作都有不同的选择参数。

(3) 应强调对未来技能的迁移。虽然两个技能间的迁移是直接而具体的，但在实际练习中，要求个体思考如何把所学策略与概念应用于其他情境，并尽量采用变换练习法，这样具体的练习至少部分地指向了概括化的未来，提高了练习者的概括化水平，从而促进对未来情境的迁移。

(4) 指出技能间的相似性。让学生寻找技能间相似的一般运动模式，通过已经熟悉的运动模式来完成新技能的学习，从而实现技能的快速迁移。

(5) 除了运动模式外，教练员或体育教师还应指出技能间的认知方面的相似性，如规则、概念、策略和机械原理等，认知策略的迁移同样能够促进技能的迁移。

(6) 使用语言线索来引导迁移的产生。许多技能间的某一部分动作具有相同的运动模式，此时可以用各种教学线索来强调动作间的相似性，如"吊环中臀部的展开时机和双杠上的要求是相同的"，以加强技能间的快速迁移。

(7) 当练习技能是非常复杂、危险或所需的设备受限制时，模拟训练对训练程序的迁移就是有用的。

(8) 动作技能的迁移量一般很小。即使两个技能非常相似，通常迁移量也非常小，尤其是技能学习的后期。因为不同的技能只有使用特殊练习方法才能形成，但在技能学习的早期，当技能水平很低时，已有的经验与技能对于练习者学习新技能可能是有用的。

(9) 基本运动能力无法迁移。人们通常希望对运动员进行各种加速练习，这样可以快速提高其基本运动能力。但一般而言，这种训练提高的是动作技能水平，基本运动能力是稳定的、遗传的，是无法通过练习改变的(施密特，1991)。

📖 拓展阅读

教练或教师对影响运动技能迁移因素的控制策略

1. 对练习者学习目标的控制策略

(1) 在进行学习评价时，首先要确定学习的技能或行为目标：具体技能、短期迁移或长期迁移。

(2) 如果学习的目标是具体技能，那么就用延迟保持测验来对学习效果进行评价，测验内容为实际情境中的具体技能。

(3) 如果学习的目标是短期迁移，那么进行迁移测验的操作变量应与练习变量不同。

(4) 如果学习的目标是长期迁移，此时要对具体情境中的操作进行评价是十分困难的，因为这种练习的即刻迁移量很小，测量很困难。

(5) 在练习中进行技能评价时，不应强调具体技能的熟练性，而更应强调作为真正学习目标的迁移操作，要做到举一反三。

2. 指导示范的运用策略

(1) 言语指导在学习早期是有用的，但必须直截了当，不要有太多的概念。

(2) 训练中的言语指导应先强调最基本的概念，再介绍应注意的细节。

(3) 在训练的初期，即使是使用最基本的生物力学、物理学或生理学原理进行动作解释，效果也很有限，因为练习者没有感性认识。

(4) 当教练与练习者出现意见不一致时，通常是减少言语指导，代之以实际训练，让学生带着自己的观点在实践中验证。

(5) 尽量用以前学过的动作或概念来完成对新技能的学习，实现技能间的迁移。

(6) 应对技能的关键部分进行分析，让练习者在实际训练中自己进行检查。

(资料来源：季浏，殷恒婵，颜军. 体育心理学[M]. 3版. 北京：高等教育出版社，2016.)

本 章 小 结

动作技能是通过练习巩固下来的，自动化的、完善的动作方式。它主要是借助骨骼肌的运动和与之相应的神经系统部分的活动而实现的对器械的操作或外显的肌肉反应。根据不同的分类依据，可将动作技能分为封闭性动作技能和开放性动作技能；连续性动作技能、系列性动作技能和不连续性动作技能；低策略性动作技能和高策略性动作技能。影响动作技能学习的因素有两种：内部因素和外部因素。前者包括个人的经验和成熟度、智力、个性、运动能力等，后者包括教师的指导与示范、练习运动技能等。

动作技能的获得受个体内部和外部很多因素和条件的影响。其中，教练或教师的言语指导与示范、练习等是影响运动技能获得的重要因素。

已经形成的动作技能对掌握另一种技能的影响称作技能迁移。动作技能间的迁移现象是普遍存在的。迁移有正迁移、负迁移和零迁移 3 种。对迁移现象的理论解释很多，目前影响较大且广为流传的迁移解释理论有概括化理论、共同要素说和图式理论。技能的迁移受到个人因素和客观因素的共同作用。

思考与练习

1. 动作技能的基本特征是什么？说明动作技能的组成。
2. 举例说明动作技能的三种分类方法。
3. 影响动作技能学习的因素是什么？
4. 如何进行动作技能的学习与训练？
5. 迁移是如何形成的？怎样利用迁移规律进行科学的训练与教学？

这世界除了心理上的失败，实际上并不存在什么失败。

——亨·奥斯汀

第七章　心理技能训练

本章学习目标

- 明白心理技能训练的含义和作用。
- 明白心理训练的性质和目标。
- 掌握心理技能训练的原则。
- 了解心理技能训练的操作方法。
- 明白心理技能训练在体育运动中以及体育教学活动中的重要作用。

核心概念

心理技能训练　渐进放松训练　模拟训练　表象训练　暗示训练　自信训练

引导案例

运动员良好的心理素质来自哪里?

有人认为，心理素质是遗传的，练不出来；也有人认为，技术练到家了，心理素质自然也就提高了；还有人认为，随着年龄的增长及比赛经验的增加，心理素质自然会得到改进。

事实胜于雄辩，无数成功与失败的经验告诉人们，运动员卓越的心理素质不是自然而然成就或自发形成的，它与射箭技术的提高一样，需要经历自觉、长期、科学的训练。

麦金尼(前世界男子射箭冠军)在介绍自己的心理训练体会时曾说，想象可以使射手不用离开家门就能体验到许多东西。尽管这种体验只是一种心理演练，但它十分有效。我们把自己积极的体验想象得越多，提高自己的机会就越多。射手可以通过观察冠军顶峰时期的动作，然后把冠军替换成自己，或者就把自己想象成冠军。想象是一种简单的"交流"，它比说出同样的行为所花的精力和时间要少得多。"一幅图画可以抵上一千句话"，这话十分恰当。比赛时，许多射手需要保持平静和放松，运用放松技能可以使射手学会控制自己的情绪，得出好成绩……我使用渐进性放松程序，它会让我在很短的时间内达到放松状态……

训练和竞赛是没有硝烟的战争，它有助于培养运动员的竞争意识、合作精神、果敢和顽强的意志、正确对待成败的态度等良好的心理品质以及处理危机、应对挑战的能力，使他们将来能够更加从容地应对生活中的艰难和困苦。心理训练是运动训练的重要组成部分，目的是帮助运动员提高心理调节能力，取得优异的比赛成绩，以更加积极的心态对待人生。

本章将讨论心理技能训练的基本思想，并介绍常用的心理技能训练方法。

第一节　心理技能与心理技能训练

一、心理技能的含义及特点

心理技能，是指与人类的生活、学习、工作、劳动、身心健康，以及调节与提高人体身心潜能有关的，在人脑内部进行与形成的内隐技能。一般认为，心理技能有以下一些特点。

心理技能与心理
技能训练.mp4

(1) 定向性。心理技能的对象是人自身的心理活动或对客观事物的主观反映，不是物质或物质化的客体。

(2) 有意识性与无意识性。人们在生活实践中，往往有意识或无意识地学习和运用某些心理技能，为了适应社会与生存发展，全面提高人的素质，有意识地学习与运用必要的心理技能越来越重要。

(3) 内隐性。心理技能的学习与运用是通过人脑内部言语的内隐活动来进行和实现的。

(4) 结构的不确定性与个体的差异性。心理技能活动的结构与主体的状态、需要、时间、条件等因素相关。其结构可能是简缩式，也可能是展开式。同时其活动结构、方式等往往是因人而异的。

(5) 成熟与可训练性。在人的生长发育过程中，动作技能、智力技能与心理技能随之形成与发展，心理技能既能随生长发展而逐步成熟，同时也是可以根据需要学习训练的(翟丰，2001)。

二、心理技能训练的含义和作用

心理技能训练是指采用一定的方法和手段对人的心理施加影响，对大脑进行的专门化训练，以达到强化心理技能、培养特殊心理能力的目的。简言之，心理技能训练就是系统化、持续化的心智或心理技能的练习。

一般来说，通过采用科学的手段、方法对运动员的认知、情绪和意志有目的、有计划地施加心理技能的教育与训练，建立训练和比赛所需的心理模式或系统，就可以提高运动员自我控制和自我调节心理状态的能力，除此之外，还能够有效地改善运动员的心理因素和个性特征。

心理技能训练可以帮助运动员以有效的方式掌握运动技能和表现运动技能，最大限度地发挥自己的运动才能，同时帮助运动员不断完善自己的人格，以更加积极的方式应对运动生涯中和运动生涯后的各种挑战。

三、心理技能训练的原则

(一)促进身心健康发展的原则

心理技能训练是对人的心理施加影响的训练，它是直接转化人的内心世界的特殊教育过程。任何心理技能练习方法，必须首先有利于人的身心健康发展。

(二)坚持自愿自觉的原则

心理技能训练的主要任务是培养个体对心理状态的自我调节能力，心理技能训练采用的主要手段要由训练者自己掌握，因此训练者能否自愿配合，是心理技能训练效果好坏的主要影响因素。

(三)结合个体特点的原则

心理技能训练的主要目的是改善心理状态，并使心理状态达到最佳水平。而改善心理状态必须以个体的身心特征为依据。

(四)持之以恒的原则

心理技能训练要求从根本上改变人的心理状态，这不是轻而易举、一蹴而就的，受训者必须具有耐心和信心，持之以恒地进行自愿自觉的自我训练，逐步学会控制自己的心理状态。

📖 引导案例分析

心理技能训练已成为提高训练水平和在比赛中取得优异成绩的突破口。心理能力是充分发挥身体能力的技术、战术能力的保障，尤其在当今国际体坛上，运动员身体能力和技术能力差距日益缩小的情况下，发挥心理能力的重要性就更加突出了，两强交锋，心理能力强者往往更容易取胜，这在国内外比赛中早已屡见不鲜。目前，美国、俄罗斯等体育强国已把心理技能训练作为一个固定的重要内容，贯彻始终、长年不断。在希腊雅典奥运会上，多数国家的代表队配备了运动心理学家，由此可见心理技能训练在运动训练中的重要性。美国学者格鲁波曾指出，竞赛的成功，对初、中级运动员来说，80%是生物力学因素，20%是心理因素；高级运动员则相反，80%是心理因素，20%是生物力学因素。世界著名游泳教练甘布里尔也说过，"心理技能训练使游泳队的良好成绩增加 10%~20%"。美国许多奥运会金牌获得者也都深有体会地说，"取得金牌是心理技能训练的结果"。

激烈竞争的运动赛场上冠军只有一个，获得冠军的人，有时不一定是实力最强的人，但一定是发挥最好的人。因为高水平竞技运动发展到今天，运动员之间技术、体能的差距已日渐缩小，得失往往取决于心理能力的高低。冠军的悬念之所以在当今的竞赛中越来越多，就是因为临场竞技状态的发挥成为运动员夺取胜利最重要的影响因素，而竞技状态往往体现在比赛的一瞬间运动员如何控制自己大脑的活动。

有人统计，55%的运动员都会受到比赛压力的影响，并产生不利于夺取好成绩的心理活动。那么，怎样才能在赛前以及赛中进行有效的心理调整，以确保技术、战术和身体潜力的充分发挥，最终达到最佳竞技状态？运动心理专家通过研究不同运动员的个性特征、神经运行特点和认知方式来探讨面对重大比赛成功运动员和失败运动员在不同时间段的生理变化和心理状态。

研究证明，运动员在任何比赛中都会有心理压力，但总的来说，让心情放松并对自己将要做的动作保持适度的兴奋，有利于促进和激活相关的内分泌，使肌肉和神经系统达到最高的效能。

比赛中运动员的心理往往十分脆弱，因此教练员的影响此时就显得至关重要。在一次重要的比赛上，一位很有实力的运动员面临着冲击金牌的最后一跳，这时教练员对他说："跳过这两厘米，你的房子就到手了。"结果他就没能跳过这两厘米。在洛杉矶奥运会上，当受伤的"跳水王子"洛加尼斯同样面临着冲击金牌的最后一跳时，教练员对他说的是，你的妈妈在家等着你呢，跳完这轮你就可以回家吃妈妈做的小馅儿饼了。而洛加尼斯成功了！当然，教练的话不一定就是运动员成功或失败的必然，但这种例子至少在某种意义上表现出在比赛的关键时刻，谈论轻松的话题比谈论沉重的话题更有助于运动员水平的发挥。

运动心理专家借助各种方法和手段帮助运动员形成合理的认知观念，对不良的心理进行干扰，制定合理的应对对策，消除赛前心中的杂念，保障睡眠与有效的心理预演，争取赛时将兴奋水平控制在适宜的程度，做到心不慌手不抖，在心理技能上加强运动员的放松训练，提高放松能力，让运动员通过自己的主观意识努力使自己进入放松状态，并学会运用目标设置、注意力控制、心理能量调整等方法，对自身心理特征和心理过程施加影响，以增加心理技能，提高他们面对重大比赛时的整体心理素质。

心理技能训练的作用已经超出帮助运动员在竞技体育中创造优异成绩的范围，它还有可能对整个社会和人类生活做出重要贡献。目前，研究者正致力于设计各种在针对性和效果上都更好的心理技能训练程序和方法，并利用现代先进的科学技术设备进行辅助训练(使用脑电图反馈进行注意集中训练)。

值得一提的是，近年来心理技能训练的应用已不仅仅是运动员队伍，已经推广到许多领域，如飞行员、消防人员、汽车驾驶员以及各类表演人员。心理技能训练能够帮助这些特殊人群克服各种心理障碍，增强他们的心理技能水平，使他们在自己所从事的专业工作中做出更好的成绩。同时，许多国家已经把心理技能训练列为中小学生的必修课程，使青少年从小就开始接受心理方面的教育，通过心理技能训练增强他们的心理能力，为他们将来在各个领域担当社会责任做好身心准备。

可见，心理技能训练已经普遍得到世界各国的高度重视，因此，它必将成为 21 世纪人类社会一种重要的教育和训练手段，在各个领域都将发挥其巨大作用。

第二节　运动中的行为干预法

一、渐进放松训练

(一)放松训练概述

放松训练概述.mp4

1. 放松、放松训练的定义

放松是人体对自身紧张的转换控制能力。人体的放松包括肌肉放松和精神放松。也有人将放松分为身体放松与心理放松。在体育运动领域，放松与协调、放松与耐力、放松与速度、放松与劲力有着密切的联系。

放松训练是以暗示语集中注意力、调节呼吸，使肌肉得到充分放松，从而调节中枢神经系统的方法。这种暗示语可以是自我暗示、他人暗示，也可以是放松录音磁带、录像带、节拍诱导和生物反馈诱导等，还可以用意念来替代暗示语。放松训练不仅作为一种相对独立的心理训练方法被广泛应用于运动实践，而且成为一种重要的治疗手段。舒尔茨在治疗病人的过程中，借助语言暗示，使病人顺利地进入安静状态，疗效显著。放松训练实际上是调节情绪的有效训练方法，是心理训练的基本功。因此，进行心理技能训练往往要从放松训练开始。

2. 放松训练的功效

放松训练的方法有很多，其本质都是通过自我暗示、意念、声音等刺激来使神经和肌肉得以放松，并对某些植物性神经机能进行控制。常用的放松训练方法有：雅各布森的渐进放松法、呼吸放松法(包括深呼吸法、腹式呼吸法、内视呼吸法)、舒尔茨的放松训练法、简化放松训练法、心理调节放松法、肌肉放松法、心理想象放松法、超觉静坐放松法、音乐放松法、意拳站桩训练、三线放松功等。

放松训练的功效：①降低中枢神经系统的兴奋性；②降低情绪紧张而产生的过多能量消耗，使身心得到适当休息并加速疲劳的恢复；③为进行其他心理技能训练打下基础。

放松训练不仅有暗示效应，而且有利于身体与心理的放松。放松训练后，大脑呈现一种特殊的放松、平静状态，此时，人受暗示性极强，对言语及其相应形象比较敏感，容易产生符合言语暗示内容的行为意向。研究表明，大运动训练后，做 5 分钟的放松训练，对心理、生理功能的恢复效果几乎和 1 小时的自然睡眠或传统的恢复手段相同。王树明和张耀远(1987)的一项研究为放松训练的作用提供了部分支持，他们让 47 名运动员进行放松训练，时间为 25 分钟，结果表明：无论是优秀运动员还是普通运动员，进行放松训练后心率明显下降，且其幅度显著大于安静组。另有研究(郭明方，1994)表明，射击运动员通过精神放松训练，心率下降和反应时减少。

3. 放松训练的一般要求

(1) 将注意力高度集中于自我暗示上。

(2) 需要清晰、逼真地想象带有情感色彩的形象。

(3) 能够清晰知觉肌肉不同程度的紧张状态，从极度紧张到极度放松。

(4) 进行深沉而缓慢的腹式呼吸。

(二)渐进式肌肉放松训练

埃德蒙·雅各布森(1929)创建了渐进式肌肉放松训练，它是一种通过让肌肉先紧张随后放松，以此达到放松状态的训练方法，这种方法已被运动心理学家广泛采用并形成后来的各种版本。渐进式放松技术可以降低焦虑水平、肌肉紧张度和心理唤醒水平。一些特定的渐进式肌肉放松训练还有助于提升运动表现。

兰宁(1983)对 24 名排球运动员进行了研究，调查了修正的渐进放松训练和呼吸技巧，对他们焦虑水平和运动表现的效果，结果表明，接受过训练的运动员比未接受训练的运动员的焦虑水平低，在比赛中具有更好的防守能力。

(三)渐进放松训练的做法

放松训练的做法主要是主观地让某一肌肉群先紧张收缩，然后充分放松，通过对比更深刻地体验放松的一刹那肌肉的感觉。例如，将自己的手腕后屈，体会那种紧张的感觉，然后马上放松，即刻体会紧张感觉消失的情况和肌肉放松的感觉。

1. 渐进放松法的四个阶段

(1) 右臂—左臂—右腿—左腿放松，达到四肢放松的阶段。

(2) 腹肌—背肌放松，达到躯干放松的阶段。

(3) 脸部肌肉放松阶段，包括面部肌肉和眼部肌肉等的放松。

(4) 精神放松阶段，如通过视觉想象、语言描述等达到放松的目的。

2. 雅各布森渐进放松法

练习者仰卧在床上或地上，放松，双腿自然伸展分开，双臂稍离体侧，掌心向下自然放松。两眼半睁或轻轻闭上。

(1) 肘关节着地，右前臂缓慢地抬起。辅助人员稍压其手腕，以免手腕弯曲，使练习者肌肉的感觉得到加强。然后右前臂放松，靠手臂本身的重量落地。

(2) 右前臂抬起，辅助人员扶其手腕以防手臂下落，练习者用力伸展右前臂，但肘关节不要离地，然后放松。

(3) 右臂、右手伸直，掌心向上，右手以手腕为轴向上折屈，然后放松。

(4) 右臂，右手伸直，掌心向下，右手以手腕为轴向上折屈，然后放松。

[左臂要按照上述(1)～(4)的顺序做同样的紧张和放松的动作]

(5) 右腿伸直，脚尖向前伸展，然后放松。

(6) 右腿伸直，脚尖向上弯曲，然后放松。

(7) 右脚跟着地(辅助人员压住膝盖)做侧屈动作，然后放松。

(8) 右腿伸直，用力压地(向下)，然后放松。

(9) 右腿伸直，脚跟稍微往上抬起，用力，稍停后放松。

(10) 右腿伸直，稍往上抬，屈膝，然后放松。

[左腿按照上述(5)～(10)的顺序做同样的动作]

(11) 仰卧，腹部用力向内凹进去，然后放松。

(12) 深吸气，然后缓慢地呼气。

(13) 挺胸，弓背，然后放松。

(14) 右臂(向前)上举，向内(左侧)落下，恢复原状。

(15) 左臂(向前)上举，向内(右侧)落下，恢复原状。

(16) 双肩外展，扩胸，使两肩胛骨尽量靠拢，然后放松还原。

(17) 双肩内收，含胸，然后放松。

(18) 头部侧屈，然后还原。

(19) 收下颌，然后还原。

(20) 用力使前额起皱纹，然后舒展还原。

(21) 用力皱起眉头，然后舒展还原。

(22) 用力闭眼，然后放松。

(23) 头部不动，眼球向左侧、右侧注视。

(24) 仰卧，辅助人员站在练习者的脚后，竖起双手的食指，两指间隔开始为 1 米，令练习者交替注视两指。然后将间隔改为 50 厘米，令练习者继续交替注视两指。接着再将两指间隔改为 5～6 厘米，仍令练习者交替注视两指。最后只留一只手的食指，令练习者只注视食指。上述顺序不变，可改变食指的高度继续进行练习。

(25) 选择一个安静的房间，半仰坐或仰卧，轻轻闭上双眼，按照上面(1)～(24)的顺序做放松训练，约 1 秒。然后，想象汽车从前面驶过，双眼好像真的看到了汽车行驶的情境，在眼睑之下可感觉到紧张的眼球运动，然后放松。也可按照这种方式，想象跑动的人、飞行的人、运行的球、跳高的横杆、单杠运动、平衡木上的表演、三角形、四角形或圆形的变化及自己参加体育运动的情况等。这样反复做紧张和放松的练习，随着这种想象活动的训练，慢慢地就可以控制和统一自己的注意力。

(26) 下颌大幅度地向前上方抬起，然后还原。

(27) 张大嘴巴，露出牙齿，然后还原。

(28) 张开嘴巴，用力显出圆形，然后还原。

(29) 舌头用力后引，然后还原。

(30) 在心里缓慢地数 1～10。要训练到只想象数 1～10 的数字时，舌头、嘴唇、下颌、咽喉、横膈膜、胸部均会感到紧张。

上述练习虽然比较复杂，但它们都是使各部位先紧后松，以此加深肌肉松弛的感觉。初学者按这种方法练习效果较好。当自己能够体验到肌肉放松的感觉后，就可直接进行放松训练了，并逐渐简化程序，或选择主要部位的肌肉群进行练习。美国某些运动队盛行的十六块肌肉放松训练法的原理和这种渐进放松训练法大同小异(丁雪琴，1988)。

二、自生训练

(一)自生训练概述

自生训练(Autogenic Training)，有人把它译为自主训练、自律训练、自我训练或自发训练。使用自生训练前要进行各种各样的练习和自我暗示，以达到引起放松反应的目的。从本质上说，自生训练包括经常相互混合的三个组成部分：第一部分包括引起身体的温暖和四肢的沉重感；第二部分包括运用表象；第三部分包括使用特殊主题，来帮助诱发放松反应。其中，有一种比较有效的特殊主题就是运用自我暗示，提示自己的身体确实已经放松了。

(二)自生训练方法

1. 步骤一：练习前的准备

(1) 准备姿势。①马车夫式，想象自己是一位车夫，从容地坐在椅子上或凳子上，头微微向前，手和胳膊轻松地放在大腿上，两腿取较舒适的姿势，脚尖微微朝外，闭上双眼。②软椅式：舒适地坐在一张软椅上，胳膊和手放在椅子的扶手或自己的腿上，双腿和脚取舒适的姿势，脚尖略向外，闭上双眼。③躺式：仰面躺下，头舒服地靠在枕上，两臂微微弯曲，手心向下放在身体两旁，两腿放松，稍分开，脚尖略朝外，闭上双眼。

(2) 准备动作。想象自己戴上了一副放松面罩，这副神奇的面罩让脸上紧锁的双眉和紧张的皱纹都舒展开来，并放松了脸上的全部肌肉，眼睛向下盯着鼻尖，闭上眼睛，下巴放松，嘴略微张开，舌尖贴在上牙龈上，慢慢地、柔和地、放松地进行深呼吸。当空气吸入时，就会感到腹部隆起，然后慢慢地呼出，呼出的时间是吸入时间的两倍，每一次呼吸的时间都比上一次更长一些。第一次可以是一拍，最后达到六拍左右。然后再把刚才的操作反过来进行，吸入六拍，呼出十二拍，吸入五拍，呼出十拍，一直降到吸入一拍为止。做 2～3 分钟这种准备动作后，接着开始做后面的练习。

2. 步骤二：身体的温暖和四肢的沉重感

(1) 沉重感练习。闭上双眼，从右手开始做起。一边默默地重复下面的句子，一边想着它们的含义：我的右臂变得麻痹和沉重(6～8 次)；我的右臂越来越沉重(6～8 次)；我的右臂沉重至极(6～8 次)；我感到极度平静(1 次)。现在睁开眼睛，摒弃这种沉重感，活动几下手臂，做几次深呼吸，重新摆好适当的姿势，设想自己再次套上放松面罩，重复前面的动作，包括准备动作。每天做 2～3 次这种沉重练习，每次 7～10 分钟。要逐步地重复前边的句子，用适当的语调对自己重复，同时设想自己的手臂也正在变得越来越沉重。做这个练习时，不要过分用力，只要全神贯注于这些词句和沉重的感觉就行了。如果想象不出这种沉重感，就在两次练习之间举起重物，体会这种感觉，然后大声告诉自己："我的胳膊越来越沉重。"用右臂进行三天的沉重感练习，然后用完全相同的方法再用左臂做三天这种练习，最后按照下面的程序做这个练习：双臂变得麻痹和沉重(3 天)；右腿变得麻痹和沉重(3 天)；左腿变得麻痹和沉重(3 天)；双腿变得麻痹和沉重(3 天)；四肢变得麻痹和沉重(3 天)。

这种沉重感练习共需要 21 天，如果在第 21 天之前就已经产生了沉重感，可以提前做第二种练习。一般来说，有必要用 21 天的时间打下坚实的基础，有规律地进行，如此才能最快地取得效果。

(2) 热感练习。进行两分钟的准备活动，再简单地回顾之前做过的练习，重复最后一次臂部和腿部的沉重练习，只需 45 秒到 1 分钟的时间，随后开始热感练习，程序如下：我的右臂正变得麻痹和燥热(6～8 次)：我的右臂越来越热(6～8 次)；我的右臂热得发烫(6～8 次)；我感到极度平静(1 次)。

在重复上述程序时，要同时想象句子所表达的意思。按照这个程序，先进行三天的右臂练习，接着是三天左臂练习、三天的双臂练习，然后依次是右腿、左腿、双腿、四肢各三天。最后，把第一种练习和第二种练习的最后部分结合起来做一遍：我的四肢变得麻痹、沉重和燥热(6~8 次)；我的四肢越来越沉重和燥热(6~8 次)；我的四肢沉重和燥热至极(6~8 次)；我感到极度平静(1 次)。做完一遍后，睁开眼睛活动一下，摒弃沉重和燥热的感觉，然后再次重复。在默读上述的句子时，想一想过去手臂真正感到热的情形，可以想象手臂正浸泡在盛满热水的澡盆里，或者想象夏天炎热的阳光晒在手臂上的感觉，如果有必要，可以在两次练习之间把手臂放在热水盆里，然后大声地对自己说"我的手臂正变得越来越热"，以此来获得热的感觉。也可以想象自己正在把躯干内的热量输送到四肢。需要注意的是，只有当上肢产生沉重感时，才可以做上肢的热感练习。

(3) 心脏练习。首先进行准备活动，简单重复一下沉重感练习和热感练习，把每个短句默念 3~4 遍，然后开始仰面躺下，感觉着自己的心跳。可以在胸部、脖子或其他地方用手感觉心跳，也可以将右手放在左手腕动脉处感觉心跳。通常情况下，身体放松后可以直接感觉到心脏跳动，这时就默默地重复：我的胸部感到温暖舒适(6~8 次)；我的心跳平缓稳定(6~8 次)；我感到极度平静(1 次)。这种练习要持续进行两个星期，每天进行 2~3 次，每次 10 分钟。

(4) 呼吸练习。首先进行准备活动，然后重复下列练习：我的四肢变得麻痹、沉重和燥热(1~2 次)；我的四肢越来越沉重和燥热(1~2 次)；我的四肢沉重和燥热至极(1~2 次)；我的心跳平缓且稳定(1~2 次)；我的呼吸极为平稳(6~8 次)；我感到极度平静(1 次)。这种练习要持续进行两个星期，每天进行 2~3 次，每次 10 分钟。能成功地对自己的呼吸进行控制的标志是：在进行一次轻体力活动或神经受到某种刺激后，仍能保持平缓且有节奏的呼吸。在这个练习的末尾，把"我感到极度平静"改为"平静渗透了我的身心"。

(5) 胃部练习。该练习主要训练内脏神经丛，即腰以上，引起胃部一种愉快的温暖感觉。首先进行准备活动，即简单重复沉重感练习、热感练习、心跳练习和呼吸练习，然后重复下列练习：我感到胃部柔软和温暖(6~8 次)，我感到极度平静(1 次)。做这个练习时可以将右手放在内脏神经丛的部位，此时会逐渐清晰地感受到那种温暖感。有的人不说上面的句子，而说"我的内脏神经丛正散发着热量"。如果这句话更有助于你的想象，也可以使用它。这个练习应持续两个星期，每天进行 2~3 次，每次 7~10 分钟。当确实体会到胃部有温暖感时，表明你已经掌握了这个练习。

(6) 额部练习。该练习旨在使额头产生一种凉爽的感觉。首先进行准备活动，像前面一样简单重复沉重感练习、热感练习、心跳练习、呼吸练习和胃部练习，然后重复下列练习：我感到我的额头很凉爽(6~8 次)；我感到极度平静(1 次)。做这种练习时，可以想象一阵清风吹过自己的面颊，使额头和太阳穴感到凉爽。体会一下这种感觉，练习时站在空调或电扇前，大声对自己说："我的额部感到凉爽。"当确实能够感到这种凉爽时，就说明掌握了这个练习。此练习应持续进行两周，每天进行 2~3 次，每次 7~10 分钟。

需要注意的是，不要突然停止练习，每做完一遍练习，睁开眼睛，开始活动。伸展一下四肢，活动一下关节，摒弃沉重感，然后继续进行正常活动。

3. 步骤三：表象技能训练

表象是一种在缺少外界刺激的条件下出现的，类似于感觉(视觉、触觉、听觉等)的体验。表象技能训练是运动员在暗示语的指导下，在头脑中反复想象某种运动情境、技术动作和运动情绪，以提高运动技能和情绪控制能力的心理训练方法。表象技能训练的主要作用有以下两个：一是有利于运动员建立和巩固技术动作的动力定型；二是赛前对成功动作的体验能起到激活或动员作用，使运动员充满信心，达到最佳的竞技状态。表象技能训练的情境和动作应尽量与比赛场景接近，因为对实际情境的模拟越接近现实，越可能在该情况下表现出高水平。

（1）表象技能训练要注意的几个方面。①表象技能训练之前要进行放松和集中注意力的练习，这种放松绝不是松懈，而是一种既放松又要注意将要呈现的动作的放松集中形态，尽可能要求运动员以内部知觉，即动感进行表象技能训练。②表象技能训练要做到由静到动、由易到难、由简到繁循序渐进地进行。③表象技能训练最好能与直观反映动作和身体内部信息的生物反馈仪及声像设备结合起来进行。

（2）表象技能训练的方法和步骤。表象技能训练首先使运动员详细了解表象及与表象训练相关的知识，可以通过教师讲授和阅读有关书籍进行，同时教练员评价运动员目前的表象能力；其次表象技能基础训练，包括生动、清晰的表象能力练习及控制表象能力练习；再次进行自我觉察的表象能力练习；最后进行表象技能专门训练，即结合表象的基础训练和专项技术的表象，进行专项技术动作的表象技能训练。

（3）表象技能训练的内容。①放松和集中注意力练习。可采用气功、冥想等进行放松和集中注意力练习。②静物的表象。一般先回忆自己熟悉的宿舍或家里的家具、墙壁等的形状、颜色，然后再回忆自己运动场的形状和颜色。要求运动员循序渐进地进行，最后达到回忆物体的颜色、轮廓越来越清晰、鲜明的程度。③专项技术动作的表象。

4. 步骤四：自我暗示

自我暗示训练法是利用语言等刺激物对运动员的心理施加影响，进而控制其行为的过程。体育心理学的研究表明，自我暗示能够提高动作的稳定性和成功率。根据训练和比赛的特点，可适时运用自我暗示法，把运动员对比赛名次及多方面的焦虑和担忧转移到正确运用技术和提高自信上，这样会缓解运动员比赛中的紧张情绪，从而使他们发挥正常水平。

三、模拟训练

(一)模拟训练的定义

模拟训练实际上是一种适应性训练或脱敏训练。在复杂、陌生的环境中比赛时，运动员常会对诸多自己事先未知的情境感到不安和紧张。模拟训练就是人为地制造或模拟可能引起应激反应的刺激(环境)因素，让运动员在这种情境下训练或比赛，使他们对这些环境因素熟悉，并逐步适应这些环境因素，降低环境因素对运动员的刺激强度，从而使运动员产生对这种情境的抗干扰能力，减轻或消除环境因素对运动员的不良影响。模拟训练的目的就是使运动员在参赛时能感觉到自己已经参加过这场赛事，知道并能独立处理一切可能出现的问题。

运动生理学告诉我们，人之所以能适应不断变化的外界环境，首先是由于人们能感受内、外环境的各种变化，并通过中枢神经系统的分析与综合作用，感受这些变化与自己活动、生存的关系，从而对这些变化做出反应。这种反应是大脑皮质精细分析的结果，也是大脑皮质将外界各种刺激综合起来的能力，即综合机能。外界各种刺激可在大脑皮质建立许多暂时性联系，这些联系在机能上可以互相结合起来产生一种反应。我们进行人的模拟训练的一个重要目的，就是让运动员获得这种反应，使运动员的综合机能得到提高。综合机能越强，发生反应的时间就越短，运动员对各种反应做出的对策也就越迅速，技术动作的运用也就越合理。

(二)模拟训练的方法

模拟训练的内容很广，应根据比赛的实际情况和运动员本人的特点来确定。下面，介绍几种常用的模拟训练的方法。

1. 对手特点的模拟

模拟国内外比赛对手的技术、战术特点以及他们的比赛风格、气质表现是许多对抗性运动项目训练的常用方法。首先让队友模仿对手的各种活动，以便更加深入、细致地了解对手的特征，演习各种有效的对策。

(1) 削球手模拟。中国女选手在第 45 届单项世乒赛后数次在国际比赛中败给"海外兵团"削球手何某某、施某和田某等人的球拍下，因此新增加了一项应对削球好手的训练内容。女队训练中多了很多削球手，其中有几位是特地从其他省市临时借调来的男选手，其中一位叫李某某的选手担任女队陪打。另外，女队的集训名单中不仅有中国第一女削球手王某，还有另一名女子削球高手成某某。让同伴重视和适应此类打法，可谓有针对性地防患于未然。

(2) 主要对手模拟。雅典奥运会备战过程中，江苏选手单某某和来自福建的削球小将王某模仿韩国双打选手吴某某和朱某某，与马某和陈某过招。在最后一刻，无缘雅典奥运会的老将阎某，在集训中心甘情愿地充当"陪打"的角色。不论是指导小师弟陈某的台内球，还是和单某某配成双打模拟对手，阎某都做得一丝不苟。和阎某一样，同是"三朝元老"的张某，因为欧洲化的两面弧圈打法而一直在队中充当陪练，此番备战，张某的头发短了，但步子没有慢，在他的手下，一个又一个重磅弧圈"炸弹"源源不断地送向奥运主力的台面，"我们的任务，就是给主力制造困难，我想，他们能够理解"。

2. 不同起点比赛的模拟

不同起点比赛的模拟包括领先、落后和关键分相持三种情况。例如，羽毛球项目在模拟训练中可从 14∶13 开始，强手从 13 分开始，弱手从 14 分开赛，以锻炼运动员在落后情况下转败为胜的顽强意志；再如，乒乓球比赛在模拟训练中可从 17∶18 开始，以锻炼运动员关键时刻沉着冷静、果断处理的品质。

打"追分"，以两队模拟比赛双方(双方应力量均衡)，规定预先的分数，例如从 1∶5 开局，在本方输掉 5 分后开始或继续比赛，磨砺运动员打翻身仗的意志。模拟打"追分"的战术和打法时，应告诉队员一定不要轻易气馁、轻易放弃。例如，当年的中国女排在几次世界大赛中，在多次比分为 9∶14 的艰难情况下，决不轻言放弃，奋起直追，最后终于获胜，使中国女排完成了自己的梦想，为国争光。

打"领先球"与打"追分"相反，本方领先 5 分开始比赛，培养本方领先时对方在全力冲击追赶的局面下的心理稳定性。同时模拟分数领先时的战术和打法，提高运动员在场上控制情绪的能力。

3. 裁判错判误判的模拟

裁判的错判、误判是运动员最难应对的问题之一，这种模拟可以帮助运动员将注意力集中在可以控制的事情上，即下一步的技术、战术上，而忽略自己难以控制的事情，即裁判行为。

4. 气候影响的模拟

气候往往对运动员的比赛状态有重要影响，如"汤姆斯杯"羽毛球比赛曾多次在印度尼西亚首都雅加达举行，那里天气炎热，室外温度常常高达 30℃以上，同时比赛场地挤满观众，为了防止比赛受风的影响，体育馆内无空调设备，门窗又都关着，这就对运动员适应高温条件提出了很高的要求。在高温下的模拟训练和比赛显然有助于减少高温对运动员的不利影响。

5. 观众影响的模拟

观众的鲜明态度和立场都是通过震耳欲聋的呼喊声和夸张的表情动作表现出来的，这足以给运动员造成极大的压力和干扰，在这种情况下，即使是最有经验的运动员也有可能分心或过于激动、紧张。如果在模拟比赛中组织一些观众，并让观众有意识地给运动员制造一些困难，如鼓倒掌、吹口哨、为对方加油等，这有助于减少运动员实际比赛时的应激(或压力紧张)反应。

印度尼西亚的球迷是出了名的吵闹，其起哄声与喧哗声堪称"世界之最"。为提前适应 2004 年"汤尤杯"的比赛环境，中国羽毛球队采取了"以毒攻毒"的策略，在训练中营造出印尼球迷那种狂热的气氛。队员们从以往的比赛录像中找出现场观众最多的一场，并将其录音灌录成 CD，专门突出现场的声响。每天训练开始后，队员就把这张 CD 放进音响反复播放，巨大的声浪从挂在墙壁上的音箱中传来，从而制造出数千观众齐声呐喊的磅礴气势。

6. 时差的模拟

研究认为，对于有 6 小时以上时差的比赛场地，到达后最好 3～4 天内不进行训练或只进行简单的活动，4 天后再逐渐加大训练强度，10 天后参加比赛才可能取得好成绩。

到国外参加比赛的运动员，需要解决时差的适应问题。例如，中国运动员到美国亚特兰大参加奥运会，时差 11 小时，几乎是昼夜颠倒。在此情况下，一个人恢复到原有状态的时间通常为 8～10 天。对时差进行模拟训练，可以在临出发前的一段时间，逐渐改变作息时间，假定已知比赛国的比赛时间大多为北京时间 8:00，则在此时间安排模拟比赛，5:00 起床做各种必要的准备。

我国运动员在适应时差方面有许多很好的经验，如果不能提前到达比赛场地，可用下列方法进行训练。

(1) 到与比赛地点邻近的经度地区训练。

(2) 在国内安排"倒时差"，即按比赛国的时间进行作息。

(3) 采用"一次倒时差"法。即不管路程多远，时差距离多大，旅途上尽量坚持不睡，抵达目的地后熟睡一觉，先在睡眠时间上倒过来，这样就可以缩短适应时间。

7. 场地、地理环境的模拟

地理环境的模拟训练最常见的是高原模拟训练，例如，日本为了对运动员进行高原缺氧训练，要求他们每天在低压舱里待两小时。

为了第 43 届世乒赛实战的需要，中国乒乓球队把比赛中可能出现的困难都提前想到了，比如，有的运动员忌讳挡板广告颜色反光，尤其是在广告板变换内容的时候，影响更为严重。乒乓球训练时有意在挡板上搭各种色彩的布条，模拟赛场上的挡板广告颜色反光，让运动员在平时的训练中逐渐适应。

8. 首战(或重点场次)的训练模拟

运动员特别关注首战如何，这对全队的心理状态影响极大，并且关系全局及整队的气势问题。针对首场比赛的对手，按前述一般战术模拟训练的要求加强开赛就要压倒对方的技战术训练。特别是气势模拟训练，要求做到气势大，战术熟练、准确，运用自如，从精神、技术、战术和身体准备上力争"首战必胜"，力争"开门红"。如果是遭遇战，且对对方不了解，则要求以我为主，发挥自己的优势，争取主动。

以排球为例，目前排球比赛中的每局开始的前 5 分钟和第 20 分钟都是比赛的一个关键点，前 5 分钟打得好，能使运动员以安静的心态发挥技战术，为本局的获胜打下良好的基础；到第 20 分钟时，由于距比赛结束较近，运动员会产生急躁的情绪，对这两种情况均应进行必要的训练。

再如，国家体育总局重竞技运动管理中心曾在 2004 年雅典奥运会之前为中国举重队开设"实战模拟精英赛"。这次"实战模拟精英赛"是中国举重队备战雅典奥运会的重要内容，它将吹响中国举重队进军雅典奥运会的号角。本着模拟实战的原则，所以从饮食、交通和场地安排，到比赛组织、比赛规则、现场气氛、仲裁等全方位模拟奥运会比赛。为了提高运动员应对可能出现的意外障碍和困难的心理素质与能力，还人为制造了一些"麻烦和干扰"。这次比赛既是"实战模拟精英赛"，也是精英赛，是中国举重队参加雅典奥运会前的一次集中展示和练兵。

综上所述，赛前的模拟训练和比赛是必不可少的，既是备战的主要内容，也是中国队备战的最大优势所在。要进行高质量的模拟训练，离不开三个必要条件，一是正确分析对手；二是模仿者的真实性；三是主练者的投入程度。

第三节　运动中的认知干预方法

一、表象训练

(一)表象训练与运动员的技术水平

一个与心理练习相关的重要发现是，在进行心理练习时，熟练的运动员要比新手获益更多。克拉克(1960)做了一项研究，研究运动员在学习单手篮球罚篮的时候，心理练习和身体练习的效果有何不同。他把 144 位高中男生按照他们在体育代表队中的水平(熟练组、中等水平组和新手组)分别分成身体练习组和心理练习组，在进行为期 14 天的练习(每天投30 个球)之前和之后对他们分别进行前测和后测，每次测试投 25 个球。研究结果显示，对于中等水平组和熟练组来说，心理练习和身体练习几乎一样有效；但对于新手来说，身体练习要远比心理练习更为重要。从这些研究的结果来看，有一点很明显：要让心理练习对行为有促进作用，运动员需要有技术基础。换句话说，教练或教师不应期望心理练习对那些没有技术基础的运动员也有效果。运动员的技术越熟练，心理练习就对他们就越有效(理查德·考克斯著，张力为，等译，2003)。

(二)时间因素和心理练习

心理练习并非练得越多越好。埃特尼尔和兰德斯(1996)对篮球运动做了一项研究，结果显示，如果运动员经常进行技能训练，进行 1～3 分钟的心理练习要比进行 5～7 分钟的练习效果好。他们的研究还显示，在进行技能训练前进行心理练习要比在技能训练后进行心理练习的效果更好。这进一步支持了应该在比赛即将开始前进行心理练习的观点。

对技能训练来说，练习越多越好；但对于心理练习，不一定是练得越多越好。在某种情况下，运动员对某项技能任务进行心理练习存在一个最佳时间量。一旦超出了这一时间限量，继续进行心理练习反而有害无益。应当提醒运动员，在想象中练习一项技能任务时，如果注意力分散了，就应该停止练习，转而做其他事情。

(三)表象练习方法

(1) 清晰性训练的具体方法如下。

练习一：挑选一位你的好朋友或经常与你接触的人作为鲜明生动性练习的对象。想象他坐在离你不太远的椅子上—表象出他鲜明的轮廓—表象他的面容、体形、穿着打扮、行为举止的习惯等细节部分—表象他正在和你说话—尽量听清楚他在说什么—注意观察他说话时的各种面部表情—努力表象出口形、音调、表情之间互相协调、形象逼真的形象—他站了起来，一步一步走到你的面前，继续他的谈话—想一想你对他的印象，你对他是钦佩还是尊敬？你们之间是有着深厚的友谊还是一般的关系？

练习二：想象自己置身于一个非常熟悉的地方，你经常在那里进行体育活动(体操、排球、足球、田径、篮球等)。表象你站在空无一人的场地的中央—缓慢地环顾四周并享受那一份空旷和宁静—竭尽全力去识别有关的细节部分，如你能听到什么？你能闻到什么？—表象你站在同样的地方，但这次的情境有所不同，你不再是独自一人—你仿佛看到除了自己做着准备活动，同学、教师等相继出现在你的眼前—来自运动场内外的噪声、同学的窃窃私语、教师的大声鼓励等不绝于耳，运动所特有的声音(篮球进球后擦网的声音、排球扣球落地的声音等)也时常在你耳边回响—当赛前或运动前那种急切的期望和兴奋的情境再现于你的脑海里时，你感受到了什么？

练习三：挑选一件你经常使用的体育用品，如一只球或网球拍等，注视着它并表象其细微的特征。用手转动它，仔细地观察它的外形和材质—想象你使用这一体育用品进行体育活动，用你"心灵的眼睛"清晰地看着自己一遍又一遍地练习同一动作—将你的目光移至体外，就像看自己的动作录像一样观察动作练习—再一次将目光移至体内，重复你的内部表象—试着听进行这些运动时发出的声音，非常小心地听所有的声音—将图像和声音组合成一系列与实际运动几乎相同的情境。

(2) 控制力训练的具体方法如下。

练习一：选择一个你还不太熟练的动作，在头脑中反复进行表象演练。如果表象的动作技术出现错误，应立即停止表象活动，用外部表象和内部表象分别仔细地找出错在哪里以及错误的原因，按正确的动作要领从头开始进行表象演练，确保每一次表象演练都能很好地完成。

练习二：想象你将和一位曾经有过野蛮行为的对手同场比赛，你根据对手的特点制定一套应对措施。在比赛中以己之长克其之短，避其锋芒攻其不备，全面按计划实施战略战术，既避免了你与对手的正面冲突，又发挥出自己的最好水平。无论你进行什么样的体育活动，关键是你能否在表象中按计划有效地控制你的运动。

练习三：回忆一段体育运动中经历过的焦虑体验。在头脑中再现那个情境，你看到了自己焦虑时的样子，感觉到了焦虑时特有的听觉反应，以及情绪变化所引起的生理反应，努力回忆是什么引起了你的焦虑。将注意力集中在呼吸上，放慢呼吸频率，加大呼吸深度，想象随着呼气和吸气，你的紧张和焦虑一点点地被吸入胸腔，然后又被一点点地排出身体。反复进行这一训练，直至焦虑全部消除，身体得到很好的放松为止(河南省高校体育教育专业专科教材编写委员会，2000)。

(四)专项表象练习示例

1. 短跑专项练习法

目的：提高跑步的频率，即提高速度。

具体方法如下。

(1) 放松预备：坐在椅子上，闭眼，放松。

(2) 让运动员在暗示语的指导下，头脑中反复想象跑时蹬地、摆腿、送胯等动作的情境，建立以上动作正确的动力定型。

(3) 让运动员想象自己正在一块烧得很热的钢板上跑步，钢板被烧得通红，频率慢了，两脚将被烫坏。想象的动作情境尽量与比赛一致，如想象面对红色的跑道就像面对被烧红的钢板，对手表现出紧张、害怕，自己却充满信心，奋力冲了过去。

2. 游泳专项练习法

目的：通过表象训练的启蒙练习，在自己熟悉的环境中体验完整的训练开始过程。

对象：7～9岁男、女儿童游泳运动员。

情境：每天训练的游泳馆。

方法如下所示。

(1) 放松预备：坐在椅子上，闭眼，放松。

(2) 表象内容：每当进入游泳馆，迎面吹来潮湿而温暖的微风，闻到游泳池水中的氯气和漂白粉的气味，同时，还听到了馆内游泳击水时发出的声响和间断的哨声，双脚踩在冰凉而粗糙的瓷砖上感到一丝凉意，看着蔚蓝的水面，心中想着，又一次有趣的水上训练马上就要开始了。教练宣布完训练计划，我双脚有力地蹬踏着冰凉而坚硬的池壁，双臂做有力协调的配合，第一个奋力跃入水中，耳边的一切嘈杂声消失了，水的压力压着耳膜和前胸，同时，感到皮肤接触水时的温差和惬意，隐隐约约地看到对面的池壁，自己好似进入一个水中宫殿，双腿有力地打水，眼底的瓷砖飞快地向后移动，同时，用力呼出体内的空气，双臂做有力的划水动作，清晰有力的第一次呼吸后，水上训练真正开始了。

(3) 训练安排：每期为四周，每周 2～4 次练习，每次安排在正式上课的前 10 分钟进行。表象练习时间为 3 分钟，之后逐渐增加到 5 分钟。

二、暗示训练

暗示训练.mp4

(一)自我暗示的种类

自我暗示是控制思想、影响感觉的一种有效技巧。思想和感觉又可以影响自信心以及竞技表现。运动员在比赛过程中脑海中所出现的思想既可以是积极的也可以是消极的。这些思想是自我暗示的一种形式。运动员必须学会控制自己的思想，厘清思想，使它们对自己有利。这个目的可以通过自我暗示来达到。运动员必须认真地预先挑选用于自我暗示的词和短语，并仔细考虑，以期达到最好的效果。在这方面，教练或运动心理学家可以给予运动员帮助。

自我暗示主要有三种，包括和任务有关的自我暗示、鼓励和努力、情绪语言。对这三种形式还可进行进一步的细分。

(1) 与任务有关的自我暗示与技巧有联系。这种自我暗示指能够加强技巧的话语。例如，在网球赛中截击空中球时，就可以用"转"这个字。

(2) 鼓励和努力。这种自我暗示指那些鼓励自己要坚持或更加努力的话语。比如"你能够"就可以用于垒球准备本垒击球的时候。

(3) 情绪语言：这种自我暗示指那种刺激、激励情绪的话语。比如"努力""加油"等词就可以用在足球或橄榄球比赛中。

(二)选择自我暗示的内容

为了让自我暗示更有效，内容最好满足以下要求：①简单精练、容易发音；②逻辑上与包括的技巧有关；③与当前任务的进程相符合(见表 7-1)。

表 7-1　自我肯定的话语

运动员身份	自我肯定的话语
足球守门员	"什么球都不会从我身边入门"
网球发球方	"我能击出一个有力而准确的一发"
投篮者	"我的面前除了篮筐没有别的"
排球接球手	"我是一个始终如一的准确的传球手"
橄榄球四分卫	"我的胳膊可以像大炮一样投掷"
摔跤运动员	"我像牛一样健壮"
高尔夫选手	"我一定能击一个好球"

(三)自我暗示训练方法

自我暗示训练有 6 个主要步骤。

(1) 使学生理解、认识到其语言表现方式对情感和行为的决定作用。

(2) 确定体育运动中经常出现的消极想法，如"这个动作我学不会"。

(3) 确定如何认识这种消极想法。

(4) 确定取代这种消极想法的积极提示语，如"世上无难事，只怕有心人"。

体育教师可让学生将第(2)、第(3)和第(4)个步骤的内容写在卡片上，每张卡片只涉及一个问题，有多少种消极想法就填写多少张卡片。卡片正面为经常出现的消极想法，背面上方为对这些消极想法的认识，下方为对抗消极想法的积极提示语。学生填写卡片时应注意以下问题。

第一，测验和比赛时的提示语应多考虑过程性问题，少考虑结果性问题。

过程性提示语：发球落点—动手腕，多向前摩擦；上手快点。

结果性提示语：胜利；我准能赢这场球。

第二，第(3)个步骤很重要，它是人的整个思维方式和行为习惯的基础，学生应认真填写。

第三，提示语应是有针对性的、具体化的。

有针对性的提示语：固定拍型，掌握击球点；要耐心追，咬住；要冷静，只有冷静下来才能打球。

无针对性的提示语：遇到困难——解决困难；遭遇逆境——摆脱它。

第四，提示语应为积极词汇，不应为消极词汇。例如，放松、稳住；我有信心踢进去；对方比我还紧张，主动权在我手里；等等。

(5) 不断重复相应的句子，如"这下完了，一定还有机会，拼搏到底"。可以视情况具体规定重复的时间，如可规定每天早、中、晚各重复两次。

(6) 通过不断重复和定时检查(训练日记、比赛总结和平时生活)，举一反三，生活中养成对待困难的积极态度和良好习惯(河南省高校体育教育专业专科教材编写委员会，2000)。

三、自信训练

(一)哈特的胜任感动机理论

1978 年，哈特提出了一个关于成就动机的理论(见图 7-1)，它是建立在运动员对自己个人能力感觉的基础之上的。按照哈特的说法，人们都在内部被激励，从而在人类成就的各个领域取得成功。为了满足在某个领域，比如在运动中成功的强烈愿望，一个人会尽力去掌握某项运动。

一个人在这些尝试掌握方面的自我意识的成功与否可以引起积极的或消极的效果。如图 7-1 所示，在尝试掌握方面的成功可以促进自我效能，以及个人对自己能力感觉的发展，这些又会促进胜任感动机的产生。随着胜任感动机的不断增加，运动员又会被鼓励去尝试掌握新的技能。

相反，如果一个年轻运动员努力尝试掌握导致的结果是拒绝和失败的，那么，最终他就会产生较低的胜任感动机或负面的影响。专家推断，较低的胜任感动机会导致一个年轻人中断运动。

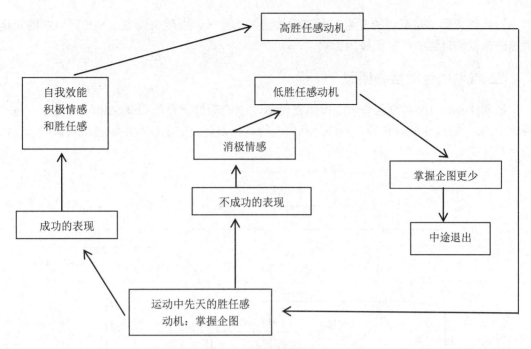

图 7-1　胜任感动机理论

　　和运动有关的研究为哈特的胜任感动机理论提供了理论支持。在每一项调查中，测量胜任感的工具都是哈特(1982)的儿童胜任感尺度(PCSC)。其中，强调从三个方面来评价孩子的胜任感：认知(在学校的胜任感)、社会(和同伴关系的胜任感)以及体育(运动技巧)等。人们通过 27 个条目的胜任感量表，得出了一个自我价值的总评价。

　　韦斯和合恩(1990)曾经检验过运动中发展胜任感动机的重要性。他们的调查强调了正确评价对个人胜任感的重要性。那些低估自己胜任感的男生和女生倾向于放弃参与运动。低估自己能力的女生倾向于退出运动，而且一般经常为特质焦虑所困扰。她们更喜欢挑战性不强的活动，并且容易被外部因素控制。男生中低估自己能力所造成的影响似乎小一些。总的来说，能够正确评价自己能力的个体能更好地控制形势，而且更愿意参与到挑战性很强的活动当中去。

　　布莱克和韦斯(1992)的一项调查证实了年轻运动员发展胜任感动机中重视他人作用的重要性。那些认为自己的教练能给予其积极的反馈意见和鼓励的年轻运动员，也能够意识到自己有很强的动机。即使这样，教练或教师的重要性也不能被过高估计。教练、教师和领导都必须认识到，帮助年轻人建立自信心是要花一定时间的。

　　在哈特的理论当中，很强的胜任感动机会导致成功的表现，很像自我效能导致成功的表现一样。下面三项相关的调查提出了一些加强个人胜任感动机的方法。一是韦甘德和布罗德赫斯特(1998)证明，胜任感动机受到内部动机、从事训练的时间和其他控制因素的影响。二是艾伦和豪尔(1998)证明，在控制女子曲棍球选手的能力之后，不同的训练和指导会导致不同的胜任感动机。具体来说，在运动员好的表现之后，表扬和技术信息会增强胜任感动机；相反，如果运动员表现不好，那么表扬和技术信息则会降低胜任感动机。这个结果表明在运动员表现不好时，适时的沉默也许是促进胜任感的最好策略。三是在哈特的理论基础上，史密斯(1999)通过一项调查提出，在加强年轻运动员的胜任感动机方面，友谊和同伴的接受都是重要的变量。朋友的接受与支持对青少年来说非常重要，这能够对运动员的态度和自信心产生积极的影响。

(二)维利的运动信心模型

维利(1986，1988)的运动信心模型在使运动中的动机和自信心概念化的过程中，是一种独一无二的方法(见图 7-2)。也许维利模型的真正力量是它是与特定情境相联系的，且代表了一种在运动心理学中理论发展的合理尝试。

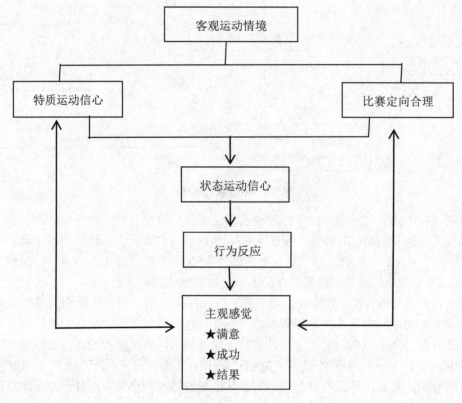

图 7-2 运动信心模型

维利把运动信心定义为"个体对其在竞技运动中获得成功的能力的信念或确信程度"。运动员对客观的竞技局面有一种运动信心的人格特点和特别的竞技指向。这两种因素对于在竞技运动中运动员表现出来的和环境相联系的运动信心水平有着预示的作用。和环境相联系的运动信心又决定着运动员的表现，或者说是明显的行为反应。行为反应又会引起运动员对竞技结果的主观感觉。主观感觉包括满意、对成功的认可(不在乎得失)以及竞赛结果的原因等。然后主观感觉又会影响运动员的竞技指向和运动信心的个性特点，并反过来被这些因素影响。

维利(1986)对自己提出的模型的基本原则进行了测试，并且发现是可行的。维利还发展了测量特质运动信心的工具(特质运动信心目录)、测量状态运动信心的工具(状态运动信心目录)和测量竞技指向的工具(竞技指向目录)。

维利的运动信心模型在解释整体运动信心和情境运动信心的关系方面是非常有用的。

在某一项运动中非常成功的运动员可以把他从成功的体验中获得的许多自信心转移到其他的运动情境中去(理查德·考克斯著，张力为，等译，2003)。

📖 **拓展阅读**

运用合理的思维

某高水平帆板运动员讲述了其在一次刚结束的国际锦标赛上的亲身经历。在某轮比赛中，她因与国外选手发生碰撞而被裁判员罚分。她说："本来从前几轮的得分和形势看，我的成绩非常好，但当被罚分后，我想，一定是对手故意或是裁判故意这样错判的！这下完了！太糟糕了！就这样，从这轮比赛后，我的情绪特别低落，临场发挥失常，成绩下滑非常明显。"这次比赛后，运动心理学工作者针对运动员"绝对化"和"糟糕至极"的不合理思维进行了认知训练。首先，向该名运动员简要讲解了埃利斯的 ABC 理论，介绍了诱发事件、评价和行为结果之间的关系。其次，运用具体实例加深该运动员对理论的认识，澄清了不合理的信念与不良情绪和行为反应之间的紧密联系，进而讲解不合理思维的三大特点，即绝对化要求、过分概括化和糟糕至极的想法，并帮助该名运动员查找自身存在的不合理信念，使运动员真正领悟到，在比赛中不合理思维对自己情绪和行为的消极影响和危害。最后，帮助该运动员运用合理的思维方式："出现意外很正常，比赛还没完，我还有机会取胜"，以替代以往的不合理内容。经过近一个月的系统训练，该名运动员对以往存在的不合理思维有了较为深刻的认识，在其后类似情况出现时，该运动员能有效地运用合理的思维方式。

(资料来源：季浏，殷恒婵，颜军. 体育心理学[M]. 3 版. 北京：高等教育出版社，2016.)

本 章 小 结

从运动员的成长和发展角度来说，心理技能训练的出发点是使运动员以最佳的心理状态进行比赛，同时也使运动员形成良好的个性，在人生的各个阶段适应环境和创造生活。本章主要介绍了心理技能训练的含义，以及运动中的行为干扰方法和运动中的认知干预。通过本章的学习可知，在目前乃至将来相当长的时间，通过有效的心理技能训练提高运动员的心理品质，将是提高运动员的运动技能水平和改善其运动表现的重要途径。

思考与练习

1. 简述能否将心理技能训练推广到生活其他领域。
2. 如何客观评价心理技能训练的效果？
3. 如何在实际教学训练中应用表象训练？
4. 实施心理技能训练应遵循哪些原则？
5. 试述表象训练的方法并结合专项进行表象练习。
6. 心理技能训练和体能训练、技术训练及战术训练的关系如何？

目的是总的表述，为指向某种未来的结果或行为的具体行动提供框架和方向。

——艾伦·C. 奥恩斯坦

第八章 运动中的目标定向与目标设置

本章学习目标

- 了解体育活动中的学习目标定向和成绩目标定向的区别。
- 掌握体育教学中培养学生学习目标定向的方法。
- 掌握体育活动中有效目标设置的原则。
- 了解团队的特点及团队目标的作用。
- 了解团队目标的设置方法及注意事项。

核心概念

目标定向 学习目标定向 成绩目标定向 目标设置 课程目标

马拉松运动员的故事

山田本一是日本著名的马拉松运动员，他曾在 1984 年和 1987 年的国际马拉松比赛中两次夺得世界冠军。记者问他是怎么取得如此惊人的成绩时，山田本一总是回答："凭智慧战胜对手！"

大家都知道，马拉松比赛主要是运动员体力和耐力的较量，爆发力、速度和技巧都在其次。因此对山田本一的回答，许多人觉得他是在故弄玄虚。

10 年之后，这个谜底被揭开了。山田本一在自传中这样写道："每次比赛之前，我都要乘车把比赛的路线仔细地看一遍，并把沿途比较醒目的标志画下来：比如第一个标志是银行，第二个标志是一棵古怪的大树，第三个标志是一座高楼……这样一直画到赛程的结束。比赛开始后，我就以百米冲刺的速度奋力地向第一个目标冲去，到达第一个目标后，我又以同样的速度向第二个目标冲去。40 多公里的赛程，被我分解成几个小目标，跑起来就轻松多了。开始我把目标定在终点线的旗帜上，结果当我跑到十几公里的时候就疲惫不堪了，因为我被前面那段遥远的路吓到了。"

因此，目标是需要分解的。一个人制定目标的时候要有最终目标，比如成为世界冠军；此外，更要有明确的绩效目标，比如在某个时间内成绩提高多少。

最终目标是宏大的，是引领方向的目标，而绩效目标就是一个具体的，是有明确衡量标准的目标，比如，在四个月跑步成绩提高 1 秒，这就是目标分解；绩效目标可以进一步分解，比如在第一个月提高 0.03 秒等。

当目标被清晰地分解了，目标的激励作用就显现了。当我们实现第一个目标的时候，我们就及时地得到了一个正面激励，这对我们培养挑战目标的信心的作用是很大的。

（资料来源：本书作者整理编写.）

本章将简要介绍与体育活动中的目标定向和目标设置相关的一些知识。

第一节　体育活动中的目标定向

体育是社会发展和人类进步的重要标志，是综合国力和社会文明程度的重要体现(习近平，2013)。体育活动作为人类社会普遍存在的社会现象，伴随人类社会进程的发展，存在一定的历史延续性、地域差异性、时代需求性、全球普遍性。基于此，人们参与体育活动的目标定向就会不同，对参与体育活动的目的和在体育活动中努力的意义、对自己能力的认识、判断自己是成功还是失败的标准，以及参与体育活动时的行为表现等方面也会不同；正确的目标定向能够顺应当代发展的需求，开拓新知，提升能力，在体育活动中找到真正的乐趣，实现全面发展；而不正确的目标定向则容易使人步入误区，丧失学习兴趣和学习能力，模糊了体育活动的真正价值。

一、目标定向概述

(一)目标定向的概念

对于目标定向的概念，不同的研究者从不同的角度对它进行了界定。例如，德威克等人(1988)认为，目标定向是一种有计划的认知过程，它具有认知、情感和行为的特征；乌尔丹和迈尔(1995)认为，目标定向是个体从事各种成就活动的理由和知觉；范德维尔(1999)认为，目标定向是个体努力展示自己的能力，并使自己的行为更有效的内在特质；宾特里奇(2000)认为，目标定向是关于个体追求成功任务的理由，对目标任务的表征，它反映了个体对成就任务的一种内在的认知取向，是一个关于目标、胜任、成功、能力、努力、错误和标准的有组织的结构系统。本书采用的是我国学者的观点，认为目标定向是成就目标定向，它是指个体参与某一活动时所依据的成就目标取向。它不是具体要达到的行为的数量标准，而是个体内心中追求的成就取向(祝蓓里等，2000)，是一种重要的动机变量。

(二)目标定向的分类

在目标定向理论研究的早期，研究者大多把目标定向分成两种：学习目标定向(掌握目标或任务卷入)和成绩目标定向(自我卷入)。个体对智力与能力概念的理解不同，所以在成就情境中，个体追寻的成就目标也不相同。学习目标定向，是指通过学习新的技能、控制新的环境来发展自己的能力。成绩目标定向，是指通过寻求有利的评价和避免负面的评价来显示和证明自己的能力(范德维尔,2001)。后来,一些学者又在目标定向早期理论的基础上提出了成就目标定向的三因素和四因素理论。

成就目标定向的三因素和四因素理论具体如下所述。

1. 成就目标定向的三因素理论

迈尔(1980)认为,除了学习目标定向和成绩目标定向以外,还应该将社会目标定向纳入成就目标定向理论中。因为个体是处在复杂的社会当中,时刻受到社会因素的影响,社会目标定向是引起道德意向和其他人或自我对自己的赞许,它能使个体在一些困难或没有兴趣的任务面前表现出持续的努力和很强的坚持性。乌尔丹(1995)也认为,只有将社会目标纳入成就目标理论当中,才能更好地理解成就目标定向理论。此外,范德维尔 1997 年根据自己的研究结果提出了成就目标定向的三因素理论。他认为,应该将成绩目标定向分为证实和逃避两个维度,也就是我们通常所说的成绩-趋向目标和成绩-回避目标。这样,成就目标定向就可以分为三个因素,即成绩-趋向目标、成绩-回避目标和学习目标。

2. 成就目标定向的四因素理论

埃利奥特等人(2001)又进一步将掌握目标和成绩目标与趋向动机和回避动机交错搭配,即趋向-掌握目标、趋向-成绩目标、回避-成绩目标、回避-掌握目标,构成了一个 2×2 的四种成分成就目标理论模型。同时,他还进一步考察了四种成分与其重要的前因变量和结果变量之间的关系。前因变量指影响个体采取某种成就目标的可能性,包括动机倾向、对课堂趣味性程度的知觉、内隐理论、父母的评价以及个体的能力胜任感等。结果变量指所采用的某种成就目标可能导致的结果,包括加工策略、认知焦虑、成绩等因素。

追求学习目标的个体认为智力是可以培养和发展的,因而力求掌握新的知识和提高自己的能力;追寻成绩目标的个体则认为智力或能力是天生的、固定不变的,因而力求收集与能力有关的证据以获得对自己能力的有利评价,避免消极评价。研究通常认为,学习目标是适应性的,它与一系列积极的认知、动机、情感和行为中介变量以及积极的结果联系在一起;而成绩目标则是非适应性的,它与一些消极的结果相联系(刘惠军,2003)。

二、体育活动的学习目标定向和成绩目标定向

学习目标定向的学生和成绩目标定向的学生在看待成功、运动目的、运动道德和攻击性行为、运动快乐感和学习策略等方面差别很大,具体介绍如下所示。

(一)看待成功

尼科尔斯(1989)假设,从理论上讲,目标定向和对成功的理解之间有密切关系,这一假设已经得到教育情境的一些研究支持。学习目标定向的学生相信努力和理解学习内容以及与他人合作可使自己的学业进步,而成绩目标定向的学生则总是试图超过其他人(杜达,1993)。

(二)运动目的

关于目标定向和运动目的之间的关系,杜达(1989)的研究结果显示,学习目标定向的

人认为，运动应该使人深刻地认识到努力学习、与他人合作的重要性；而成绩目标定向的人则认为，运动应该使人形成知名度和富有竞争能力(张力为等，2000)。此外，这样的研究结果也受到其他研究的支持。

(三)运动道德和攻击性行为

不同目标定向的学生对于运动情境中取得成就的正当手段的理解是不同的。杜达等(1991)对中学篮球运动员的研究发现，学习目标定向的运动员更重视运动场上的道德修养；成绩目标定向的运动员则比较习惯采用欺骗性行为来获得成功。成绩目标定向高的运动员比成绩目标定向低的运动员更有可能在比赛中伤害其他人。

(四)运动快乐感

不同目标定向的学生从运动中获得的快乐感是不一样的。几乎所有有关目标定向的研究都发现，学习目标定向与运动情境中的乐趣和满意度呈正相关(霍姆泰，1993；杜达，1992)。沃灵等(1993)研究表明，高学习目标定向的运动员，不管其竞技水平如何，也不管其能否获胜，都能从运动中获得快乐。

(五)学习策略

牛顿等(1993)对保龄球运动员的调查发现，高学习目标定向的运动员倾向于使用不同的运动策略。洛克班姆等(1993)的研究发现，高学习目标定向的运动员认为听从教练的指导、努力掌握新的技能以及有规律的练习能够使他们取得好成绩，而成绩目标定向的运动员则认为练习是无效的策略。

在体育运动情境中，学习目标定向者与成绩目标定向者在成就动机和行为等方面存在着差异。体育活动中，目标定向的不同会导致他们参与体育活动的动机、态度、信念、行为、情绪、注意、焦虑等方面也不同。

三、体育教学中如何培养学生的学习目标定向

学生的学习目标定向与教师的教学理念、教学行为方式以及学生在学习过程中的体验有很大的关系。新时代体育课程的基本理念要求体育教学实现深度学习，让学生不仅深入掌握知识技能和学练方法，还需要通过身体感知世界、认识世界、陶冶情操，体验身体的运动快乐是体育学习发展的深度。因此，在体育教学中，如何科学地创设和把握知识与技能教学过程中知与乐的关系，使学生在体育运动中享受乐趣、增强体质、健全人格、磨炼意志，正确培养学生学习的目标定向是体育教学的关键。

体育教学中如何培养学生的学习目标定向.mp4

在体育教学中，如何培养学生正确的学习目标定向呢？体育教师应注意以下几个方面。

(一)引导学生关注自身能力提高的学习

在体育教学中，教师应将引导学生把自身能力提高作为学习目标，而不是关注自己体育成绩的提高。学生在学习过程中教师要强调"以学生为中心，提高学习者能力"的教学

思想目标，形成"知识传递"的教学环境，强调关注学习者潜能的存在。明确教育的重心不再仅仅是给学生传授固有的知识，而是转向塑造适应知识型社会的新型的人格。要使学生学会学习、工作、做人、生存，除此之外，更要学会发展。教学围绕提高学生能力来组织的同时要关注学生的情感、具体思维、实际活动和道德行为，从而正确地引导学生向着正确的学习目标努力。

(二)合理运用表扬的激励方式

教师及时地表扬对学生来说也是十分必要的。在教学中，学生经过努力达到了预期的学习目标，就会得到教师和同学们的认可以及表扬。他就会因此得到快乐的情绪体验，进而产生巨大的推动力，激发其积极性、主动性和创造性，从而更努力地投入学习，去追求新的成功体验，最终形成正确的学习目标定向。但体育教师在运用表扬激励教学时，应多进行学生自身的纵向表现对比，减少学生与学生之间的横向对比，使学生的满足感和价值感源于自我能力的提升，使学生更多关注知识的掌握和自身能力的提高。与此同时，也要注意表扬先进、鼓励后进的原则或者分层教学，这样可以使所有的学生都能获得成功的体验。

▤ 知识拓展 8-1

教师的表扬方式是否恰当

一位体育教师上过两次跳高课后，为了进一步强化学生跳高技术的正确表象，他找到一个个子高、身体素质好，并且能够较好地完成动作技术的学生进行示范。该学生较好地完成跳高的各项动作技术后，教师作了这样的表扬："你看，×××能够跳过这么高的高度，真的是很棒啊。同样是我教，你们怎么就不行？"

显然，这位教师的表扬是不恰当的，原因如下所示。

(1) 该教师说"能跳这么高的高度，真的是很棒"，这句话只强调了学生跳过的高度，而没有指出"棒"在什么地方，即没有分析该学生跳高技术动作的优点，这种表扬方式易导致其他学生只关注能否跳过这样的高度，容易形成成绩目标定向，不利于学生技能的学习。

(2) 该教师说"同样是我教，你们怎么就不行"，这在一定程度上增强了学生之间横向对比的意识，教师没有考虑到学生之间的能力差异，易使学生更加关注与他人对比的结果，这样不仅不易使学生形成学习目标定向，还易使一部分学生的自尊心受到伤害。

(资料来源：季浏. 体育心理学[M]. 北京：高等教育出版社，2006.)

(三)合理采用分组教学的形式

教师在教学中应注意给学生提供合作学习的机会。在分组教学时，采用多样的小组划分方法，鼓励学生合作学习。在合作学习环境中，个体的成功依赖于小组的成功，此时的比较也是基于小组之间的比较，淡化了个体的能力比较，使学生关注如何更好地共同完成任务，提升自我成绩的同时还增强了团队意识。如果存在个别"浑水摸鱼"的现象，还可以让同学之间互帮互学，提高学生的学习主动性，进而极大提高学习质量与教学效果，从而提升学生的社会适应能力与心理健康水平。

📄 知识拓展 8-2

在进行长跑教学时，体育教师可以将全班学生分成 3~4 组进行练习。教师可以组织学生进行团队之间的长跑比赛。比赛中，教师对个人的成绩进行记录但不要公布，而是根据每名学生的最终成绩相加得出该团队的平均总成绩。这样做，可以使得团队中每名成员都更多关注自己成绩的提高，而不是和其他同学的成绩比较。另外，长跑教学以团队的形式开展，也便于学生之间相互鼓励和帮助，进一步提高了学生的兴趣，增强了学生的团队意识，促进了学生学习目标定向的形成。

当然，教师在教授其他教学内容时，也可以采用分组的形式灵活地组织教学。

(资料来源：季浏. 体育心理学[M]. 北京：高等教育出版社，2006.)

(四)合理的评价方式

评价具有一定的导向作用。合理的评价方式不仅可以促进学生积极地学习，还有利于学生学习目标定向的形成；不合理的评价方式不仅会增强学生之间的竞争，导致一些学生的挫败感，还不利于学生学习目标定向的形成。

一般来说，对学生的评价有过程评价和结果评价两种。教师通常采用结果评价，评判学生的成绩或不足。给学生打分会使学生之间产生比较的心理，花大量的时间和精力关注他人的表现和分数，将注意力指向成绩目标而非学习目标。如果教师在教学过程中针对学生的学习策略和所取得的进步对学生进行评价，向学生反馈他们进步的情况，并分阶段、分情况向学生反馈他们的优点和缺点等信息，就会引导学生更多地进行自我比较，使学生相信只要付出了努力就会在原有基础上有所提高，对于自己来说，这就是成功，这种评价方式易使学生形成学习目标定向。

第二节　体育活动中的目标设置

体育是提高人民健康水平的重要途径，是满足人民群众对美好生活向往、促进人的全面发展的重要手段，是促进经济社会发展的重要动力，是展示国家文化软实力的重要平台。在体育教学和运动训练活动中，应聚焦人类发展多元化、多层次性。根据实际情况设置切实有效的目标来激发学生的学习兴趣，让学生体验达成目标的成就感，从而提升学生的学习效果，培养学生终生锻炼意识和独立自主的学习能力，加强学生知识创新性发展和创造性转化，实现学生的运动成绩和精神文明双丰收，进而满足人的全面发展，最终满足当今世界发展大变局的时代潮流和新趋势。

一、目标设置概述

(一)目标设置的含义

目标设置理论，是美国马里兰大学管理学兼心理学教授洛克 1968 年提出的一种理论。目标设置理论提出的主要依据是"有意识的目标影响人的行为"(杨秀君，2004)这一假设。目标设置理论认为，目标本身具有激励作用，目标能把人的需要转化成动机，使人们的行为朝一个方向努力。同时将自己行为的结果与既定的目标相对照，并及时进行调整和修正，从而实现目标(张美兰，1999)。在体育活动中，目标设置是根据学生的体育能力和技能水平，确定在一定的时间期限内所要达到的体育学习目标和身体锻炼目标，以及达到目标所采用的步骤、策略和时间安排(祝蓓里，2000)。

(二)目标设置的作用

在体育教学中，合理的目标设置能够从以下 4 个方面影响学生参加体育活动的行为表现和参与效果。

(1) 能够将学生的注意力和行为集中到体育活动任务上。

(2) 能够激发学生的学习动机并动员其能量，提高学生的运动表现水平。

(3) 能够让学生长时间地坚持参加体育活动。

(4) 能够使学生为完成体育活动目标而主动地设计、执行最适合的实现目标的策略和手段。

(三)体育活动中有效目标设置的原则

1. 根据学生的实际能力设置目标

设置目标时，体育教师对学生的能力以及学生对自己的能力的恰当评价与判断是设置成功目标的重要依据。如果不能正确地分析和评价学生的实际能力，有可能制定出过高或过低的目标，也就是不切合实际的目标。过高的目标会高估学生的实际能力，易使学生产生畏惧感和挫折感，不利于目标的实现；过低的目标又会降低学生的运动动机，不能激发他们的挑战愿望，容易使学生的实际能力得不到充分发挥。因此，设置目标时，体育教师应认真分析和评价学生现实的体能水平、运动技能水平以及心理素质，以制定合理的目标，如图 8-1 所示。

📎 **知识拓展 8-3**

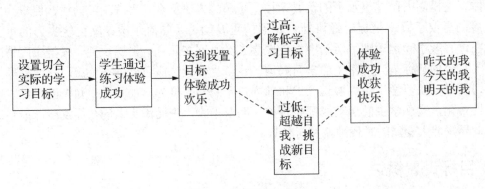

图 8-1　设置学习目标

(资料来源：张振华. 体育教学理论与方法[M]. 北京：北京师范大学出版社，2016.)

2. 设置明确、具体、可测量且容易观察的目标

明确、具体、可测量且容易观察的目标是可以用语言进行描述或用文字加以记录的目标，即可以用次数、米数、秒数等可测定的量来确定的数字目标。例如，一名男生的 100 米跑，目前的成绩是 12.3 秒，体育教师提出一个月后要快 0.3 秒即达到 12 秒，这就是一个具体而明确的目标。如果体育教师向这名学生提出"再跑快点""再努力些"等目标，就是模糊、笼统的目标。

明确的目标可以使学生更清楚要做什么、怎么做，付出多大的努力才能达到目标。具体、明确的目标不仅有助于引导学生形成明确而有效的追求成功的行为，还有助于对目标进行评价，有助于定量化地检验学生是否达到了目标，特别是对于运动动机和技能水平较低的学生尤为重要。相反，"再跑快点""尽最大努力"等这些笼统、模糊的目标就如同没有目标，不利于引导学生的行为和对学生进行合理的评价。因此，在体育教学中，体育教师应尽量引导、帮助学生设置明确的目标。

许多研究表明，设置具体的、可测量的目标比设置一般的目标("尽最大努力")产生的动机推动作用更大并取得更好的成绩(马启伟等，1998)。

3. 设置既有挑战性又有可实现性的目标

一个好的目标应该既有一定的难度又是可实现的。目标最好是学生要经过较大努力才能达到的。只有这样的目标才具有挑战性，才能够激发学生的运动动机。如果目标太容易完成，学生觉得没有挑战性，就无法激发学生学习和锻炼的动机。相反，如果目标太高，学生反复努力后仍达不到，就会产生挫折感，怀疑自己的能力，降低动机水平，甚至放弃努力(见图 8-2)。这就要求体育教师在给学生设置目标时，既要掌握学生的身体发育规律和各项目的运动特点，又要了解每个学生的实际能力和学生对自己能力的自我评价。因为同一目标，教师认为按学生的实际能力应该能够达到，但学生自己认为达不到，那么，这个目标对学生来说就是不合适的目标。因此，为了保证目标既有难度又有可能实现，可将学生最近的能力水平作为参考，并在必要时修正目标以适应情况的变化。

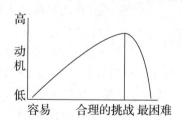

图 8-2 动机与目标难度的关系曲线

4. 设置长期与短期相结合的目标

一般而言，短期目标比长期目标有效，对人的行为更容易产生立竿见影的推动作用，但必须有长期目标的引导，行动才能更加自觉和坚持不懈。因此，体育教师在给学生设置目标时，应将长期目标与短期目标相结合，并将长期目标划分为一个个短期的子目标，子目标被一一实现后，就会自然增加长期目标实现的可能性。

长期目标与短期目标结合最理想的是使用"阶梯形"目标设置。首先，确定学生经过

努力奋斗所能达到的最终目标；其次，确定目前学生完成该项运动的基础水平或一般水平表现；最后，确定几个指向于实现最终目标并且难度逐步增加的目标。

📖 知识拓展 8-4

在篮球教学过程中，一个学生定位投篮的命中率为 30%，体育教师向该生提出在期末要达到 80%命中率的终极目标。刚开始，学生认为这一目标很难实现，有知难而退的心理。这时，体育教师要帮助学生将这一终极目标分解成阶段性、分级的子目标，最低一级的目标依据学生当前个人能力而定。该学生的当前投篮命中率为 30%，那么，子目标一为提高 10%，命中率达 40%以上；子目标二为提高 20%，命中率达 50%以上；子目标三为提高 30%，命中率达 60%以上；子目标四为提高 40%，命中率达 70%以上；子目标五为提高 50%，从而达到终极目标——命中率达 80%以上(见图 8-3)。在实现子目标的过程中，体育教师要时刻观察学生实现目标的过程和行为表现，若发现学生达到下一个目标有困难时，应从两个方面来分析：一个可能是子目标的阶梯设置过高，超出了学生现有的能力和水平，此时可以把"阶梯目标"分解成两个或更多的阶梯；另一个可能是学生没有得到恰当的指导，不清楚如何去完成下一个阶梯目标或克服阻碍达到下一个阶梯目标所需要的技能，这就需要体育教师协助学生掌握这个技能。

阶
段
目
标

子目标五：提高50%，命中率达80%以上
子目标四：提高40%，命中率达70%以上
子目标三：提高30%，命中率达60%以上
子目标二：提高20%，命中率达50%以上
子目标一：提高10%，命中率达40%以上
基础水平：当前的投篮命中率30%

图 8-3　定位投篮"阶梯型"目标的设置方法

(资料来源：季浏.体育心理学[M].北京：高等教育出版社，2006.)

5. 既要设置目标又要提供反馈

对设置的目标提供反馈，有助于学生了解在向目标努力的道路上的活动情况，并做出及时调整和改进。例如，一项研究将 80 名自行车运动员安排在 4 种不同的训练条件下进行练习，20 名运动员只设置了具体的活动完成目标；20 名运动员仅获得了完成活动的信息反馈，但没有设置目标；20 名运动员既设置了目标也获得了信息反馈；20 名运动员既没有设置目标也没有获得信息反馈(控制组)。研究结果显示，设置目标结合信息反馈对改进运动员的表现效果最佳(见图 8-4)。李云清等(2008)的研究也进一步说明了"既设置目标又提供反馈"大学生组的排球技术水平提高情况最好，其次是"只设置目标不提供反馈"的大学生组，最后是"无目标设置也不提供信息反馈"的大学生组。因此，在体育教学中，体育教师要根据学生的实际情况设置恰当有效的目标并及时提供反馈信息，能够激发学生体育学习的潜能，促进学生更好地掌握运动技能，提高锻炼效果。另外，教师对学生的反馈应以积极、肯定为主，并指出其今后努力与改进的方向。

6. 应尽量设置技术动作完成目标，而不是结果目标

技术动作完成目标，是指学生要完成的技术动作的标准(在网球发球向前挥拍时，要伸

直手臂)。而结果目标，是指学生将注意力集中于最终是否能够获胜上(在比赛中要击败对手)。例如，在比赛中要击败对手的这种结果目标，只有部分处于我们的控制之中，要实现这个目标还取决于对手的表现以及个人能力控制范围以外因素的影响，如裁判、场地、气候以及观众等。由此可见，对技术动作的控制要优于对比赛结果的控制。

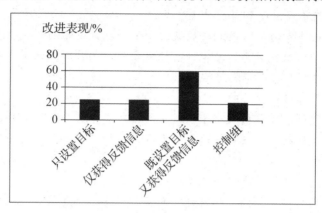

图 8-4　设置目标结合信息反馈对改进运动员表现的效果

另外，学生建立结果目标后，会把注意力集中在取胜上，这会削弱对技术动作的注意，反而不利于技术动作的完成。况且结果目标是不容易调整的，如果不能取胜，学生就会因此产生挫败感，对自己的能力产生怀疑。相反，技术完成目标是可以调整的。例如，学生第一次设置的目标为：网球第一发球的入区率为 70%，如果这一目标没有达到，那么，学生可以将目标调整为 65%，这样的目标设置不会对学生的心理产生消极影响。事实上，技术动作完成目标更加有利于引导学生将注意力集中在需要练习的任务上，学生也会更有自信，焦虑情绪也会更少，技术动作完成得也就更好。所以，在体育教学过程中，体育教师应该引导学生尽量设置技术动作完成目标，而不是结果目标。

7. 教师与学生共同制定目标

在体育教学中，教师和学生一起制定目标不仅尊重学生的个人意志，促进教师与学生之间的相互交流和沟通，还有助于学生提高责任感和积极性，充分发挥学生的创造性。在教学过程中，教师应努力营造一种民主的氛围，让学生参与到目标的制定中。例如，在足球教学课上进行头顶球的练习时，教师可以让每个学生报出自己目前的头顶球次数，将水平相同的人分在一组，然后，教师与各组学生一起分别制定各组努力达到的头顶球次数。这样做既体现了学生的个人意愿，使学生明确自己的责任，又充分考虑到了学生的个体差异，有利于激发学生的动机。

📑 知识拓展 8-5

这名学生的目标设置合理吗?

请思考下面这位体育教师和体态偏胖的中学生的谈话。
老师：你吃这么少，你现在是不是在减肥?
学生：是的，减肥只是我今年的目标之一。

老师：你今年都有哪些目标？

学生：学习成绩达到全班优秀、减肥成功、成为一名强壮的足球校队队员。

老师：为实现这三个长达一年的目标，你每周有没有设置一些具体的目标？

学生：没有。这三个目标都是我今年的目标。

老师：你觉得自己有没有朝目标更近一些？

学生：现在我还不知道，可能到年底就会知道。但最近的问题是，当我在学校测验中成绩不太好时，回到家我就会暴饮暴食一些垃圾食品。而且那几天我也对足球产生厌倦。我只想待在家里看电视，甚至都不想学习。

老师：为什么会有这种情况？

学生：因为我觉得实现目标太难了。过去的三年我曾经设置了同样的目标，但我的体重不减反增，我的足球技能也没有提高，更没有进入校队，而且我的分数也没有达到全班优秀，这太不公平了！

在这个案例中，这位学生在过去三年中每年都设置了相同的目标。但他所设置的目标不是清晰的、具体的、可操作的，而且设置的目标过多、难度偏大。这就导致该学生在一些不切实际的希望上浪费时间和精力。此时教师应指导学生，教会他如何把愿望转化为具体的、现实的、可操作的目标，将短期目标和长期目标相结合，并教会他怎样处理这些目标，让梦想成真！

(资料来源：季浏. 体育心理学[M]. 北京：高等教育出版社，2006.)

📖 引导案例分析

还记得本章开头马拉松运动员山田本一的故事吗？这案例主要说明如何设置明确的运动目标。案例中的山田本一每次比赛之前，都乘车把比赛的路线仔细地看一遍，并把沿途比较醒目的标志画下来作为自己赛程设置的目标，这样一直画到比赛结束。他把很长很难完成的目标分解成几个小的相对容易完成的目标，这样跑起来就轻松多了。因为目标本身具有激励作用，目标能把人的需要转化成动机，使人们的行为朝一个方向努力。并将自己行为的结果与既定的目标相对照，及时进行调整和修正，从而实现目标。

进一步来讲，设置具体、明确的目标不仅有助于引导学生形成明确而有效的追求成功的行为，而且有助于对目标进行评价，有助于定量地检验是否达到了目标。根据实际情况设置切实有效的目标可以激发学生的兴趣，让学生体验达成目标的成就感从而提升学习效果。案例中山田本一开始把目标定在终点线的旗帜上，结果跑到十几公里的时候就疲惫不堪了，被前面那段遥远的路吓到了。也就是说，设置目标时，要正确地分析和评价实际能力，设置合理的目标，过高或者过低的目标都不利于目标的实现。山田本一在比赛的时候能切实设置符合自己的目标，所以取得成功，成为著名的马拉松运动员。因此，设置目标时，应认真分析和评价自己的体能水平、运动技能水平以及心理素质，设置合理的目标。在体育教学中，应尽量引导、帮助学生设置明确的目标。在运动训练中，设置明确的目标可以使学生更清楚要做什么、怎么做，付出多大的努力才能达到目标。

二、体育课程目标

体育课程目标.mp4

课程目标是课程的精神和品格，是课程预设的蓝图与要实现的结果，是课程研究的核心问题之一。体育课程目标具有指向性、引导性和预测性，揭示课程目标的含义、功能与教学目标之间的关系，明晰体育教学体系的设置、组织、实施、评价反馈的步骤，让教师在实践教学中科学地利用课程"目标"设置，提高体育课程教学的实效性。

(一)课程目标的含义

课程目标是教育活动最根本的特性，是教育目的和培养的具体化。为此，所有教育目的只有通过课程目标内化才能得以实现。课程目标的存在使教学的各种设计得以彰显。因此，课程目标和内容是教学的核心，它们是课程与教学实施的方向、标准和依据。所谓课程目标，是指在课程设计与开发过程中，课程本身所要具体实现的要求。即学习者一定阶段的学习过程后，在知识、技能、思想等素养方面所应达到的程度。

(二)课程目标的特点

(1) 整体性：各个目标彼此之间互相联系、互相兼容，并非彼此孤立。
(2) 连续性：高年级的课程目标是低年级课程目标的继续发展和深化。
(3) 层次性：技能和情感目标的实现，需要在知识的基础上培养和形成。
(4) 积累性：下位目标是上位目标的具体表现，没有低级目标的实现，就难以达到高级目标。

(三)课程目标的功能

美国学者麦克唐纳指出，"教育目标的功能随着目标水平的不同(宏观、中观、微观)而各异。"它们有着共同的功能，这就是说，通过明确教育活动的目标，旨在达到目标的最优内容和方法，并且成为评价教育教学活动结果的一种标准。具体描述了五种功能：一是明确教育进展的方向；二是吸取理想的学习经验；三是界定教育计划的范围；四是提示教育计划的要求；五是作为评价的重要基础。所以课程目标必然具有激发和维持动机的功能，规定组织和协调师生行为的导向功能，以及检验、评估实际结果的标准功能。

(四)课程目标的价值取向

目标的实现受人的制约和影响，人是理性的存在，不是价值无涉。因此，课程目标的制约必然会具有一种主观倾向，表现出一定的价值取向。无论是以知识取向作为制定课程目标的基础，还是以社会取向作为课程目标制定的基础，抑或是以学生取向作为课程目标的制定基础，都是制定课程目标必须关注和思考的。研究发现，每一种价值取向都存在一定的局限性。本着"扬弃"的思想，化解彼此二元对立的关系，将三者科学有机地整合，发挥课程目标最优的功能就是至关重要的当务之急。

知识拓展 8-6

各国体育目标示例

共同目标如下。

(1) 促进学生身体素质和体力的增强。

(2) 养成学生运用体育基本运动技能、技术和知识的习惯。

(3) 为学生提供休闲、娱乐的方法、手段和知识。

(4) 使学生习得健康生活的知识，形成良好的生活习惯。

(5) 奠定学生终身体育运动的能力。

其他课程目标如下。

(1) 使学生学会多种运动技能并领悟身体运动的价值的同时，把运动与个人生活和人格培养、公民的道德责任等相结合为主要目标的国家有美国、英国、意大利、德国、丹麦、日本等。

(2) 以休闲、娱乐、幸福生活为主要指向的国家有西班牙、挪威、瑞典、荷兰、新西兰、南非等。

(3) 以预防疾病，促进身体健康，增进劳动能力提高的国家有泰国、以色列、埃及等。

(4) 以追求体育促进国家友谊发展的国家有中国、俄罗斯、韩国。

不同体育目标的基本特点如下。

美国学校体育课程目标设置的特点：提高基础学力，与自然、社会和谐相处，发展终身体育学习的能力和义务感。

日本学校体育课程目标设置的特点：奠定终身体育学习的基础，促进个性体育能力的发展。

英国学校体育课程目标设置的特点：注重培养终身体育学习社会中公民的基础能力，并将其具体化为六项技能，最终指向四种共同的价值形成。

中国学校体育课程目标设置的特点：课程要促进学生身心健康发展，培养良好的道德品质，养成终身体育学习的愿望和能力。

(资料来源：张振华. 体育课程学[M]. 北京：北京师范大学出版社，2020.)

第三节　体育活动中团队目标的设置方法

现在的教育教学理论认为，学校教育的工作重心不仅是教给学生固有的知识，还是塑造适应知识型社会的新型的人格，提供终身参与体育活动和运动技能、态度、价值观。体育活动的终极目标是促进人的全面发展，促进社会文明进步，促进和平美好的人类世界的建立。构建人类命运共同体是引领时代的潮流和前进的方向。基于此，在体育活动中试图让学生在一定的时间内运用团队因素使他们相互交流、相互配合、相互依赖、互相尊重，在行动上规范一致，为达成一个体育目标或多个体育目标共同努力，提高他们的学习主动性，提高他们的学习成绩，以达到他们适应社会性的培养目的，与时俱进，持续发展。

一、团队的概念

组织行为学权威、美国圣迭戈大学的管理学教授斯蒂芬·P. 罗宾斯(Stephen P. Robbins)认为，团队是一种为了实现某一目标而由相互协作的个体组成的正式群体。从这个定义可以看出，团队具有 4 个特点，即成员之间相互依存；成员之间相互协调；团队以实现共同目标为主要任务；团队成员对团队的成败负有责任。

📑 知识拓展 8-7

"梦之队"不能成就梦想

大家对 NBA(美国职业篮球联赛)都不陌生，NBA 可以说代表了世界竞技篮球的最高水平。近几年，美国篮球协会从 NBA 选出一些顶尖球员组成"梦之队"来参加世界大赛，但是"梦之队"在 2002 年的第 14 届世锦赛中仅取得第 6 名的成绩，2004 年的奥运会也勉强取得第 3 名的成绩。为什么这样一个由高水平运动员组成的队伍却取得如此出人意料的成绩？

出现这种情况的原因很可能是：他们虽然是一个球队，但不是一支真正的篮球团队。他们之间没有相互依存的关系，加上平时不经常在一起，相互之间的协调沟通并不默契，没有形成有效的团队意识。

(资料来源：季浏. 体育心理学[M]. 北京：高等教育出版社，2006.)

二、团队目标的作用

团队目标是一个有意识地选择并能表达出来的方向，它运用团队成员的才能和能力促进组织的发展，使团队成员有一种成就感。具体来说，团队目标对于一支运动团队有以下几个方面的功能。

(1) 团队目标具有凝聚作用。在集体项目比赛中，大家在心里形成一个强烈、明确的目标后，在这个目标的指引下，团队中所有人的注意力就会集中在比赛上。

(2) 团队目标具有导向作用。目标不仅仅是一个结果，更重要的是，它也规定了实现这个目标的方法、措施和步骤。例如，在一场比赛中，目标就是要赢得这场比赛，按照这样的目标，团队成员会制定相应的策略，例如，失利的时候如何打比赛，有优势的时候采用什么样的策略进行比赛，僵持不下的时候又采用什么方法打破僵局，等等。因此，目标对于团队所采取的方法和策略具有导向性的作用。

(3) 团队目标具有激励作用。明确的目标能够使人看到前景，能够起到鼓舞人心、振奋精神的作用；制定的目标本身具有一定的挑战性，这种挑战性可以激发人的积极性和创造性；当团队目标实现后，团队成员会产生一种满足感和自豪感，这种满足感和自豪感会激励每一名团队成员以更大的热情和信心去承担更重要的任务。另外，团队目标也是评价团队各项工作成绩、质量的尺度。

三、团队目标的设置方法

团队目标的
设置方法.mp4

在体育运动中，团队目标的设置过程一般有计划、执行、检查三个阶段。

(一)计划阶段

1. 目标确定环节

在组建运动团队时，不仅团队的教练、教师要对团队总体状况进行总结，团队中的每个成员也要对团队总体状况进行总结。总结主要包括以下内容：所制定的团队目标及个人目标的达成情况；竞争对手的情况反馈；该运动项目在本省、市各学校中的总体发展情况；等等。其中，重点需要总结的是本团队取得的主要成就和存在的主要问题，然后初步确定这一阶段的主要任务及工作重点。

目标确定环节要注意以下几点。

(1) 由谁来确定团队目标非常重要：对于团队来说，目标的确定首先是团队中的教师、教练必须参与；其次是团队的核心成员或团队的全体成员参与。

(2) 团队的目标必须与团队的目的相联系。目标是朝向目的的，它是达到目的的阶梯。

(3) 采用一定的程序来随时调整或修正目标。有时候最初定下来的目标不一定适合现实情况，所以还需要根据实际情况，随时纠正目标的偏向，把目标引导到正确的方向上来。

(4) 注意将个人目标和团队目标结合起来。个人的目标来自团队的目标，而且对于团队的目标起支持性的作用。

(5) 及时传达团队目标。目标确定后，必须有效地把目标传达给所有的团队成员及相关者。这些相关者可能是团队外部的成员以及对团队负责的上级部门等。

此外，制定团队目标的过程中还要注意"四要""四不要"。

(1) 要用准确的、描述性的语言，如要在 3 天内解决团队成员之间沟通不畅的情况，就是一个准确的描述性目标；不要使用形容词或副词来描述目标，如对待比赛要更敬业一些，就是一个比较含糊的表述。

(2) 要用积极的动词来描述目标，如增加、提升、取得等；不要使用一些模糊的动词，如熟悉、了解等词语。因为不同的人对于熟悉、了解的理解程度是不一样的。

(3) 要用具体、明确的词语，如运动队每 3 天公布 1 次每名运动员的训练出勤情况，而不要说运动队定期公布运动员的训练出勤情况。

(4) 要用简单而有意义的衡量标准，如从 10 月 1 日到 10 月 30 日，排球的传球成功率由 70%提高到 78%，而不要泛泛地说"进一步提高传球的成功率"。

2. 目标分解环节

目标分解环节也需要由上而下与由下而上相结合共同参与。团队目标进行分解的过程就是按照"SMART"原则制定团队目标的过程。"SMART"是五个英文单词的大写首字母，把它们组合在一起称为"SMART"原则。

(1) "S"表示 specific，即明确性，在制定团队目标的时候，首先必须做到清楚、明确、具体。

(2) "M"表示 measurable，即衡量性。

(3) "A"表示 acceptable，即可接受性，也就是说，目标确定后，团队成员可以接受，也愿意接受。

(4) "R"表示 realistic，即实际性，这个目标要是现实的、可行的、可操作的。

(5) "T"表示 timed，即时限性，也就是有时间限制的。

如果一个目标符合"SMART"原则，它就是一个好的目标。一个目标制定完毕以后，接下来就是将其转化为详细的工作计划，转化时一般应注意以下几点。

(1) 确定目前的情况以及所要达到的目的。

(2) 为了达到这个目的，需要采取什么样的行动步骤，第一步做什么，第二步做什么……需要怎么做才能达到。

(3) 将责任分配到每一个团队成员。

(4) 要规定完成这个目标的开始时间和结束时间。例如，为一名排球运动员设置目标，对该队员在排球中各项技能的掌握情况进行评价，用"+""0""–"来表示该队员各项技能掌握得好坏，对于那些掌握情况不是很好的技能在"特定需要"中指出其主要的问题；在"特定目标"栏中，明确指出该队员达到目标的时间、标准以及实现目标的方法(见表 8-1)。

表 8-1 针对排球运动员的目标设置

姓名　　　　位置　　　　日期

技能	评价			特定需要	特定目标
	+	0	–		
发球	√				
接发球			√	传给二传手的球不准	到 10 月 15 日，传球成功率达到 75%
传球	√				
扣球			√	被拦网	增大扣球角度，到 10 月 15 日，达到 75%的扣球成功率
拦网		√			
救球		√			

(资料来源：理查德·考克斯. 运动心理学——概念与应用[M]. 张力为，等译. 北京：清华大学出版社，2003.)

(5) 确定完成这些目标所需要的人力、物力资源，如需要提供什么样的训练条件和需要哪方面的支持等。

(6) 要注意跟踪反馈，即这些目标什么时候去追踪检查一次，由谁来追踪检查，由谁来检查验收目标是否实现，这些都是在将目标转变成计划时需要注意的问题。

(二)执行阶段

每一个团队成员都有了具体的、定量的目标后，他们就会自觉地努力去实现这些目标，并对照目标进行自我检查、自我控制和自我管理。通过监督、反馈来完善控制系统，保障目标的实现。目标执行环节需要注意以下几点。

1. 利用团队目标实现团队成员的自我控制与自我管理

利用目标规范团队成员的行为，其最大优点是使团队成员改掉只有在别人的控制下才能工作的习惯，更多地选择自我控制的方法进行工作。自我控制表达了团队成员是自我要求做得更好，而不是敷衍了事的愿望。

在目标完成的过程中，最重要的一个要素是将团队成员实现目标的进展情况不断地反馈给团队，每天都将队员的目标完成情况进行公布，必要时还进行一定的排序，并将这些结果反馈给每个成员，以激励优秀者，鞭策落后者。团队成员也要经常对自己目标的完成情况进行分析，检讨自己，找出自己训练中存在的问题，以便及时自我调整或得到教练和其他队员的支持。这种双向互动活动能够有效地排除队员对目标考核的对立情绪。

2. 监督与咨询

在目标的实施阶段，团队领导的监督是必要的，更多的是监督事先制定的目标是否实现，而不是对实现目标的手段进行过多的干预。把实现目标的方法、手段充分授权给团队成员，并明确其责任，给他们更大的自主空间，充分激发队员的热情。对于一些特殊情况，团队领导还要提供必要的训练手段、方法、途径和策略。

教师或教练要追踪检查一些重点目标的完成情况以及计划工作的执行进度，并以此为指标，对那些偏离计划的队员及时进行沟通和调查，找出问题，提供建议，寻找策略，甚至对一些例外情况做出调整，对于表现优秀且能够按照预定目标和计划进行的队员不要过多干涉。

3. 反馈与指导

实践操作中，往往会有意料之外的情况发生，团队成员应及时将情况反馈给教师或教练，以便及时解决问题，防患于未然，同时也能让教师或教练及时了解学生或队员的行为动向。

反馈与指导有正式和非正式两种。正式的反馈和指导，如定期召开小组会，与队员共同讨论训练情况和完成目标的情况，当出现问题时，根据队员的要求进行专门的研讨。非正式的反馈与指导，如教练可以在任何时候到队员中间了解情况，并同队员聊天，了解他们关于训练和对目标的看法等。

在实际工作中，反馈与指导能培养和提高队员的能力。实践与研究表明，及时的和具有建设性的反馈与指导往往是帮助队员实现目标的最有效沟通方式。通过阶段性的评价反馈，可以帮助队员了解什么是好的以及需要做出什么改进。

4. 信息管理

信息在设置目标的过程中扮演着举足轻重的角色，确定目标需要获取大量的信息作为依据；分解目标也需要加工和处理信息；实施目标的过程也是信息传递与转换的过程。信息传递直接影响教练员与队员沟通的有效性、及时性和准确性。队员了解教练的态度和对他们的期望，知道实际目标与教练所要求的目标符合程度，对于所遇到的困难也容易达成共识，加深双方的相互理解。

(三)检查阶段

1. 目标的激励与考核

设置团队目标后，仅靠团队教师或教练的监督是不够的，还需要建立、健全目标考核体系来引导、约束和激励团队成员的行为活动。引导和约束成员的个人行为与整个团队的目标执行情况在时间上和空间上相一致，并通过激励来引导成员的个人行为。队员通过目标进行自我控制，每一个成员都应该明确自己对实现团队的总目标应该做出的贡献。

另外，针对团队的总体目标设置出与之相配套的一系列短期目标，通过对短期目标的考核、评价、反馈来判断总体目标的实现情况。

2. 目标的检查和调节

对所取得的进步和成果进行检查和评价，即把取得的进步同原来制定的目标相比较。检查目标实施的进度、质量、均衡，以及目标对策(措施)的落实情况以便及时发现问题、解决问题。与此同时，也需要检查其他问题，及时防止偏差的出现。例如，不宜过分强调定量指标而忽视定性的内容，且要根据多变的环境及时调整目标等。

四、设置团队目标时应该注意的问题

(1) 不要设立高不可攀的目标。因为一个高不可攀的目标非但不能激励团队成员，反而会使团队成员泄气。例如，一支运动队在本市排名为第 10 名，今年定下的目标是要拿下全国同类比赛的冠军。这样的目标对该运动队的运动员来说就是一个高不可攀的目标。

(2) 不要低估团队成员的潜力。一般来说，他们有能力完成一个比现在更好的目标。

(3) 在制定团队目标时，不要用太多的文字或数字，因为这让大家很难记住。一个好的目标应该简洁、可操作。

(4) 设置的团队目标时要通过各种渠道让团队的所有成员都知道，好的目标应该是整个团队共享的目标。

📖 拓展阅读

多元教育理念下学校体育文化目标的变迁

多元教育理念是学校体育继终身体育后又一个重要的教育理念和实践进步。这一理念突破了学校体育长期以来只在狭小的"三基"里面打圈圈的偏向；拓展与人可持续发展的一致性目标；如果说传统体育教育目标更多的是从"如何教"的角度强调体育教育，那么新体育教育目标则是从"如何学"的角度进行体育教育的探讨；在指向对象方面，传统体育教育解决的是教学组织设计的逻辑问题，而新体育教育观则从知识与人、知识与生活、知识与社会，即教育的整体角度进行体育教育目标的研究和体系的建构。这一理念使学校体育得到最充分的认可、体现，并增加了丰富的新内容；使教师为掌握而教，学生为掌握而学，真正享受和体验到体育运动的乐趣和体育学习的意义。不仅使当今学习目标定向发生重大的转变，而且对传统的教学模式也产生了革命性的影响。其提出的教与学观：①植根于学习者的经验；②知识源于社会的建构；③关注学习者潜能的发展；④重视互动的学习方式等观点,对学习目标的性质赋予了一种新的理解和表述,促使我们深刻地认识到,传统教学认识论仅限于第一范畴(认知过程),而忽视了第二范畴(社会过程)与第三范畴(内省过程)。启示我们从个人与社会两个角度去定向知识学习目标,理解学习是"社会协商"、学习是积极参与中的"个体建构"等概念。相信这对学生如何对待学习,教师如何进行教学设计都具有一定的启发。

本 章 小 结

体育活动目标的设置体现了学生学习目的的内容和行为,为实践提供了具体的方向和指引,是价值的出发点,也是实践结果的终结点。在体育活动中,体育教师不仅为学生提供知识价值取向,也为具体实践指明方向、标准和依据。本章分别讨论了体育活动的目标定向、学习目标定向和成绩目标定向,培养学生的学习目标定向的方法;目标设置的含义、作用及原则;团队目标的作用及设置方法。

思考与练习

1. 如何在体育教学中让学生形成学习目标定向?
2. 试述体育活动中学习目标定向者和成绩目标定向者在成就动机和行为方面的差异。
3. 简述体育活动中目标设置的含义和作用。
4. 试述体育活动中有效目标设置的原则。
5. 请结合自己以及周围的人在运动中的表现,分析自己及他人是什么目标定向。
6. 根据目标设置的原则,为自己设置学习某一运动项目的目标。
7. 请结合某一集体项目,为该项目的发展设置一个团队目标。

一个能思想的人，才真是一个力量无边的人。

——巴尔扎克

第九章　唤醒、焦虑、心境状态
与运动表现

本章学习目标

- 了解应激、唤醒、焦虑和心境状态的定义。
- 明白唤醒水平影响运动表现的主要理论观点与假设。
- 理解心境状态的概念。
- 掌握心境状态的测量方法。
- 了解体育锻炼与心境状态改善的关系。
- 学会应用 POMS 量表对运动训练进行监测。
- 了解交互作用理论对运动行为表现的预测。

核心概念

应激　唤醒　焦虑　特质焦虑　状态焦虑　心境状态　优势反应　倒 U 形假说
POMS　运动监测　冰山剖面图　交互作用理论

天赋运动员"由于焦虑不得不放弃比赛"现象

张某，18 岁，是一个很有运动天赋的运动员，其不仅擅长集体项目，如篮球、足球，还喜欢田径个人项目，如短跑、跨栏等。

张某是倾向于完美主义的高焦虑年轻运动员。他在参加集体运动项目时，他的这种特质对他的发挥有极小的消极影响。他在大型赛事中虽然也会很紧张，但他的队友会帮他摆脱这种焦虑。队友的帮助似乎可以帮张某控制住焦虑对他的消极影响，如张某在篮球比赛时偶尔也会走神，但对比赛的结果影响很小。通常，只有张某的父母和他自己才明白那时他正遭受焦虑和紧张的煎熬。

但是，田径比赛就完全不是一回事了。张某是短跑和跨栏运动员，跑和跳要求速度和腿部力量，而张某的体力和体形尤其适合这两项运动。但不幸的是，他对失败的忧虑和担忧让他在比赛时总会受到影响。训练时，张某总是发挥很好。但在实际比赛时，情况就大不一样了。在比赛的前几天，张某就开始在思想上为比赛做准备。赛前，他的焦虑会随着比赛的临近，增至可怕的高度；而当比赛时，他几乎连路都不能走了，更别说跑和跳了，甚至有几次在重要比赛前，他还出现呕吐的情况。他的教练总是告诉他要学会放松，不要担心比赛，但对于如何做到这一点，教练并没有给过什么特别的建议。最后，教练决定不让张某参加他喜爱的田径比赛了，因为他拖累了整个运动队。那么，这究竟是为什么呢？

本章将简要介绍焦虑、唤醒和应激的概念，以及它们与运动表现之间的关系。

第一节　应激、唤醒、焦虑和心境状态的定义

一、应激概述

(一)应激的定义

应激概述.mp4

"应激"一词原是物理学概念在工业上的运用，指某种外力作用于物体而产生的反应改变(李维，1996)。20 世纪 30 年代，汉斯·塞利(Hans Selye)将"应激"一词引入生理学领域，认为应激是人体对所施要求做出的一种非特殊反应。人类和动物在经历和体验某种过度情境时产生的心理和生理的过程称为应激，又称为紧张。

(二)应激定义的理解

(1) 导致应激的刺激可以是躯体的、心理的和社会文化等因素，但是这些刺激物通常不能直接地引起人们的紧张，在刺激与应激之间还存在着许多中介因素，如个体健康水平、人格特征、经验阅历、应对能力、认知评价、信念以及所得社会性支持的质和量等，它们均可起到重要的调节作用。

(2) 应激不能只根据生理术语来界定，还应考虑应激的认知因素。在许多情境里，一个刺激的绝对量并不重要，重要的是它对个体的意义。一般来说，已有的知识和经验与当前事件的要求不一致，或新情境的要求是过去没有经历过的，容易产生相当的压力而导致紧张。此外，已有的经验使人对当前境遇还是感到无力应对和无法控制，也是应激产生的原因。

(3) 应激的产生具有一定的生理化学基础，它由网状丘脑投射系统向大脑提供的弥散性兴奋所诱发。神经递质的变化，特别是下丘脑—垂体—肾上腺系统的活动是应激产生的物质基础。

(4) 应激与多种情绪相结合形成复合情绪。例如，在应激产生的同时附加恐惧、震惊、愤怒、厌恶等，可发生焦虑性紧张；若附加痛苦、敌意、惧怕、失望等，则可表现为抑郁性紧张。过于强烈和持久的复合性应激情绪会产生明显的消极影响，如知觉狭窄、行动刻板、注意力被限制以及抑制在正常情境下应对策略的选择、减少思维中可利用的线索等，从而导致心理操作效率的降低。

(5) 知觉水平不同，应激程度也不一样。用积极的眼光知觉高的要求，试图通过达到高的目标率来迎接挑战，以便进一步获得尊重和自尊的人，他们往往由于建立非常高的标

准和目标而使自己陷于紧张的境地。

(6) 单纯的紧张性心理生理状态也可以成为身心活动的激励因素，而且在某些场合有积极的作用。它可以促使个体产生适当的"精神压力"和"紧迫感"，从而提高适应能力和工作效率。

二、唤醒概述

(一)唤醒的定义

唤醒是指机体总的生理性激活的不同状态或不同程度，是由感觉兴奋性水平、腺和激素水平以及肌肉的准备性所决定的一种生理和心理活动的准备状态(马启伟、张力为，1998)。当内外刺激作用于感受器产生的神经冲动沿传入神经进入延脑后，沿着两条通路行进：一条是特异性神经通路，它沿着延髓背侧，经中脑、间脑到达大脑皮层的特定区域，引起特定的感觉；另一条是非特异性神经通路，它沿着延髓腹侧，贯穿延髓、中脑、间脑的脑干网状结构，弥散性地投射到大脑皮层的广大区域，引起皮层下所经部位及皮质的兴奋，称为唤醒。

(二)唤醒定义的理解

(1) 唤醒有三种表现，即脑电唤醒(刺激使脑电出现去同步化的低压快波)、行为唤醒(非麻醉动物唤醒时伴随的行为变化)和植物性唤醒(较高水平刺激时植物性神经系统的活动)。三者既可以同时存在，也可以单独存在。唤醒对维持与改变大脑皮层的兴奋性和保持觉醒状态有重要作用。它为注意力的保持与集中以及意识状态提供能量支持。

(2) 每个人的唤醒水平总在从深睡到兴奋这条连续线上变化(见图 9-1)。与汽车发动机不同，人类的"发动机"永远处在工作状态，只要是正常活着的人，即使处于睡眠状态，仍在大脑和肌肉中存在着生物电。由此可以认为，唤醒具有一种自然的、连续的状态特征。研究显示，随着唤醒水平的提高，人们可以观察到心率、呼吸频率和出汗量等方面的变化。当唤醒超过一定程度并达到较高水平时，人们会体验到不快的情绪反应和与之相伴的自主神经系统的变化。此类适应不良的状况常被称为"压力"或"状态焦虑"。唤醒水平的变化与刺激的强度有着密切的关系，而与刺激的性质之间的相关性较小，即无论是令人高兴的还是痛苦的刺激，都可以在唤醒水平上出现相似的变化。

降低唤醒(深睡)　　中等唤醒(觉醒)　　极高唤醒(兴奋)

图 9-1　唤醒水平连续线

三、焦虑概述

(一)焦虑的定义

焦虑是个体在担忧自己不能达到目标或不能克服障碍而感到自尊心受到持续威胁的情

况下形成的一种紧张不安，并带有惧怕色彩的情绪状态(李维，1995)。只有体验到焦虑状态的本人才能直接描述这种焦虑的特点和强度，因此，研究者一般只能采用间接的方式来评估焦虑状态的现象学和生理学特征。这样，作为一种科学概念的焦虑状态就由测量中使用的具体程序和量表来进行操作性定义(张力为，2001)。焦虑状态包括三个主要内容，分别为情绪体验，威胁、不确定性和担心的认知表征以及生理唤醒。

(二)焦虑定义的理解

(1) 焦虑与唤醒在运动心理学的研究中之所以十分重要，是因为它们与运动员在比赛中水平的发挥和运动成绩有着极为重要的关系。从倒 U 形假说的提出，到多维焦虑理论、个人最佳功能区理论等的出现，研究者对这一问题的认识有了很大的进步。需要说明的是，在运动心理学的研究中，这一问题有时置于动机问题中，有时置于焦虑与应激问题中加以讨论的。

(2) 随着焦虑研究的深入和细化，产生了特质焦虑和状态焦虑的概念。特质焦虑，是指不同个体在焦虑倾向方面所表现出来的相对稳定的差异，属于个性心理的特征部分；状态焦虑则是一种在强度上有变化、随时间波动的短暂情绪反应(季浏，符明秋，1994)。在有关焦虑的测试量表中，当提问被试特质焦虑的问题时，往往是用"我一般感到……"的形式进行，而提问被试状态焦虑的问题时则常常以"我此时此刻感到……"来开头。较为稳定的特质焦虑对情绪或行为的影响是通过状态焦虑来实现的。在相同的应激条件下，高特质焦虑的个体更容易产生较高的状态焦虑，即这些个体对于刺激的敏感性更强，具有引起焦虑反应的潜质。

(3) 唤醒和焦虑代表的是不同的心理状态，还是同一种心理状态的不同强度水平，在运动心理学范围还未能对这个问题做出明确回答。因为在迄今为止的研究中，人们往往将"唤醒"的概念等同于"焦虑"，常常以状态焦虑测量来确定被试当时的唤醒水平，所以，这种概念的不明确甚至混淆还会持续。因此，在现阶段就有关内容的阐述中，将"唤醒水平"等同于"状态焦虑"也在所难免。

四、心境状态概述

(一)心境状态的定义

心境状态是由环境刺激引起的情绪或情感的唤醒状态，是具有感染力的微弱而持久，但并非永久的情绪状态。心境状态有积极和消极两种，积极的心境主要体现在精力感和幸福感两个方面；消极的心境包括抑郁、疲劳、惊慌、愤怒和紧张等情绪，消极心境所包含的这些情绪之间具有很高的相关性。

(二)心境状态定义的理解

心境状态产生的原因是多方面的，如事业的成就与挫折、生活中的重大事件、学习的好坏、教师的批评与表扬、运动竞赛的胜负、人际关系、身体状况以及自然环境等。凡此种种都可能唤起不同的心境状态。某种心境状态一旦被唤起，它能持续较长时间，如持续几小时、几天甚至几周，而且具有稳定而弥散的特征，会使人在心理上形成一种淡泊的背景，将在一段时间里影响主体对事物的态度，即当人们处于某种心境状态时，往往会以特定的情绪看待周围的各种事物，从而影响人的行为表现。例如，有愉快心境状态的人，仿佛一切事物都染上了"快乐的色彩"，总是体现出朝气蓬勃、乐观向上的精神面貌，"喜者见之而喜"，即使遇到困难，也能坦然面对并努力克服；一个人如果长期处在消极的心境状态下，"忧者见之而忧"，生理和心理机能都将受到影响，久而久之，会导致身心疾病。因此，心境的好坏不仅会影响主体对事物的态度，还会影响个人的身心健康。持续的、良好的情绪和情感使人们对生活充满热爱，对自己充满信心，思维活跃，富于创造性，爱好广泛，行为积极主动，乐于交往，并能与人建立相互信任、理解的友好关系。反之，一个人处在持续的消极情绪和过度的情绪反应中，如压抑、焦虑、紧张、恐惧、悲观等，将严重危害其身心健康。

第二节　唤醒、焦虑、心境状态与运动表现的关系

一、驱力理论

斯彭斯等修订并定型的驱力理论认为，运动表现(P)是习惯(H)与驱力(D)的乘积，即 P=H×D(斯彭斯，1966)。在这里，习惯是指完成运动技能时个体所处的运动技能掌握阶段，或正确动作、错误动作表达的比例优势。例如，一个篮球初学者在罚球线后的投篮命中率是 10 投 3 中，即失误的概率为 70%，表现出了错误或不熟练占有优势地位，如果在这种情况下给予练习者更大的压力，驱力理论的预见使他的命中率将降得更低。反之，一个高水平篮球运动员在同样情况下的投篮命中率是 10 投 8 中，显然，其能够正确完成动作技能属于他的优势反应，此时如提高运动员的唤醒水平，他的命中率将会因此得到提高。驱力理论提示，在技能学习的初期应尽量消除学生或运动员不必要的压力，使学生或运动员在比较低的唤醒水平条件下降低错误动作的优势反应；而在学习的后期可以通过提高唤醒水平来提高正确动作的优势反应，以达到加快学习速度的目的。

尽管对于像篮球罚球这样较为精细的运动技能表现中是否符合驱力理论的预测还存在争议，但奥克森丁的研究结果证实了这样的线性关系在力量性、耐力性和速度性等比较粗糙的运动技能表现中的确存在(见图 9-2)，而这类技能的典型特征是需要在过度学习的基础上熟练掌握活动方式并使其程序化。

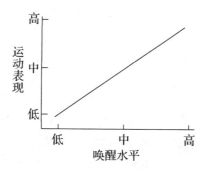

图 9-2　驱力理论对唤醒水平与运动表现之间关系的预测

对奥克森丁的观点持不同意见的吉恩认为，运动情境具有高度的组织结构。其中，包

括非常复杂的决策过程和认知策略。在紧急情况下，唤醒水平的快速提升也许可以大幅地提高肌肉力量，但对许多运动技能的发挥来说常常是有害的(吉恩，1993)。例如，短跑运动员在激烈的比赛中由于紧张起跑犯规被迫退出比赛；优秀的举重运动员在关键的比赛中因焦虑忘记涂擦镁粉致使试举失败；射击运动员因唤醒水平过高失去了原有的冷静，将子弹射向了邻近的靶子……类似的情况不胜枚举。因此，以驱力理论来预测需要极高体能、努力和坚持性的运动表现尚有效度，但对需要协调配合、复杂控制性和协调性极强的运动表现进行解释存在着很大的局限性。

二、倒 U 形假说

倒 U 形假说是人们在唤醒水平与操作成绩关系的研究中讨论最多的理论。这一理论来自最初的耶克斯—多德森定律(张力为等，2000)。倒 U 形假说认为，由低唤醒水平到中等唤醒水平的临界点以前，随着唤醒水平的提高，运动表现也将随之向好的方向改善。在唤醒水平超过中等唤醒水平的临界点后继续向高度兴奋的方向发展，唤醒水平的进一步提高会导致运动表现逐渐恶化或成绩的下降(见图 9-3)。一般来说，中等程度的唤醒水平对运动表现最为有利。

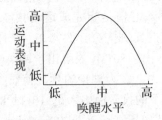

图 9-3　倒 U 形假说对唤醒水平与运动表现之间关系的解释

尽管很多研究在描绘唤醒水平与运动表现之间关系的曲线结果时并不一定与理想模型完全一致，但应激导致的唤醒水平过度升高从而引起运动表现下降的规律被认为是存在的。例如，马腾斯和兰德斯(1970)通过对与唤醒水平有关的生理学指标的测定和分析研究，发现当运动员处于中等唤醒水平时，运动技能的表现更为稳定。克拉沃拉(1979)采用自陈量表测定高中篮球运动员每场比赛前的焦虑水平和教练对每个运动员的比赛表现评价，并在对数据进行分析后验证了倒 U 形假说的正确性。有学者在研究射击运动员的唤醒水平与运动表现的关系中将竞赛状态焦虑量表所反映出来的唤醒程度与实际运动成绩进行比较，发现在预测诸如射击这样的精细类运动技能表现时，倒 U 形假说同样具有很高的效度(古尔德，1987)。

伊斯特布鲁克和培根(1974)认为，唤醒水平是调节人们对信息能否有效利用的一个重要变量，其影响方式符合倒 U 形假说。处于低唤醒水平的运动参与者有着较为广阔的知觉范围，容易因缺乏主观努力或对信息的选择不当受到更多无关刺激的干扰，从而影响运动表现。当唤醒水平提升至中等程度或最佳水平时，知觉的选择能力也相应得到提高，那些与任务无关的信息被有效过滤，而与任务有关的信息则被较好地认知并处理，使运动表现的成绩得到提高。一旦唤醒水平继续上升至超过最佳区域，知觉的范围将逐步缩小，内、外信息将不能被有效地感知，运动表现水平又会下降。

综上所述，体育运动情境中，必须结合不同运动项目所含主要技能的复杂程度，结合体育运动参与者的个人特点，如此才能更好地理解倒 U 形假说，才能更有效地预测和解释唤醒水平与运动表现的关系。

(一)技能的复杂程度与唤醒水平的要求

奥克森丁(1984)总结了有关唤醒水平与任务的复杂性方面的研究后指出，高水平的唤醒可促进粗糙或简单的运动技能活动，但会干扰精细或复杂的活动；较低水平的唤醒有助于精细或复杂任务的完成，但会阻碍粗糙的或简单的运动技能活动取得更好的成绩。季浏和李世昌(1994)通过实验研究法探讨了不同唤醒水平对力量活动的影响，用可靠的结果支持了奥克森丁关于低唤醒水平有碍于粗糙或简单的运动技能活动的观点，但未能支持其高水平唤醒可促进粗糙或简单的运动技能活动的结论。

影响运动技能复杂程度的因素有很多(见表 9-1)。一般来说，运动技能越复杂，其适宜的唤醒水平就越低。首先，决断的数量少、备选范围比较狭窄、速度要求不快的运动技能，其适宜的唤醒水平就比较高；其次，由于在同一时间受处理信息的能力限制和注意范围与唤醒水平成反比的影响，因此在刺激的数量多、持续时间短、强度小的情况下，运动技能在相对低的唤醒水平下容易获得好的运动表现。另外，技能的操作因素也会对运动技能的复杂程度产生影响，参与活动的肌肉越多、对肌肉的协调运动要求越高、对动作精确性和稳定性要求越高的运动技能，越需要在较低的唤醒水平下才能取得较好的运动表现(见图9-4)。

表 9-1　影响运动技能复杂程度的因素

决断的因素	知觉的因素	操作的因素
必须做出决断的数量	所需刺激的数量	参与技能活动肌肉的数量
每个决断的备选范围	实际出现刺激的数量	肌肉进行协调运动的成分
作出决断需要的速度	刺激的持续时间	对活动精确性和稳定性的要求
作出决断的顺序	刺激的强度	相关运动技能的掌握情况
	干扰性刺激的情况	

(资料来源：季浏，殷恒婵，颜军. 体育心理学[M]. 3 版. 北京：高等教育出版社，2016.)

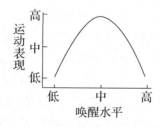

图 9-4　运动技能的复杂程度与唤醒水平的关系

(二)个体差异与唤醒水平的要求

对于一项运动表现的最佳唤醒水平而言，每个人的情况不尽相同。每个人所具有的个性特征和技能的掌握水平不同，有些人需要在较高的唤醒水平下才能获得满意的运动表

第九章　唤醒、焦虑、心境状态与运动表现

现，而有些人则在较低的唤醒水平时出现优良表现的可能性最大(见图 9-5)。其中，与最佳唤醒水平更为密切的个性因素是特质焦虑和性格的内向性与外向性。例如，学生甲是一个容易紧张且性格内向的人，只需较低的唤醒水平上升就会令其越过倒 U 形的顶点。学生乙有着较低的特质焦虑和外向的个性，他能够耐受很高的唤醒水平而不影响运动表现的发挥。因此，甲、乙两位学生在体现唤醒水平与运动表现的关系上就会存在明显的差异。

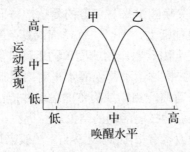

图 9-5　个体差异与唤醒水平的关系

虽然用倒 U 形假说预测运动成绩或解释体育运动中唤醒水平与运动表现的关系能被许多体育运动参与者和工作者接受，而且也有众多的研究结果为佐证，但持不同见解的学者也不在少数。一些学者越来越意识到唤醒水平与运动表现关系的复杂性，认为倒 U 形假说将两者的关系简单化了，现有的各种理论解释都还不能被认为是对这一关系进行解释的最后结论。

三、个人最佳功能区理论

苏联学者汉宁(1989)提出的最佳功能区的概念(ZOF)，是指运动员在操作过程中存在着一个理论上的最佳机能区段，当唤醒水平处于这一区段内时，运动员有更多的机会获得最佳运动表现。通过大量的研究，汉宁(2002)又认为，不同运动员应该存在不同的最佳功能区域，即运动员能最大限度地发挥自己竞技水平的唤醒程度。引入"个人"一词后形成的个人最佳功能区理论(IZOF)，能够在理论上对每个运动员的最佳功能区作出正确的定位，为运动员在需要的时候采用有效的心理调控手段，并帮助他们进入并维持这一区域提供必要的依据。

个人最佳功能区被界定为一个情绪强度的区域，在这个区域中，个体获得最佳表演的可能性比获得非最佳表演的可能性要高。汉宁将运动员的情绪归纳为令人愉快的和有工作能力的情绪、令人愉快的和工作能力差的情绪、不愉快的和有工作能力的情绪、不愉快的和工作能力差的情绪。在 4 种情绪中的任何一个情绪的情况下，他将任何表演(包括最佳表演)结果的可能性假定为一种情绪强度，尝试在这个情绪强度的基础上去评估其最佳和非最佳表演的可能性。汉宁在研究过程中将用量表测得的情绪强度定义为变量，并在此基础上利用多个模型逐步建立个人最佳功能区。

拉巴扎和汉宁(2004)等人的研究表明，在个人最佳功能区的基础上进行心理训练，可以帮助运动员在赛前就进入最佳心理状态，并且可以改善竞赛表现。同时，研究结果也支持了该理论的应用能够改善运动员对自己处于个人最佳功能区内或个人最佳功能区外的情绪和身体症状的认知。

四、多维焦虑理论

多维焦虑理论.mp4

人们不认可倒 U 形假说和驱力理论的两维模型，重要原因就是这两种理论过于简单，而运动成绩的影响因素过于复杂，因此要想更好地预测运动员的运动成绩，需要多维度理论的介入和指导。理论与实际的矛盾促使研究人员寻找更好地预测运动成绩的变量。这种背景促进了 20 世纪 80 年代以后运动心理学在竞赛焦虑方向上的努力和进展(张力为，2001)。

马腾斯于 1982 年提出将竞赛焦虑分为认知状态焦虑、躯体状态焦虑和状态自信心三个方面。认知状态焦虑是指竞赛时或竞赛前后即刻存在的主观上认知到有某种危险或威胁情境的担忧。它是由对自己能力的消极评价或对比赛结果(成绩)的消极期望引起的焦虑。躯体状态焦虑是指竞赛时或竞赛前后即刻存在的对自主神经系统的激活或唤醒状态的情绪体验，是直接由自主神经系统的唤醒所引起的焦虑。状态自信心是指竞赛时或竞赛前后运动员对自己的运动行为所抱有的取得成功的信念(祝蓓里，季浏，2000)。

根据三个维度的性质以及它们随时间而变化的模式，多维焦虑理论对每一个维度与操作活动的关系作出了不同的解释。首先，认知焦虑的特征是将自己的注意力从与任务有关的线索转移到与任务无关的线索和社会评价上。因此，当认知焦虑增加时，操作活动水平也相应降低，两者呈线性关系。其次，以前的研究已经发现，当运动员积极的成功期望增加时，自信心增强，而且积极的成功期望对操作活动有显著影响，故随着运动员自信心的增强，运动技能水平提高，两者也呈线性关系。最后，多维焦虑理论指出，以生理特征为主的躯体焦虑与操作活动呈倒 U 形关系(季浏，符明秋，1994)。

从罗伯特和丹尼尔(1995)的著作中也不难发现，应激过程必然包含着焦虑状态在认知和躯体维度上的变化(见图 9-6)。

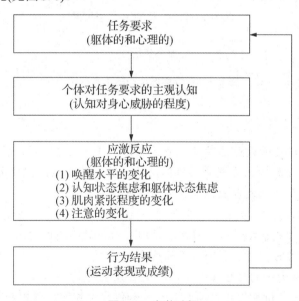

图 9-6　应激过程

应激过程的第一个阶段是个体面对躯体和心理方面的一些要求。例如，教师要求上体育课的学生必须在全班同学面前完成新学习的排球技术；体操运动员被要求独立完成一个具有危险性的高难度动作；运动员带着教练和父母赢得胜利的要求参加比赛；等等。

应激过程的第二个阶段是个体对那些躯体上或心理上的要求所产生的认知过程。关键是面对任务要求时，人们的认知方式不尽相同。以在同学面前完成技术动作为例，有的学生由于自身原因或对自己的能力缺乏信心，很可能将这样的要求看作一种实实在在的"威胁"；而有的学生认为自己能够胜任，或者不把能力与要求之间的不平衡视作一种"威胁"。由此可见，一个人对任务要求的认知在很大程度上影响着其以后的应激反应，而高特质焦虑者比低特质焦虑者更倾向于把更多的情境(尤其是评价性和竞争性任务)视为一种"威胁"，因此，特质焦虑是应激过程第二阶段的重要影响因素。

个体在对情境进行主观认知的基础上作出的生理上或心理上的特异性反应成为应激过程的第三个阶段。如果一个人认为他的能力与任务要求不相适应就会有威胁感，产生诸如恐惧、逃避、不安等认知状态焦虑和肌肉紧张、心跳加速、多汗等身体状态焦虑水平升高的现象。

应激过程的第四个阶段是个体在应激条件下的实际行为表现直接受第三阶段诸因素的影响，当高水平状态焦虑导致了行为表现成绩的明显下降，并且得到了负面的社会评价时，行为结果将成为一个附加要求反馈到任务要求中，开始新一轮应激过程的循环。张力为(2003)在其译著中的图示中也清晰地反映了多维焦虑理论的基本框架(见图 9-7)，特质焦虑和状态焦虑都显现出认知焦虑和躯体焦虑的成分。可见，竞赛焦虑既有特质性，又有状态性的特征；既存在于认知方面，也存在于躯体方面。

图 9-7 多维焦虑理论的基本框架

📖 引导案例分析

还记得本章开头讲述的天赋运动员"由于焦虑不得不放弃比赛"的情况吗？

天赋运动员赛前面临的压力也受人格倾向的影响，特质焦虑程度高的人，状态焦虑会比其他人强。此时体育教师或者教练员该如何帮助他们应对呢？

教师和教练在帮助学生与运动员管理觉醒与状态焦虑时，应当借助动机交互作用模型。管理压力的有效方式包括营造积极环境、以有所得的心态面对错误和失败。

此外，在管理压力时，还应遵循以下五项原则。

(1) 确定觉醒相关情绪的最佳组合，以实现最佳表现。

(2) 了解个人因素与情境因素之间的互动是如何影响觉醒、焦虑和表现的。

(3) 了解运动与训练参与者的觉醒与焦虑增强迹象。

(4) 制定个性化的训练与指导策略。

(5) 培养参与者的自信心，以帮助其应对增强的压力与焦虑。

五、心境状态与运动表现

近年来，心境状态与运动表现的关系成了运动心理学家关注的问题。在摩根等人发现优秀运动员心境状态的冰山剖面图的基础上，研究人员经常将心境状态用于监测运动员的成就水平、运动疲劳和预测运动成绩。下面，主要介绍心境状态的测量和心境状态与运动监测。

(一)心境状态的测量

心境状态的测量是中外学者都十分关注的问题。有一些学者研制了一些测量心境状态的量表。其中的心境状态剖面图(POMS)，不仅是我国运动心理学研究中使用较多的量表，也是国际运动心理学研究使用最为广泛的测量心境状态的量表之一(考克斯，1998)。

POMS 量表是由美国的麦克奈尔等人于 1971 年编制出的一种心境状态自评量表。它由紧张、抑郁、愤怒、精力、疲劳、慌乱 6 个分量表组成，共 65 个形容词。每个题目有 5 个等级分数，从 0 到 5 分别代表"全无"到"非常多"。测量时，要求被试在 10 分钟内根据自己一周的心境，在这些描述心境的形容词上选择最符合自己情况的等级，然后分别累计算出各分量表的原始分数，并查阅常模计算每个分量表的 T 分数(张力为、任未多，2000)。最后，将各分量表的 T 分数用点线图方式绘制出来，得出被试的心境状态剖面图。

1992 年，格洛夫等人对 POMS 量表进行了简化和发展，将原来的 65 个题目简化为 40 个，并增加了"与自我有关的情绪"分量表。后由我国学者祝蓓里等人修订，还建立了中国学生常模(张力为、毛志雄，2004)。

(二)心境状态与运动员的成就水平的关系的研究

在体育运动心理学领域的研究中，摩根是最早使用心境状态剖面图的学者之一。他从1978 年开始用 POMS 量表研究从事田径、摔跤和划船等项目的运动员。研究发现，与常模样本相比，成功运动员的紧张、抑郁、疲劳和慌乱等消极情绪得分较低，而精力得分较高。摩根等人将优秀运动员的标准化 POMS 分值进行标图，发现优秀运动员的心境状态剖面图呈冰山状，因此人们将优秀运动员的心境状态剖面图称为冰山剖面图(见图 9-8)。而不成功的运动员，其心境状态剖面图则较为平坦，因此他们指出，POMS 是评价运动员潜能的有效工具，可以区分不同技术水平的运动员。

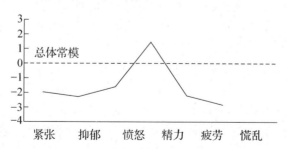

图 9-8　优秀运动员心境状态冰山剖面

(资料来源：季浏，殷恒婵，颜军. 体育心理学[M]. 3 版. 北京：高等教育出版社，2016.)

但是，也有许多研究并不支持 POMS 作为区分不同技术水平的运动员的有效工具，他们认为摩根等人提出的是运动员心理健康的冰山剖面图，这只能说明运动员与非运动员的心理健康水平有所不同，但还不足以鉴别运动员的运动能力和水平，更不能作为选择队员的依据，而且使用时使用者必须很小心地防止社会期望效应。例如，比迪、特里和莱恩对 13 项涉及 2 285 名运动员心境状态的研究进行元分析后发现，不同水平运动员的心境是相似的，POMS 并不能有效地区分不同技术水平的运动员(考克斯，1998)。

(三)心境状态与运动疲劳的监测

运动疲劳是高强度训练引起的生理心理症状。大多数承受较大强度训练的运动员或多或少都有运动疲劳的经历。运动疲劳的运动员常常有消极的情绪体验，如焦虑、抑郁、愤怒等，与没有运动疲劳的运动员相比，运动疲劳的运动员更为冷漠、厌倦、急躁等。枯燥的大运动量训练是造成运动员严重运动疲劳的主要原因，心境状态失调被认为与不适宜的运动负荷相关。国外学者利用 POMS 量表的研究显示，过度疲劳或过度训练会导致明显的负性心境，当训练刺激增加，心境困扰也随之增加，特别是训练时间太长或训练负荷量越重时，心境困扰也随之增大。这些心境困扰包括沮丧、愤怒、疲劳的增加，导致精力不足。反之，训练负荷减轻时，情绪改善(袁航等，2004)。当运动员过度训练时，他们的心境状态会出现一种反冰山剖面图形。也就是说，紧张、抑郁、疲劳和慌乱等消极情绪得分较高，而精力得分较低。因此，人们将 POMS 的监测作为运动训练负荷监测的指标，防止过度训练。

我国学者廖八根等人(2004)在对 POMS 量表进行修订的基础上，尝试运用 POMS 量表对运动疲劳进行监测。他们以广东省男女举重、游泳、田径队的 102 名运动员为被试，将进行大、中负荷训练后自诉有疲乏感，经 1~2 天休息后疲乏感不能消除，随后没有严重伤病而周成绩下降者定为是过度训练者。研究结果表明，运动员处于过度训练时，心境状态量表总分显著升高，不同性别在分量表的表达方式上也不一致，男性在疲劳—颓废和愤怒—敌视分量表上表现突出，而女性在紧张—焦虑和抑郁—气馁分量表上表现明显；认为用 POMS 量表来诊断过度训练的准确性的男性为 80%，女性为 84.8%。

(四)赛前心态与运动成绩的预测

赛前保持理想的情绪状态被广大运动员和教练员认为是取得运动佳绩的重要因素之一。心境状态作为一种情绪状态是否对运动成绩具有预测作用引起运动心理学家的兴趣。摩根就是这一领域的先驱者，他的冰山模式被用来特指优秀运动员赛前或赛中具有的良好的心境状态模式，同时也明确指出 POMS 是预测运动成绩的良好手段。后来人们研究也发现，心境状态对行为结果有较大的影响，用 POMS 可以预测行为结果。例如，特里等人(1995)进行一系列的研究后发现，64.7%的运动员的运动表现与赛前心境状态相一致。

赛前心境状态与行为结果的预测中，存在运动类型与评价方式两个调节变量(考克斯，1998)。在运动类型方面，相对闭锁的运动技能而言，赛前心境状态能更好地预测开放式运动技能的行为结果。例如，赛前心境状态在预测足球运动时的效果要比举重运动好；赛前心境状态对短时间运动项目(划船、摔跤等)的预测效果比长时间的运动项目(篮球、排球等)要好。在评价方式方面，在以自我为参照标准进行行为结果评价时，赛前心境状态能更好地预测行为结果。以自我为参照标准评价行为结果主要有赛后对行为的自我评价、比赛成绩占个人最好成绩的比例以及比赛表现与赛前预期成绩的比较三个方面。例如，某田径运动员在正常情况下，他的 100 米跑成绩是 10.35 秒，而这次比赛他的成绩是 10.23 秒，无论这次比赛他的排名结果如何，都可以说他这次的表现很好。也就是说，如果只是预测某位运动员在比赛中是输还是赢，或预测是否会比其他运动员跑得快，那么，心境状态对行为结果的预测就较弱；如果是看运动员的表现是否接近个人的预期值或以前的最好成绩，那么，心境状态对行为结果的预测则较强。

(五)人格与情境的交互作用理论对运动表现的预测

在运动心理学关于行为的研究中，特质论心理学家在考虑运动行为的成因时，通常只考虑人格因素的影响，而不考虑特殊情境可能会影响个体的运动行为；而情境论的心理学家则主张运动行为大都是由环境决定的，人格的作用较小。交互作用理论认为，虽然人格特质和情境因素确实都能影响运动行为，但情境论与特质论并不能真正地预测运动行为，预测运动行为时需要将人格特质因素与情境因素一并考虑，不仅需要考虑人格特质和情境因素是否可以单独决定运动行为，同时还要考虑它们是否以独特的方式互相作用或结合起来一起影响运动行为。例如，一个具有高度攻击性特质的足球迷在自己喜欢的球队失败时，如果是和他母亲一起看球赛，他可能就不会产生暴力行为；如果是和他一样具有高度攻击性特质的朋友一起看球赛，他的暴力特质就可能会被引发。

交互作用理论认为，用人格和情境来预测运动行为可以用以下公式来表示。

$$运动行为=人格+情境+人格×情境+误差$$

公式中的误差，是指所有可能影响运动行为但无法测量的因素。

人们在利用交互作用理论预测运动表现中，将测量获得的心境状态作为情境因素，发现人格特质与心境状态确实存在关系。例如，普拉帕西斯等人将运动员按人格变量划分为高分组和低分组来观察组别的表现。结果表明，在某些特定的情绪状态下，不同组别的表现各不相同。席尔瓦等人(1981)用某些特定的人格特质和心境状态来预测运动员的能力，发现预测的准确率可达 80%(考克斯，1998)。

持情境论观点的学者认为，理解人格特征、运动表现以及情境影响之间的复杂关系，最关键的因素并不是运动员的人格，而是运动员所处的具体情境。例如，篮球比赛还有最后 3 秒钟，双方打成平局，由你主罚唯一的罚球，此时，无论你是否为一个有高焦虑特质的人都会紧张。因此，在预测运动表现的研究中应当采取一种关注情境特殊性的研究取向。然而，也有研究表明，交互作用模式的研究应当关注人格特质的研究取向(信息通道)。

📖 知识拓展 9-1

关于人格与情境状态交互作用的研究

费茨等人研究了不同特质的篮球运动员在不同的比赛情境中的焦虑。他们将比赛情境分为以下 4 种：①比分 70 比 70 平，比赛时间剩余 2 秒，你刚被对方队员犯规，这时你的罚球可能决定比赛的胜负；②观众非常吵并且大部分观众都冲着你叫喊；③你刚犯了一个错误，教练在责备你；④你输了一场应该会赢的比赛后，在更衣室中。

针对以上 4 种情境，要求运动员描述他们在以下方面的反应：①有不舒服的感觉；②过于情绪化的反应；③想逃避这个情境；④有令人窒息的感觉。

研究结果表明，在篮球比赛的每一个情境中，运动员的反应受他们人格的特质影响。

(资料来源：本书作者整理编写.)

第三节　影响赛前状态焦虑的主要因素

在体育运动情境中，对运动表现影响更大、更为直接的当是状态焦虑。而影响状态焦虑的因素有诸如担心在比赛中发挥不好，不能满足训练或比赛对经济上和时间上的要求，训练场所的变更，对自身天赋和潜力的怀疑，与其他队员之间的不协调以及运动损伤，等等。综合分析众多的影响因素，一般可以将它们界定为环境因素与个体因素两大类(见图9-9)。

影响赛前状态
焦虑的主要
因素.mp4

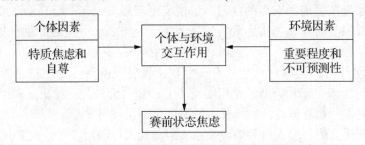

图9-9　个体因素与环境因素的交互作用

📄 **知识拓展 9-2**

辨别状态焦虑：重视个体因素与环境因素的交互作用

如果你能熟悉状态焦虑水平升高时的一些迹象或症状，你就能更加精确地判断一个人的焦虑水平：发冷；手心发汗；尿频；大量流汗；负面的自我暗示；眼神呆滞；胃部不适；感到恶心；头痛；口干舌燥；不断地生病；失眠；注意力无法集中；只有在非竞赛情境表现较佳；肌肉僵硬。

虽然没有特定数目或组合的症状能描述状态焦虑的特质，但是那些经历过高状态焦虑的人经常会出现上述的症状，而最关键的是能看出这些症状在焦虑和非焦虑情境间的变化情形。例如，一位原本乐观的人突然变得悲观起来。

(资料来源：季浏，殷恒婵，颜军.体育心理学[M]. 3 版.北京：高等教育出版社，2016.)

一、环境因素

(一)比赛的重要程度

通常来说，比赛的规模越大，比赛对运动员来说就越重要，所引起的运动员赛前状态焦虑水平也就会越高。比赛规模的大小与比赛等级的高低、参赛队伍的范围和数量、同场竞技运动选手的多寡等诸要素有关。此外，主场和客场、预赛和决赛、积分和排名、观众的多少及支持度、媒体的报道力度等也都直接或间接地影响运动员对体育比赛重要性的主观评价。

有时，看似规模很小的竞技活动，对某些人来说因为特定的原因也可能成为一项非常重要的任务。如决定首发阵容名单的测验赛、有重要人物在场的表演赛、为出席重大竞技活动而组织的队内选拔赛等。

(二)比赛结果的不可预测性

从比赛结果的角度来看，比赛结果的不可预测性既是体育运动的一个重要特征，也是其主要魅力之所在。而且，面对这种不可预测的结果，人们往往只能被动接受。例如，按照抽签结果两个实力相当的球队必须进行一场殊死搏斗，这种对比赛的结果是不可预测的。双方队员都有可能陷入过高的唤醒水平，也就是焦虑的境地。所以，不可预测的比赛结果是产生赛前状态焦虑的次重要环境因素。比赛结果的不确定性越大，给运动员带来的赛前状态焦虑水平升高的可能性就越大。

此外，运动员对训练和比赛中突发性危险和损伤的惧怕同样会引起他们的赛前状态焦虑。

二、个体因素

在体育运动情境中，运动员对于竞技比赛或其他活动任务的重要性和结果不确定性的感受是不同的。运动员在这些方面的差异会导致变化的方向和强度发生相应的改变。斯坎兰(1986)认为，与升高状态焦虑水平有关的个性特征方面的因素有两种，即高特质焦虑和低自尊。

(一)特质焦虑

特质焦虑在一定程度上左右着人们将竞争和社会评价看作更具威胁性或不具威胁性。相对于低特质焦虑的个体，高特质焦虑的人更倾向于把竞争看作更大的潜在威胁，对比赛结果的不确定性更为敏感，更容易导致赛前状态焦虑水平的上升。

(二)自尊

自尊也与对威胁的知觉和产生相对应的状态焦虑变化有关。与自尊水平相对较高的运动员相比，低自尊的运动员往往有着更低的自信、较少的经验和更高水平的状态焦虑。因此，通过有效的途径增强运动员的自信，对于降低运动员的焦虑水平具有十分重要的意义。最后，注重个体因素与环境因素的交互作用，会比只注重单个因素更能预测赛前状态焦虑。

📖 **拓展阅读**

唤醒的电生理指标

可以测试唤醒水平的电生理方法有许多，这里我们列出一些常用方法。但是我们要记住，没有哪个单一的方法被认为是完全准确的，因为各种方法的关联程度非常低(特南鲍姆，1984)。例如，一个心率过快的运动员，血压不一定高，掌心出汗也不一定少。

1. 大脑中的皮层电活动

我们可以通过脑电图来测量大脑皮层的电活动。脑电图可以测量头皮电极放出的电活动的数量和种类。对正常人的α、β、θ、δ波进行观察，我们给幅度、频率以及节奏不同的脑电波起了不同的名字，从而对它们进行区分。一般来说，δ波的幅度小，一般是熟睡的时候产生。而θ波和β波一般与某种程度的压力或者紧张状态相联系。在清醒、不活动的状态，正常人通常会呈现有节奏的α波。当人被突然刺激时，同步的和有节奏的α波就会消失，取而代之的是异步的和频率较高的β波。熟练的技术员必须能解释各种不同的脑电波的含义(盖顿，1991)。

2. 生化指标

大脑的唤醒或者激活反应会引起人的肾上腺素和去甲肾上腺素的释放，它们通过肾上腺髓质释放到血液中。因此，确定唤醒水平的方法就是直接测量血液中的肾上腺素和去甲肾上腺素的数量。要想对血液中的这些激素进行准确测量，就必须在它们准备向全身的组织传播时采集血样。

3. 心率

通过心电图能够掌握唤醒的人的心率。心电图是测量心脏电活动的一种工具。也可以通过脉冲控制器或者摸脉的方式对心率进行直接测量。但单独就心率来说，它并不是唤醒很好的指标。它与其他的更为可行的指标之间的关联水平比较低。

4. 肌肉张力

肌肉张力是肌肉的电位，可以通过肌电图测量。肌电图是测量肌肉电活动的一种工具。伍德沃思和施洛斯伯格(1954)指出，肌肉张力水平大致上等于唤醒水平。卡伍斯安、克鲁斯和吉尔(1998)在一项对篮球罚球投篮技能的研究中成功地运用了肌电图技术。

5. 呼吸频率

虽然呼吸频率并不完全受自主神经系统的控制，但它仍是表示唤醒水平提高的一个相当可靠的指标。利用肺活量计就可以测量一个人的呼吸频率、潮气量、补气量、余气量、肺通气量以及肺活量。

6. 血压

通过血压计来测量动脉血压。血压是与自主神经系统有关的血管的相对扩张或者收缩的指标。血压一般都是通过反复运用橡皮囊袖带或者听诊器来监控的，这样只能获得断断续续的记录。因此，我们并不把血压看作唤醒的一个很好的指标。

7. 掌心出汗

当人面临危险的情况时，激活水平提高，这就会引起手上的汗腺分泌速度加快。按照哈里森和麦克金侬(1966)的说法，虽然人们手上的汗腺对于环境变化并不发生作用，但能够被警戒性刺激激活。苏塔曼和汤普森(1952)，约翰逊和德伯斯(1967)，以及德伯斯、约翰逊、莱文肖(1968)详细叙述了记录手掌上汗腺的技术。

8. 皮电反应

在焦虑值升高时，伴随着掌心出汗的增多，皮肤电阻也会出现相应的变化，即引起皮肤电阻变小，或者说皮电反应减弱。而皮肤电阻变小又会引起皮肤导电性增强。皮电反应是通过皮肤的交感神经进行调整的，并且与活跃汗腺数量的变化有关。因此，皮肤导电性增强与活跃的手掌汗腺数量增多直接相关。

（资料来源：理查德·考克斯. 运动心理学——概念与应用[M]. 张力为，等译. 北京：清华大学出版社，2003.)

本 章 小 结

优秀运动员赛前保持理想的心境状态被认为是取得运动佳绩的重要原因之一。本章讨论了应激、唤醒、焦虑和心境状态的定义；唤醒水平影响运动表现的主要理论观点与假设；影响运动员赛前状态焦虑的主要因素。

思考与练习

1. 什么是应激？结合体育运动说一下应该如何理解应激的概念？
2. 什么是唤醒？其主要表现有哪些？
3. 什么是焦虑、状态焦虑和特质焦虑？
4. 简述驱力理论是如何解释唤醒水平与运动表现之间的关系的。
5. 什么是倒 U 形假说？技能的复杂程度与个体差异对唤醒水平有什么不同的要求？
6. 什么是心境状态？什么是冰山剖面图？
7. 影响运动员赛前状态焦虑的主要因素是什么？

第十章　运动中的团队凝聚力

本章学习目标

- 了解体育团体凝聚力的概念以及团体凝聚力的性质和特点。
- 了解体育团体凝聚力与运动成绩的关系。
- 掌握影响体育团体凝聚力的因素。
- 提高体育团体凝聚力的途径和方法。

核心概念

团队　团体凝聚力　认同感　归属感　力量感　任务凝聚力　社会凝聚力

引导案例

世界上最难受、最可怕的情绪——孤独

如果问你谁是世界上最孤独的人，答案非《鲁滨孙漂流记》中的鲁滨孙莫属了。他因船只失事被迫在一个荒芜的孤岛上独自生活 28 年，不过作者笛福不忍鲁滨孙过于孤独，在他独自生活在岛上的第 17 年，作者找来了野人"星期五"与他为伴。人是群居性动物，这是人的本性。人离不开其他人，也需要依赖他人，同时也在学习他人、帮助他人、伤害他人、支配他人。若没有与同类的相互作用，则人只具备单纯的生物属性——"自然人"，而不具备社会属性，不能成为一个合格的社会人，这也可能最终像印度的"狼孩"一样遭遇悲惨的命运。

人与人之间的相互作用是多层次、多方面的。体育运动活动是人与人相互作用的一种十分重要的形式。每天我们晚餐后打开电视机观看体育赛事的时候，已经习惯了运动员之间的那种激烈争斗以及观众的群情激昂；我们自己去打球，也要找个同伴；即便是那些完全可以自己单独完成的锻炼，也喜欢到能与他人一起的地方锻炼，到健身房、活动站或公园里。有的人参加体育运动的目的就是社交。他们认识到，这种社交，是其他社交方式都不能取代的。

本章将介绍与体育运动中团体凝聚力相关的概念、分类，还会分析影响团体凝聚力的因素，探讨体育团体凝聚力与运动表现之间的关系，最后提出提高学校体育团体凝聚力的途径和方法。

第一节 体育团体凝聚力概述

一、体育团队的概念

一般来说，团队是指由共同的目标联系在一起的人群的聚合。具体来说，体育团队是指由体育教师、学生或运动员、教练员等人在同一规范与目标的指引下，一起协同工作的组织形式。它是"拥有共同体的一群人，具有分享的目标与兴趣，采用有组织的相互作用与沟通的方式，表现出个人的和工作上的相互依赖以及人与人之间的相互吸引"(卡伦，1982)。在体育团队中，目标是大家共同的(获胜或赛出水平)，人人都为目标而努力，每个人都占据一定的地位、扮演一定的角色、履行各自的任务与职责、遵守共同的行为规范，并为实现这一目标而不懈努力。

从社会心理学的观点看，团队具有以下几个特征。

(1) 各成员相互依附，且在心理上彼此注意到对方。

(2) 各成员之间在行为上相互作用，彼此影响。

(3) 各成员在道德结构上，以共同的信仰与一致的目标作为心理相互联系的纽带，拥有同属于这一群体的感受，即归属感。

例如，一支篮球队的成员认为他们拥有共同身份，代表所在的团体参加各种篮球联赛。每个赛季，球队有共同的短期目标和长期目标，如赢得即将到来的比赛或者最终在联赛中获得一定的排名。目标实现过程中对成功或失败的体验即是队员的共同经历、共同命运。为了增加获胜的机会，教练们实行的进攻打法和防守阵型就是结构化的互动模式。在激烈的比赛中，运动员或者教练们使用非语言或语言方式交流，在各种进攻或防守打法中做出选择，则是典型的结构化的沟通方式。过一段时间后，当球队地位相对稳定，每个队员的角色也逐一明确，队员会对相应的行为规范形成共同的期待。随着队员之间不断的接触，友谊自然而然地建立起来，团体聚集在一起，相互依存。最终，团体中的任何一个人都会把自己看作其中的一个成员。

总之，团队的显著特征就是团队内成员在心理上有一定的联系并相互影响。

二、体育团体凝聚力

(一)体育团体凝聚力的概念

体育团体凝聚力.mp4

下面的引言，生动地表现了团体凝聚力的作用。

"自然，特别是当单个队员希望有突出表现时，全队的表现会起伏跌宕。但是一旦我们处境不利，我们清楚自己能做什么。我们会相互紧密团结成一个凝聚的整体。这就是为什么我们很快团结起来并能够险胜很多场比赛。这就是为什么我们能够击败比我们更有天赋的球队。"(Jordan，1994)

"我们的球队是个有趣的化学体，是由一群小伙子组成的奇怪混合物。他们都是好小伙子，我与他们相处得很好。他们很有天分，性格好，但是总感觉少了某种东西。我也说不清楚少了什么，只能说是一种奇怪的化学体。"(Kay，1988)

第一段引自迈克尔·乔丹，他是 NBA 篮球史上最出色的职业球员。他描述芝加哥公牛队如何团结一致击败了更有天分的球队。第二段引自罗伯·墨非，一个替补投手，他参加了 1988 年辛辛那提红人队棒球大联赛。红人队在被选中争夺 1988 年美国西部联赛冠军后，惨遭暗淡的季节。墨非试图解释天才云集的红人队表现不尽如人意的原因。他将这一切归因于队中"奇怪的化学体"，或者是队员之间缺少凝聚力。

团体凝聚力(group cohesion)有时也称为团队凝聚力(team cohesion)。团体凝聚力和团队凝聚力均可称为凝聚力，是指团体成员之间心理结合力的总和，其主要表现在两个方面：一方面是团体成员对团体所感受到的吸引力，从而自愿参与团体的活动；另一方面是团体对其成员所具有的吸引力，从而把团体成员积极地组织到团体活动中去。也就是说，团体凝聚力既是表现团体团结力量的概念，又是表现个人的心理感受的概念。这种个人的心理感受又进一步体现在以下三个方面。第一，认同感。认同感是指团体成员对重大事件与原则问题保持共同的认识与评价的心理感受。认同感往往会互相影响，并且这种影响是潜移默化的，尤其是当个人对外界情况不明时和个人的情绪焦虑不安时，团体成员之间的相互影响更大。第二，归属感。归属感是指团体成员在情绪上融入团体，作为团体一员所具有的"我们"和"我们的"这种心理感受。当团体取得成功或遭遇失败时，团体成员有共同感受，一部分成员会为其他成员的成功感到高兴和自豪，从感情上爱护自己的团体。第三，力量感。力量感是指团体成员依靠团体、得到支持、完成任务的信心方面的心理感受。在团体凝聚力强的情况下，当一个人表现出符合团体规范、团体期待的行为时，团体就会给予他赞许和鼓励，以支持其行动，从而使他的行为得到进一步强化，使个人信心更足、决心更大。凝聚力高的团队有三个特征：一是成员之间具有高度的相互吸引力；二是对团体的有关问题采取共同的态度；三是组织结构发展得好(理解和接受成员间相互关系，且协调)。

总而言之，团体凝聚力主要表现在知、情、意三个方面。认同感给予团体成员知识和信息，归属感是团体成员情感上的依据，力量感则给予团体成员力量，使团体成员对活动坚持不懈(时蓉华，1989)。

(二)群体、团体与团队之间的关系

具有东方文化色彩的集体主义精神强调集体价值感和责任感。我国各个领域的工作开展都强调集体精神、集体凝聚力。但我国运动心理学领域中有关团体凝聚力的研究时间并不长。"团队凝聚力"或"团体凝聚力"是外来词，它是一个团队或团体为了实现某一个目标而由相互协作的个体所组成的群体黏合在一起的程度。"group"常被译作团体或群体，两者具有同一含义，群体或团体的共同目标主要是信息的共享。"team"，即团队，它与我们常说的群体或团体不同：所有的团队都是群体或团体，但不是所有的群体或团体都是团队。与团体相比，团队更强调共同的责任、分工合作以及绩效(见图 10-1)。在具有团队精神的团队里，团队成员潜在的才能和技巧能够不断地被释放；团队成员能够深感被尊重和重视；为了一个统一的目标，大家能够自觉地认同必须担负的责任并愿意为此而共同奉献；它强调个人利益服从整体利益，但这并非不允许个人利益的存在，更不是要抹杀个人利益的存在；它特别强调团队成员要具有与人沟通、交流和合作的能力。在团队中，个体间的互动作用比在群体中更为重要。团队的这种整体协作的特点，也往往成为团队绩效实现的决定性因素。

在学校的各种体育团体中，像学校运动队，尤其是集体项目的运动队，它们都是一支支为了在比赛中获得胜利而共同协作的团队，而那些参加同一体育课而形成的班集体或参加课外体育俱乐部的群体则都是团体。当团体中的个体必须彼此依赖，为了共同的目标团结合作时，这个团体在经历了一个进化的动态发展过程之后，就很可能形成一支团队。团体的含义比团队更加广泛。因此，本章以"团体凝聚力"来表示学校体育团体在追求目标过程中和(或)为了满足成员的情感需要，团结在一起，保持一致倾向的动态过程。

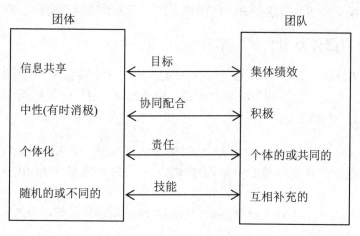

图 10-1　团体与团队的比较

(三)团体凝聚力的分类

任务凝聚力和社会凝聚力是团体凝聚力的两个组成部分。任务凝聚力(task cohesion)，是指队员团结一致，为实现某一特殊的和可识别的目标做出努力的程度(Cox，2002)。例如，当篮球队组织进攻或展开全场紧逼防守时；当排球队组织背飞进攻或防守背飞反击时；足球比赛最后两秒钟客队一个漂亮的进球，使所有主队球迷目瞪口呆，而客队队员则因险胜而紧紧拥抱在一起喜极而泣时。这些都可视为任务凝聚力的表现(见图 10-2)。

图 10-2　与队友分享胜利的喜悦是一种特殊的幸福

社会凝聚力(social cohesion)是指团体成员相互欣赏并愿意成为其中一员的程度(考克斯，2002)。1978年世界冠军纽约新英格兰棒球队便很好地说明了任务凝聚力和社会凝聚力的独立性。这支球队比任何一支棒球队都出色，他们能够组织一流的双杀，击中拦截手，成功完成跑垒。然而，球队队员相互并不欣赏，队员之间也常发生斗殴，公开在媒体上或私底下相互辱骂。

研究人员对1978年的新英格兰棒球队进行研究时，如果仅考察任务凝聚力和团体表现的关系，就会观察到两者呈正相关。但是，如果考察社会凝聚力和团体表现的关系，就会发现两者呈负相关。如果忽视任务凝聚力和社会凝聚力两种不同团体凝聚力的区别，就会使人对研究结果感到困惑。许多研究团体凝聚力和运动员行为的早期研究都遭遇过这种情况。这说明，凝聚力的性质是凝聚力与团体表现之间关系的调节变量，必须予以重视。

(四)影响体育团体凝聚力的因素分析

影响团体凝聚力的因素有很多，这里重点讨论其中的9个因素，分别是领导方式、目标整合、志趣一致、心理相容、成员互补、外界压力、内部竞争、团体规模和团体稳定性。

1. 领导方式

所谓领导方式，是指领导者在领导行为动态变化过程中产生的影响被领导者的风格。领导方式对团体凝聚力具有直接的和重要的影响。勒温将领导方式分为民主型、专制型和放任型；日本心理学家三隅将领导方式分为工作取向高的和人情取向高的两种。不同的领导方式对团体凝聚力和工作效率会有不同的影响。民主型领导方式以及人情取向高的领导方式容易形成较高的团体凝聚力。

2. 目标整合

目标整合是指团体目标与个体目标之间统一整合，保持一致。团体是由不同个体组成的一个整体，整体有整体的目标，个体有个体的目标，两者的目标如果能够统一起来且保持一致，称为目标整合。目标整合包括两个方面：对团体来说，总目标应该满足个体的需要和愿望，使个体目标在团体内得以实现；对团体成员来说，个体目标必须与整体目标一致，或趋于一致，当整体目标和个体目标发生冲突时，应以整体目标为重，修正个体目标，有时甚至牺牲个体目标。团体目标反映着团体凝聚力的量与质，对团体凝聚力的强度和方向都有重要影响。对团体凝聚力的量来说，凡整体目标被其成员广泛自愿地接受，这样的团体凝聚力就高。自愿目标比外在目标、非自愿目标更能产生团体凝聚力。团体凝聚力反映着团体成员的相互吸引以及成员分担团体任务和目标的程度。成员分担团体整体目标的程度越高，团体凝聚力也越高。马瑟森(1995)通过对11名教练员5年的调查发现，运动训练过程中通过目标设置建立队员的责任感和交往需要，能够增强运动队的团体凝聚力。

3. 志趣一致

志趣一致，是指团体成员在动机、理想、志向、信念、兴趣、爱好等方面基本一致。而这些心理品质是个性心理结构的重要组成部分和最活跃的因素，是个人行为的内在动力和个人积极性的源泉。志趣一致有两个作用：一是可以保证团体成员间一致的态度；二是可以保证团体成员获得最大的心理满足，因为志趣相投有利于团体成员的信息沟通，有较多的共同语言，使各成员的观点、意图和活动方式易被理解。

4. 心理相容

心理相容是指团体中成员和成员、成员和团体、领导者和下属、领导者和领导者之间相互吸引、和睦相处、相互尊重、相互信任、相互支持。如果他们不相容，则表现为相互排斥、相互猜疑、相互攻击、相互歧视。心理的相容性有两个作用：一是它可以作为团体团结的心理基础和实现团体目标的保障；二是它可以为创造性活动提供一个积极、乐观的心理气氛，使团体成员保持良好的心境，有利于发挥人们的主观能动性。否则，团体成员之间将会互相设防、关系紧张、矛盾重重、貌合神离，把时间和精力都消耗在纠纷上。

🔖 知识拓展 10-1

你一个人扣球，我们两个人使劲

二传手周鹿敏是孙晋芳的替补，主攻手杨希则是准备换郎平和张蓉芳的。邓若曾指导找她们谈心："我希望你们在思想上、技术上做好上场的充分准备，如果你们做好准备却上不了场，那是好事，说明场上没出问题。即使不能直接在场上拼搏，也还可以在场下发挥作用，我们要提倡不分场上场下，人人出力的精神。"她们和其他替补队员一起，按照邓指导的要求去做了。

要上球场了，勤快的张洁云抢先背起那只装球的大长袋。朱玲则不忘提上烧好的开水。每次比赛暂停，田大夫就会上场给姑娘们送上喝的水，这水就是由朱玲负责烧的。杨希、梁艳、周鹿敏等忙着张罗一些点心带上。每场比赛，姑娘们都要提前去球场，先训练两小时。练完后吃些点心再比。替补队员总是悄悄地把最好的点心塞给主力队员吃，等主力队员吃完后她们才吃。

上海姑娘周鹿敏，有着一副软心肠、好脾气。"破机器"曹慧英的拼搏精神，使人深受感动。小曹要上场了，周鹿敏赶紧把她的球衣接过来，贴在她耳朵上真诚地说："你在上面打球，我在下面打气。你一个人扣球，我们两个人使劲。"只要小曹在场上一跳起扣球，小周就在场下用日语喊："加油！加油！"她知道，疲惫不堪的小曹尤其需要鼓劲啊！当小曹和主力队员们一下场，小周就赶紧把早就剥好的巧克力糖塞到她们嘴里。

她们的心是贴在一起的，她们的脉搏是跳在一起的。

(资料来源：张力为，毛志雄. 运动心理学[M]. 上海：华东师范大学出版社，2003.)

5. 成员互补

成员互补，是指团体成员在完成任务过程中互相取长补短。一个团体内的每个成员所扮演的角色不同，因此完成的工作任务也不同。所以，只有在不同方面取长补短，才可能增强团体凝聚力。互补表现在以下三个方面：第一，智力的互补，即既需要具有不同智力水平的队员，也需要具有不同智力结构的队员共同协作；第二，性格、气质的互补，即有时会看到这样的现象，具有相同性格与气质的队员反而合作得不好，而不同性格、气质的队员在一起，因彼此的需要能够互补，而使心理气氛更和谐；第三，年龄的互补，即领导班子应老、中、青三代人结合，相互取长补短。

6. 外界压力

外界压力是指团体遇到的外来威胁。团体遇到外界压力时，凝聚力会提高，迈厄斯的研究证实了这一点(时蓉华，1989)。迈厄斯曾组织几个 3 人一组的步枪射击组，并设置了不同的情境，让有些组彼此竞争，有些组不用竞争。结果表明，开展组间竞争的组比不竞争的组团结得更紧密，成员间彼此相互吸引、相互合作、亲密宽容。

7. 内部竞争

内部竞争是指团体成员间互相争胜。这种内部竞争也会影响团体凝聚力。米尔斯研究了步枪队员之间竞争与凝聚力的关系。他将 180 名运动员中的 90 名分配到竞争组，剩余的 90 名分配到非竞争组。在实验中，对以下三种情况进行测量：①个体对他人的尊重；②个体感到被其他成员接受的程度；③个体在失败时相互指责的情况。研究结果表明，竞争组比非竞争组成员间显示出相互尊敬的现象。米尔斯由此认为，竞争性情景可促使队员间相互理解和适应。但是，过分激烈的竞争则不利于团体凝聚力。卡伦(1980)指出，过分激烈的竞争会对整个队的人际关系或活动产生损害作用。

8. 团体规模

团体规模是指团体成员的数量。当团体规模增大且用力集中于相当专门的作业时，很可能是以下两种原因降低工作效率的：第一，个人动机的强度减弱，人们感到他们在整体中的努力显得不重要；第二，有时，由于某种机械的原因也会使效率降低。

这种情况可以在拔河测验中看到：增加的人越多，则越不容易协调地合作；而参加拔河的人越少，则越容易协调他们的努力。例如，在里因戈曼的一项研究中，团体的人数由 2 名增加到 8 名时，其效率下降。研究者将假设的团体努力的平均数(如果总和是个人成绩相加而得的)与团体的实际拉力进行了比较，发现 63kg 是个人努力的平均数。因此，两名、3 名、8 名被试的团体努力应当分别是 126kg、189kg、504kg。但是，实际的团体努力却分别是 118kg、160kg、248kg。斯特纳认为，这一组数据表明下降程度是随团体成员的增加而逐渐变化的。两名成员构成的团体只有一种成员间的联系，而 3 名成员构成的团体则有三种联系，即 A 与 B、B 与 C、A 与 C 之间的联系。由 8 名成员构成的团体会有 28 种联系。根据斯特纳的计算，上述实验中工作效率下降的幅度应当分别是 1、3、28。而 2 名、3 名和 8 名成员组成的团体，其工作效率实际下降幅度为 0.87、3.17 和 28。斯特纳认为，这种差异是由抽样误差引起的，因为在里因戈曼研究中采用的团体数量相当少。

克瑞蒂(1983)提出，运动队伍规模越大，就越需要努力增强团体凝聚力。如果运动队伍的规模突然变小(一名受到处罚的运动员下场了)，全队的效率未必会降低，因为其他队员会发现他们在整体中的努力更重要，从而会激发起队员更加努力的动机。但有时应当试图减少运动队的人数，为的是让替补队员有机会参加比赛，不要让他们一直坐在候补席上。队中不参加比赛的人太多，就会增加队内的敌对情绪。因此，运动队的人数会影响队员间的情感距离，进而影响运动队的凝聚力。

团体规模和工作效率的关系还可以从责任扩散的现象中得到进一步的解释。社会心理学家达利和拉坦内在研究影响利他行为的因素时发现(1968)，在紧急情况下，只要有他人在场，个体的利他行为就会明显减少，而且旁观者的人数越多，利他行为减少的程度就越大。这种"旁观者效应"的一个主要原因是：有其他人在场时，个人因袖手旁观而产生的内疚感、羞耻感将会减少，因为"见死不救"的责任并非由一个人，而是由在场的所有人来承担，即所谓的责任扩散。同理，在需要多人努力才能完成的任务中，团体成员也会认为所有团体成员均对完成任务负责，从而产生依赖他人努力的倾向，进而降低了自己的责任感和进取心，导致工作效率的下降。这提示教练员，在完成必须由各团体成员合作的任务中，要仔细、具体地分配各成员的任务，让他们明确各自的职责，并严格按照个人的成绩进行奖惩。团体成员越多，越要注意防止这种因"旁观者效应"产生的责任扩散。

9. 团体稳定性

团体稳定性，是指团体成员的变动程度。团体稳定性影响团体凝聚力的形成、巩固和发展，团体凝聚力的培养需要时间。多纳利(1975)收集了 1901～1969 年 6 个大型棒球队的比赛资料发现，有的队一年里花去一半的时间在调换和训练新队员，而且新队员只有一半的人能够取得成功。多纳利在 1965 年跟踪研究的 6 个队所得资料发现，新队员至少要参加 11 场球的比赛，才能发展球队的任务凝聚力。其他项目也基本相同。多纳利研究发现，团体成员不太稳定的运动队不仅凝聚力低，而且获得成功的次数也较少。成员之间长期的友好联系有助于提高运动队的凝聚力，一个运动队越有凝聚力，其成员就越不愿意离开。

📖 引导案例分析

在体育运动中，人们经常以团体的身份参加各种活动。然而，并不是所有团体中的个体都能够自觉地凝聚在一起，为达到他们共同的目标而付出努力。许多研究者指出，一个团体，尤其是一支成功的运动队，它是"一个有生命力的群体，其成员全身心地投入到完成共同的任务之中，他们团结一致并能够从中获得乐趣，他们最终总能高质量地达到目标"(Anshel, 1994)。

在体育竞赛中，教练员和运动员都认为团体的凝聚力对一支运动队最终获得成功起着至关重要的作用。我们经常听到这样的一些说法：士气是取得战争胜利的唯一的、最伟大的因素，团结就是力量，凝聚力就是战斗力等。美国奥林匹克篮球教练拉里·布朗在 2004 年的雅典奥运会的分组预选赛败于波多黎各后说："我感到耻辱，不是因为失败，我总是能够处理成功和失败，但是我为作为一个教练而感到失望，因为我们要了解作为一个团队应该怎样去比赛和行动，我认为我们并没有做到这一点。"团体成员团结在一起可以满足运动员的需要，并促使他们竭尽全力达到团体目标，增加他们之间相互的信任感，并获得队友间的友情和支持。正因为这样，教练员总是采用譬如赛前动员会、赛前特别的仪式、赛前共同进餐等方法来鼓舞队员的团队精神。

在大众健身领域，成为各种锻炼项目的团体成员是使自己坚持体育锻炼，以保证从体育活动中获益的有效方式。为了提高人们参加健身运动的坚持性，健身运动的指导员也不停地尝试在他们的训练班中培养凝聚力。

在学校体育中，不论是在上体育课的班集体、课外体育活动兴趣小组以及体育俱乐部中，还是在校运动队中，学生之间的相互联系、协作和对抗性的活动都较多，体育教师常常充当处理个体与个体、个体与团体关系的组织者和协调者。团体凝聚力是这些学校体育团体最基本的心理特征，它是衡量一个集体是否有战斗力，集体活动是否能够达到预期目标的重要标准。

第二节　体育团体凝聚力与运动表现

一、团体凝聚力与运动成绩的关系

体育团体凝聚力
与运动表现.mp4

　　在高水平的教练和队员眼中，凝聚力是被高度重视的，并且也是球队最后成功所极其需要的。人们期望教练能够打造球队的凝聚力，作为教练本身，他们也认识到了这一点。席尔瓦(1980)在一项全国性的调查中发现，"打造和保持球队凝聚力"是教练提到的最频繁的字眼。球员也认为凝聚力是优秀表现的必要条件。例如，下面的描述就代表了许多教练员与运动员的心声。

　　休息室里，只听见希佐教练疯狂的咆哮声，"这场比赛我们一定要赢，我要的是三分，记住，是三分！"随着队员划破长空的雄起声，力帆将士带着信心上场。"我还从来没有看到过凝聚力如此之强的团队，今天比赛肯定能赢。"国脚魏新小声嘀咕，内心充满了必胜的信念。连胜后，主帅希佐和陈宏、王斌等人紧紧地抱在了一起，下场的队员宣泄内心的喜悦，拥抱成了最流行的庆祝方式。史鸣还兴奋地学着非洲舞步，所有人都陶醉在这个初秋的夜晚中。

　　球队团结的问题也影响到球迷。最值得一提的是，2004年雅典奥运会的女排冠、亚军决赛。在教练陈忠和的带领下，中国女排团结一心、奋勇拼搏，最终于20年后重夺金牌。以下是有关媒体的报道：北京时间8月29日凌晨，在奥运会女排决赛中，中国队在先输两局的不利情况下，后来居上、反败为胜，最终以3:2战胜了俄罗斯，勇夺奥运会冠军。群情激奋、欢呼雷动，时隔20年，女排姑娘们再次获得世界冠军，这不仅是一次冠军的加冕，更是辉煌灿烂的"老女排精神"的回归和荣光。中国女排的五连冠铸造了"团结拼搏"的女排精神，志向、信心、实力锻造的女排精神更激起了国人的斗志：我们能够超越别人。今天这种精神终于"又回家了"……

　　尽管如此，凝聚力与球队胜利之间仍有着相当复杂的关系，有些队伍虽然明显不团结但还是会获得成功。例如，美国20世纪70年代早期的奥克兰运动队的队员之间经常打架，甚至与老板分利也经常发生争执，但该队仍然获得世界系列赛的二连冠。

　　人们会认为，团体凝聚力与团体运动成绩呈正相关，即团体凝聚力好的运动队，运动成绩也较好；团体凝聚力较差的运动队，运动成绩也较差。但运动心理学的实证研究表明，实际情况要比人们想象得复杂。

(一)支持团体凝聚力与运动成绩呈正相关趋势的研究

　　20世纪70年代，马腾斯等人(1972)进行的有关运动凝聚力的研究极具影响力和代表性。该研究以一个城市的144支篮球队的1200余名运动员为被试。研究结果表明，运动队的团体凝聚力与运动成绩的关系非常密切。在另一项研究中，马腾斯和彼德森(1971)也探讨了赛季前的凝聚力对运动队成绩的影响。结果表明，拥有高凝聚力的运动队比拥有低凝聚力的运动队会拥有更好的成绩。20世纪80年代，卡伦(1981)等人对曲棍球、尚格和凯农(1987)对篮球等项目的研究结果显示，团体凝聚力与运动成绩呈正相关。20世纪90年代，张立(1992)对我国优秀女子排球队及张忠秋(1996)对我国男子排球队的凝聚力问题进行的研究也得出，团体凝聚力与运动成绩呈正相关的结果。

(二)质疑团体凝聚力与运动成绩呈正相关趋势的研究

弗瑞德等人(1952)却认为，运动团体凝聚力与运动成绩呈负相关，这与人们的认知以及上述实证研究结果正好相反。20世纪60年代，麦克瑞斯(1962)的研究支持了弗瑞德等人的观点。在他进行的实验中，3名人际关系不好的射击运动员组的成绩要好于3名人际关系好的射击组。后来，兰克(1969)对奥运会划船运动员的研究也支持了弗瑞德等人的观点，其研究对象是德国获得奥运会冠军和世界冠军的划船队(8名运动员)，这些运动员1960—1964年都取得了世界最好成绩，但实际上该队成员间的内部冲突严重。该队教练在揭示该队成为世界冠军的奥秘时，认为把握有矛盾运动员的技术和任务动机的调节，在队伍人际关系较差情况下更易成功。20世纪70年代，兰德斯等人(1974)对保龄球项目的研究再次表明，团体凝聚力与运动成绩呈负相关。此外，Melnick 和 Chemers(1974)运用了和马腾斯等人的问卷和程序相似的方法进行了研究，却未发现赛季前的凝聚力与运动队的成绩有关。

克瑞蒂(1983)认为，教练员不应该过分担心队员中的对立关系，个体之间有最佳的关系紧张程度，引导得好，就会出现较好的成绩。也就是说，队员之间一定程度上存在紧张关系还是有益的，它表明队员真正关心他们个人和集体的成绩。然而，这种紧张关系超过了限度，个体间的关系紧张和敌意可能会消释全队的努力。教练员应当努力完成队内个体的最佳结合，努力在训练和比赛过程中将运动员搭配起来。

二、团队凝聚力与运动项目的关系

克瑞蒂等人提出了一个预测运动成绩与凝聚力关系的分类系统。他们认为，队员之间有多大程度的相互依赖性是决定凝聚力与运动成绩的关键性因素。要取得成功就必须有相互依赖的项目，如篮球、排球、足球等，对凝聚力的要求就高。如果运动员只是相互独立地完成动作，其要求就是低的。另外，运动项目的性质也是决定凝聚力与运动成绩之间关系的重要因素之一。具体如表10-1所示。

表 10-1　运动项目的性质与要求任务凝聚力之间的关系

共同活动 (相互依赖的任务少、凝聚力低)	共同活动—相互作用混合 (相互依赖的任务中等，凝聚力中等)	相互作用 (相互依赖的任务多、凝聚力高)
射箭	美式橄榄球	篮球
保龄球	棒球、垒球	曲棍球
田赛	花样滑冰	冰球
高尔夫球	划船	英式橄榄球
射击	径赛	足球
滑雪	拔河	手球
高台滑雪	游泳	排球
摔跤		

马腾斯和彼德森(1971，1972)通过研究，得出了运动团队凝聚力与运动成绩关系的中介物是运动项目的类型的结论。团队项目或者是具有相互作用的项目与共同活动的运动项目相比，团队的凝聚力与运动成绩的关系是不同的。前一类运动项目，其运动成绩与团队的凝聚力呈正相关，即这类项目为取得成功或达到团队的目标，必须要求队员协同努力，而后一类运动项目则不要求队员为取得成功而相互作用，因此，其运动成绩与团队的凝聚力呈负相关。当然，有的项目(划船)是部分共同活动、相互作用的。

马腾斯和彼德森等人(1972，1975，1977)的研究认为，运动成绩使团队的凝聚力加强，而不是凝聚力导致成绩的提高，是团队的成功提高了团队的凝聚力，即赢队使凝聚力增强，输队使凝聚力降低。而 Landers(1982)认为，是凝聚力导致成绩的提高。

综上所述，运动团队因项目特点、成员组成、角色行为、目标任务等不同，对凝聚力的要求也各异。有些项目需个人的自主性强、单独作战；而有些项目则需与他人密切合作；又有一些项目则是高度配合和个人技巧的结合。这些对凝聚力的要求都是有所不同的，且与社会文化背景等因素有关。

第三节　体育团体凝聚力的发展

一、明确并认同团体目标与成员角色

确立团体目标与团体成员承担的角色任务可以让个人和团体专注于需要完成的活动。同时，认同和接纳这些目标和角色也有助于提高成员的积极性和团队的协作性。当目标实现时，团体成员会因为他们的成就而感到满意和自豪，并为在这样的一个集体感到光荣，从而为实现新的目标而努力。

体育团体凝聚力的发展.mp4

目标设置是一种有效帮助学生或队员明确团体目标和个人目标的方法。结合采用多重目标策略，把握有效目标设置原则对个人和团体的活动表现有积极的影响。例如，在体育教学班中，体育教师根据体育与健康课程标准的课程目标、领域目标和水平目标针对每个班级完成每一个学期、每一周以及每一次课的课程活动进行安排能够提高教学活动的效率。同样地，学生根据教师的活动安排，设置一个学期每节课甚至每一次活动后所需要达到的目标，这些目标设置对激发个体的积极性非常重要。

另外，还可以通过树典型、开座谈会、个别谈话以及角色互换等让团体成员清楚地了解并真心地接纳期望的角色，从而激发团结协作的热情。

二、建立良好的团体规范

团体规范是团体确立的共同遵守的行为准则。团体成员都必须遵守这些规范。它可能是正式规定的，也可能是大家约定俗成的。团体规范的作用是使成员在心理上形成一种约束力，在团体规范的约束下，成员之间的态度、情绪和行为会发生接近、趋同的类化过程。在体育教学中，体育教师要善于采取各种积极的措施来形成良好的规范，如建立课堂教学常规、竞赛规则等。也可对学生表现好的行为经常给予肯定和表扬。这些积极强化手段的使用要有一致性，这样才能形成积极的团体规范。只要形成了积极、良好的团体规范，学生的行为就容易向积极方向发展，从而形成教学团体的整体化。在形成良好的团体规范的同时，要防止学生出现消极的团体规范，如厌恶上体育课等现象，以免影响良好的团体规范的遵守。

三、形成良好的师生关系

在一支运动队、一个健身班或是一个体育教学班中，教练员与运动员、健身操教练与学员、教师与学生之间要相互尊重，积极营造良好的沟通氛围。教练和教师应特别注意自身的修养，树立良好的形象，提高自身的素质。一位品德高尚、事业心强、言行举止文明的师长是学生学习的榜样。教练和教师要关心和爱护学生，并根据学生的心理特点，因材施教，灵活、合理、公正、平等地对待每一位学生，这样才能建立起师生间的信任关系。教练和教师也才可能得到学生的支持，在团结合作的气氛中共同完成训练、竞赛及教学任务。教练和教师还可以充分利用体育运动的特点协调师生关系。例如，体育教师可以利用体育课户外活动的特点，主动参与学生的练习、活动、游戏，增加师生共处时间，拉近师生间的距离。除此之外，体育教师还可以采用合作学习来有效地组织教学。通过强调学习小组的共同的任务和共同的荣誉，增强小组成员齐心协力、共同分担责任的意识，通过执行活动任务共同进步和提高，在社交方面能够很好地适应。此外体育教师还要学会一些沟通技巧和调控情绪的方法，运用这些技巧和方法营造一个能舒适表达思想与情感的环境，通过调节学生的情绪，建立真诚的师生情。当学生或队员的心情愉快、情绪饱满时，有利于师生间的沟通、交流。积极上进的心境对师生之间的感情交流、良好师生关系的建立有着重要的意义。

四、积极开展体育竞赛活动

体育竞赛是一种以运动项目或某些身体活动为内容，并按一定规则要求进行的个人或集体的体力、技术和心理的相互较量的过程。体育竞赛会给团体成员带来一些外部压力，外部对手也常常是产生和维持一个团体的重要条件。在体育教学的过程中，体育竞赛既是一种组织形式，也是一种方法。体育教师和体育管理者应多组织各种面向全体学生的集课余性、互动性、健身性、娱乐性、激活性与教育性等特点于一体的竞赛活动，来激励或检查学生体育学习和锻炼的水平，培养学生的竞争意识和创造精神。通过班集体、运动队等各种形式的体育运动团体的组建，促进团体成员的凝聚力和合作精神。同时，还应及时向表现突出的团体授予荣誉，加大宣传力度，增强团体成员的集体荣誉感和自豪感。

▓ 知识拓展 10-2

运动队中常用的提高凝聚力的方法

在运动队中，凝聚力总是与队员的满意感联系在一起的。通过提高运动员的认同感和归属感，可以增强运动员个人的满意程度。具体方法如下。

1. 传统教育法

目的：通过了解集体的光荣传统，提高对集体的认同感。

方法如下。

(1) 收集与本队训练比赛有关的录像、照片、奖杯、奖状等物品，布置本队队史展览。

(2) 请老队员向新队员介绍本队的光荣传统。

2. 醒目标语法

目的：通过视觉冲击，烘托集体目标，提高认同感。

方法如下。

(1) 将全队目标写在大型横幅上，挂在食堂、训练场、宿舍楼等建筑的醒目处。例如："奋战冬训 100 天，××预赛开门红！"

(2) 大赛之前用倒计时方法营造紧迫感，如"距××会还有 138 天"。

3. 定期队会法

目的：通过征询每个队员对实现目标的意见，使队员认同全队目标。

方法如下。

(1) 组织队会，讨论为实现全队目标应当采取的措施。

(2) 组织队会，讨论大赛中技术、战术方面需要注意的问题。

(3) 组织队会，请每个队员就某个重点队员的技战术问题出谋划策。

4. 目标内化法

目的：将集体目标与个人目标有机结合在一起。

方法如下。

(1) 要求运动员在训练日记中写明全队目标和个人目标。

(2) 集体项目中，强调个人目标的实现依赖于集体目标的实现。

(3) 个人项目中，强调个人目标的实现有助于集体目标的实现。

5. 互相了解法

目的：通过使每个队员了解其他队员的感受，使队员更具同理心。

方法如下。

(1) 请每个运动员在一张纸条上写出比赛时希望其他队员如何对待自己，纸条不记名。

(2) 教练员收集每个队员的纸条，并在全队会上念出每个队员的希望。

(3) 教练员与运动员一起讨论，将这些希望归纳为几项可以操作的原则。

6. 生日庆贺法

目的：建立社会支持系统，提高全队的凝聚力。

方法如下。

(1) 将每个队员的生日按照时间顺序记录下来。

(2) 在队员生日的时候以个人名义送上一份生日礼物。

需要说明的是，生日礼物一般不要过于昂贵，有纪念意义即可，如书籍、书签、音乐磁带等，所谓"礼轻情义重"。

7. 互相赠言法

目的：通过互相勉励，提高全队的凝聚力。

方法如下。

(1) 在大赛前，每个参赛队员写一句适用于所有参赛队员的赠言，但不署名；教练员统一收齐后，随机发放给每个参赛队员，大声念出或写在黑板上。

(2) 在成功或失败之后以及遇到重大困难时，也可以请队员互写赠言，以互相鼓励。

(3) 要求运动员将自己收到的赠言写在训练日记中，或者将自己认为特别有意义的赠言写在训练日记中。

(资料来源：张力为. 现代心理训练方法[M]. 北京：北京体育大学出版社，2004.)

📖 **拓展阅读**

对抗强敌最有力的"武器"——凝聚力

提起"黄菁"这个名字，很多人并不熟悉，但说到 2020 年年初，女篮奥运落选赛时对中国女篮队员进行铿锵有力、鼓舞士气的演讲的心理教练，相信很多人都会恍然大悟：原来是他！

"当需要一个人站出来时，那叫勇敢；当一个团队挺身而出时，那叫担当；当一个国家身处逆境，呼唤一种精神时，那就是使命，就是信念，就是一往无前！今天不仅仅是一场比赛，更是一场跨越时空的能量传递，我们要打出中国女篮的精气神，敢打硬仗，遇强则更强！"这是黄菁彼时的发言，也成为中国篮球史乃至中国体育史上让人印象深刻的片段。

在黄菁看来，他只是做了一个国家队心理教练该做的事情，团队中的每个人都是付出汗水和努力的一部分，也是努力打造国家队文化的一部分。

谈及中国女篮的球队文化，黄菁表示，教练组经过深入探讨，最终认为要把中国女篮打造成一个有内涵、有竞争力的团队。"队伍凝心聚力，有共同目标和使命，将每个人的激情和能量都释放出来，坚持高质量、高强度训练，比赛中勇于取胜、敢于亮剑，为国争光、为集体添彩，最终实现个人价值。"

为此，球队做了诸多努力。比如，近两年中国女篮每次集训都会适时组织主题拓展活动，去过敦煌戈壁徒步，在大漠无人区挑战极限；也去过甘南、川西重走红军路，让姑娘们亲身体会在艰难困苦的条件下，红军战士如何坚守信念、冲破险阻一步步走向光明、走向胜利。在这些边远地区，中国女篮都会走进当地学校做公益捐赠活动，这些场景带给女篮姑娘们深深的震撼，也唤起了她们身上的责任感、使命感和必胜的决心。

尽管如愿获得了东京奥运会入场券，但 2020 年年初的新冠疫情以及东京奥运会延期的消息还是对这支正处于上升势头的队伍在备战、训练上产生了不小的影响。作为心理教练，黄菁也和教练组制订了全新的工作计划，为姑娘们在来年的奥运赛场上取得好成绩保驾护航。

黄菁介绍说，长期封闭的环境确实给人带来很大的负面影响，尤其是一群风华正茂的年轻球员。教练组经过反复开会讨论，认为训练计划可做适当调整，但队伍管理不能放松。同时，针对封闭集训的不利影响，要多想办法组织一些有设计感的主题活动。封闭集训期间，中国女篮每周开展一次读书分享会、一次观影会；每周六和艺术体操队进行互动，半天教跳舞，半天教打球；和食堂师傅做好沟通，全队一起和面、擀饺子皮、包饺子。2020 年 7 月、9 月的两次短期集训过程中，教练组还给全体队员做了一次心理测评，目的是倾听队员的真实想法，以便了解每个人的困扰和焦虑，明确阶段性目标，探讨并优化个人应对策略。

黄菁强调，篮球是一项集体运动，队伍需要有"生物多样性"，既要有勇于拼杀、敢于出手的球员，也要有能够沉得住气、头脑清醒的球员。教练在训练中既要严格要求，也要因材施教、知人善任，帮助她们克服弱点、强化优势。黄菁说："这是一个边探索边改进的过程，如果让她们充分发挥优势、释放潜能，那我们组合在一起的团队将异常强大！"场外也是一样，不同的岗位都在通过各自的工作和努力确保队伍高效运行。

"心理辅导也好，训练比赛也罢，我认为都是打造球队文化的一种手段，相信在球队上下、内外的共同努力下，更能激发球队的战斗力、凝聚力，而这也将是中国女篮在大赛赛场上对抗强敌的最有力'武器'。"黄菁说道。

(资料来源：林剑，陆鹏羽. 《每个人都是球队文化建设的一部分》——中国女篮的文化建设有特色[N]. 中国体育报，2020 年 11 月 9 日.)

本 章 小 结

在体育运动中，人们经常以团体的身份参加各种活动。然而，并不是所有团体中的个体都能够很好地凝聚在一起，为达到他们共同的目标而付出努力。本章主要介绍了体育运动中团体凝聚力的概念、分类以及分析了影响团体凝聚力的因素，探讨了团体凝聚力与运动表现之间的关系，最后介绍了提高体育团体凝聚力的途径和方法。

思考与练习

1. 一个运动队中，体育团体凝聚力是否越强越好？
2. 影响体育团体凝聚力的因素有哪些？
3. 可以采取哪些措施来提高体育团体凝聚力？
4. 你觉得体育团体凝聚力和运动成绩哪个是因，哪个是果，为什么？
5. 试述体育团体凝聚力与运动表现之间的关系。
6. 提高体育团体凝聚力的途径和方法有哪些？

殊不知有健全之身体，始有健全之精神；若身体柔弱，则思想精神何由发达？或曰，非困苦其身体，则精神不能自由。然所谓困苦者，乃锻炼之谓，非使之柔弱以自苦也。

——蔡元培

第十一章　运动损伤的心理致因与康复

本章学习目标

- 了解运动损伤发生的心理致因。
- 了解运动员受伤后的心理反应。
- 了解帮助受伤运动员积极康复的心理学方法。
- 运用应对策略预防运动损伤的发生。
- 学会制订运动损伤的心理康复计划。

核心概念

唤醒　人格　应激　应激刺激　应激反应　应激源史　应激—运动损伤模型

引导案例

你知道吗：运动损伤与心理因素有关

在 2005 年 10 月 8 日进行的第十届全国运动会男子体操团体预赛中，肩负为湖南队摘金夺银使命的中国体操领军人物李小鹏在做自由体操结束动作时因为腾空高度不够，落地不稳，双膝着地，导致旧伤复发。李小鹏强撑着走到场边，仰面朝天蜷着双腿，手按着左脚踝，脸上表情非常痛苦。之后在自己拿手的跳马比赛中，他继续带伤上阵。当向裁判示意比赛结束后，李小鹏终于坚持不住跪了下来，爬到了场边，疼痛让他的脸都揪在了一起，眼眶红红的，眼角噙着泪水。

李小鹏脚踝和手臂处的陈年旧伤是他失误的主要原因之一。加之由于伤病等缺乏系统训练，他赛前的情绪相当低落，而且第十届全国运动会是其在 2004 年雅典奥运会受挫后参加的第一次真正意义上的大赛，心理应激强度增强，导致动作变形，因此在比赛中失误导致再度受伤，这与其心理因素不无关系。

随着体育运动的发展和参加人数的增多，体育运动中损伤的发生率也日益上升(季浏，1995；颜军，2000)。根据保守估计，美国每年有 300 万~500 万的成人及儿童在竞技运动、身体锻炼以及娱乐体育活动中受伤(克劳斯和康罗伊，1984)；在西方许多国家，用于运动损伤的治疗费要远远超过处理交通事故的费用(梅赫伦、希尔比勒和肯珀，1992)。美国每年仅用于轮滑运动中运动损伤的治疗费用就有 1 亿美元(克维德拉和弗兰克尔，1983)。运动损伤与康复的问题，不仅是医学、训练学关注的问题，也是心理学关注的问题。

运动员和锻炼者在所从事的项目中受伤，是体育运动难以回避的问题。在同一个人身上接连发生不幸，使人们不禁要问：为什么总是他？这与他的性格有关系吗？他有什么教训值得借鉴吗？

(资料来源：本书作者整理编写.)

本章将探讨与运动损伤及运动康复有关的心理学问题：运动损伤的心理学原因，运动员受伤后的心理反应以及心理学在康复过程中的积极作用。

第一节　运动损伤发生的心理致因

实验和研究均表明，运动损伤的直接原因固然是身体的和生理的，但心理因素也是造成运动损伤的重要原因(曾芊，曾琳娜和郭惠光，1994；温伯格和古尔德，1999)。导致运动员受伤的心理因素有很多，而且比较复杂。

一、应激反应与运动损伤的关联

早期有关心理因素与运动损伤关系的研究大多是由教练和治疗受伤运动员的医学工作者开展的。现在越来越多的关于运动损伤的心理因素及其潜在的机制被深入研究，并逐渐发展，形成了几种应激理论模型。运动损伤的应激理论模型对于全面了解、认识运动损伤，指导人们采取适当的干预措施来预防和减少运动损伤的发生，具有重要的理论意义和实践价值。下面重点介绍三种理论模型。

(一)阿德森和威廉斯的应激—运动损伤模型

阿德森和威廉斯 1988 年提出了包括评价损伤危险心理因素和减少运动员损伤可能建议的应激—运动损伤模型(见图 11-1)。这个模型整合了早期的运动损伤的研究成果，借鉴了应激—疾病、应激—创伤以及应激—事故的相应理论成果。

在这个模型中，应激被认为是运动员对潜在应激的环境的认知。如果运动员感觉不能应对环境的需求时，他的应激应答就被激发了。与之相应的生理和注意力变化就会导致肌肉紧张、视野变窄，这样也就增加了受伤的危险性，从而可能产生运动损伤。认知、生理和注意力之间相互影响，所以，就像认知可以影响注意力和生理反应那样，注意力变化也可以反过来作用于认知。

另外，该模型也反映了应激—运动损伤潜在联系的影响因素。这些因素包括应激源史(生活事件、日常冲突和陈旧损伤等)、人格特点(敢为性、竞赛特质焦虑、控制的中心和成就动机等)以及应对资源(一般应对行为、社会支持、应激管理和心理训练等)。这些因素对运动员可以产生正向或负向的心理效应，前者包括进取、兴奋和快乐的感觉，而后者会表现为焦虑、不适、恐惧情绪。运动员体验到的这种心理情绪显然进一步影响了运动损伤发生的风险性：负向的心理效应比正向心理效应更易于导致运动损伤。这种负向的心理应激正是通过上述生理反应中的交感—肾上腺髓质系统和下丘脑—垂体—肾上腺—糖皮质激素系统进一步影响身体功能，进而增加运动损伤发生。

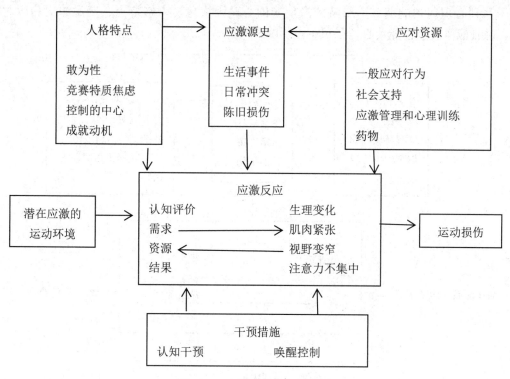

图 11-1 应激—运动损伤模型

应激—运动损伤模型在反映心理社会应激可能对人体产生运动损伤的同时，还提出了减小高风险运动损伤发生可能性的预防忠告。这些干预措施包括认知调整、放松技巧等，它们可以通过调节运动员认知和生理反应来缓解心理应激反应，进而减少损伤危险。丹尼斯(1991)等人的研究发现，放松训练可明显降低游泳运动员和足球运动员的损伤发生率，而且这些相关的心理训练方法也被应用于其他研究和训练中以减少运动损伤的发生，并且收到了很好的效果。

然而，随着研究的不断深入，研究者发现，单个心理变量如生活应激、社会支持和应对技巧与运动损伤的发生显著相关，其他心理变量与运动损伤的关系的研究结果或肯定或否定理论模型，特别是人格因素的研究。早期的研究试图通过对损伤与未损伤运动员的简单比较来寻找受伤运动员人格中某些维度的特点，从而建立一个普遍适用的受伤运动员人格结构剖面图，然而与研究者预先假设相违背的是，这些研究只得到一些模糊、不一致甚至相违背的结果。分析其原因，大多数学者认为，该理论模型过分强调运动损伤与单个心理因素之间的关系，而忽略了各心理因素的相互关系以及它们的交互作用共同影响运动损伤的方面。

(二)阿德森和威廉斯修改的应激—运动损伤模型

阿德森和威廉斯(1998)在总结和归纳最新研究的基础上，对原来的应激—运动损伤理论模型进行了修改，并提出了一个建立在应激理论基础之上，旨在解释心理因素之间相互作用进而影响运动损伤的应激—运动损伤模型(见图11-2)。根据这个关系模型，运动员对潜在应激的运动环境反应影响运动损伤的发生；而且，运动员的应激反应可直接或间接地受一系列心理因素的调节，影响应激反应的心理因素包括人格特点、应激源史和应对资源，并且应激反应也能被心理干预手段影响。

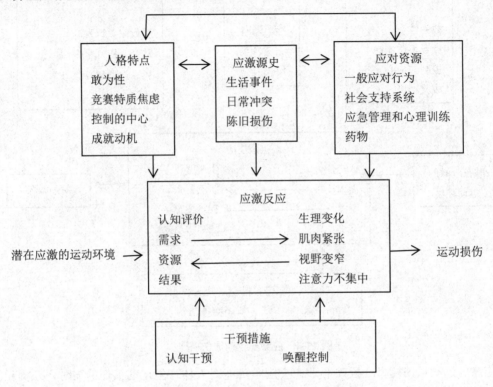

图 11-2　修改后的应激—运动损伤模型

这个模型的关键也是应激反应，一个具有潜在应激的运动环境要求运动员对所接受任务的相关要求、运动员的应对策略资源和任务产生的结果要有充分的认知和评价。如果运动员认为环境需求超过其自身的应对能力，应激反应就会很明显。相反，如果运动员认为自己的应对能力超过环境需求，应激反应就会非常小。应激反应代表着运动员处理环境需求的能力资源与环境的实际需求之间的一种不平衡现象。应激反应会导致运动员选择性的心理状态和注意力的变化。这些变化包括不断加剧的肌肉紧张、视力变窄和注意力不集中等。每一种变化都可能增加运动员受伤的风险。除了环境需求和应对资源的不平衡外，想象中的运动情境也可能引发应激反应。因此从本质上说，任何导致应激反应的认知与评价都会使运动员面临受伤的危险。影响压力反应的因素包括运动员的人格特点、应激源史、应对资源和干预措施等。

如图 11-2 所示，应激反应是关键因素。心理应激是否导致运动员受伤，取决于运动员处理面临的危险局面的能力与环境的需求及其产生的后果之间的平衡关系。如果环境导致一种想象中的失衡(威胁)，运动员的肌肉就会紧张，视野也会变得狭窄。正是这种狭窄的视野、注意力的不集中和肌肉的紧张最终导致运动员极为脆弱，极易在运动中受伤。另外，该模型还预测，专注任务能力越强的选手就越不容易在比赛赛季遭受剧烈和慢性运动损伤。

修改后的应激—运动损伤理论模型认识到影响运动损伤各心理因素之间的相互作用，各个影响因素在单独影响运动损伤的过程中，它们之间也发生相互作用。因此，研究运动损伤时考察某一单独的因素对运动损伤产生的影响，结果是显著相关，其原因可能有两个：一是该心理因素与运动损伤直接相关；二是该心理因素不直接与运动损伤相关，可能是由于和其他心理因素相互作用后，造成与运动损伤相关的结果。许多学者针对新的应激—运动损伤理论模型进行了大量的实证研究，结果发现，应对技巧、竞赛特质焦虑、生活事件以及比赛的角色之间发生交互作用，共同影响运动损伤的发生。戴群等人(2005)最近的研究也证明，人格变量对急性运动损伤产生影响的途径有两个：一是通过影响运动员对潜在应激的运动环境的认知和评价所产生的应激反应影响到运动损伤的发生，即所谓"直接影响"；二是通过影响运动员对应激源史、应对资源的认知和评价影响到个体对运动应激的反应，从而对运动损伤的发生产生影响，即起到中介变量的"交互影响"。

(三)阿斯特丽德·容格的运动损伤的交互理论模型

针对阿德森和威廉斯(1988)应激—运动损伤模型的不足，阿斯特丽德·容格(2000)在总结最新研究成果的基础上修改了阿德森和威廉斯的应激—运动损伤模型，同时提出了运动损伤的交互理论模型(见图11-3)。他认为，一个运动员是否发生损伤，是由运动员对所处环境的应激反应决定的，影响因素包括以下几个：心理社会应激(特别是生活事件)、应对资源以及情绪状态，并且认为，这些心理因素之间不是孤立地发生作用，而是相互作用、共同影响运动损伤的发生。

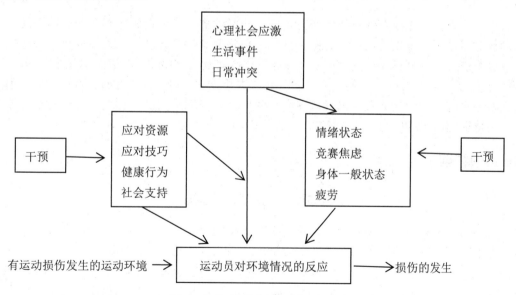

图 11-3　运动损伤的交互理论模型

其实，阿斯特丽德·容格运动损伤的交互理论模型也存在一些不足，如去掉了具有研究争议的人格因素，所提出的干预仅仅是针对应对资源以及情绪状态，而忽略了对运动员应激反应这个关键因素的干预。心理应激是否导致运动员受伤，取决于运动员处理面临的危险局面的能力与环境的要求及其产生的后果之间的平衡关系。如果环境导致一种想象中的失衡(威胁)，运动员的肌肉就会紧张，视野也会变得狭窄，这就容易造成损伤的发生，因此对应激反应的干预应该作为预防运动损伤的重点之一，采用提高运动成绩和阻止应激反应强度的唤醒控制技能和认知干预。

陈爱国和颜军(2005)认为，目前研究运动损伤的心理模型逐渐把重点由过去关注某个单一心理因素对运动损伤产生的影响，过渡到考虑各心理因素之间的相互关系以及它们的交互作用共同影响的运动损伤上，只是现在考虑得还不够。因此，阿德森和威廉斯修改后的应激—运动损伤模型增加了人格特点、应激源史和应对资源的交互作用，然而近年来越来越多的研究发现，不仅人格、应激源史和应对资源之间有交互作用，它们和运动员比赛的应激环境也发生交互作用。随着研究的深入，各心理因素之间的相互关系以及它们的交互作用影响运动损伤的发生关系，将会得到更清楚的诠释。

另外，之所以探讨运动损伤的心理模型，目的是采取相应的干预措施，预防运动损伤的发生。而以上的三个理论模型考虑采取的方法都存在一定的局限性。阿德森和威廉斯的两个(1988，1998)应激—运动损伤理论模型仅仅提出两种阻止由高应激引起运动损伤的干预措施。第一种干预措施是试图改变运动员对具有潜在应激事件的认知与评价，而第二种干预措施则试图修正应激反应的注意力方面的内容。阿斯特丽德·容格运动损伤的交互理论模型则仅仅关注对应对资源和情绪状态的干预。既然三个理论模型提出的干预手段已经被许多研究证明是正确的，就有理由相信，未来的心理学研究运动损伤心理模型会包括以上所提到的干预方法。

二、人格特征与运动损伤的关联

人格因素虽不是致伤的直接因素，但它与应激源史、应对资源等相互作用，进而影响运动员对应激刺激做出的反应。这些人格因素包括意志的坚忍性、内外控制点、合群感、竞赛特质焦虑、内部动机(考克斯，1998)以及自我观念和内外向等(温伯格和古尔德，1999)。但是，多数人格与损伤关系的研究结果并不一致(费尔茨，1984)。当然，这并不代表人格因素与运动损伤无关，而是表明目前我们尚未成功地找到并测量出与运动损伤相关的人格特征(温伯格和古尔德，1999)。

知识拓展 11-1

运动损伤与人格有关系吗

人格与运动损伤之间关系的研究源于 20 世纪 60 年代。早年这方面的研究工作大多只是描述性的，实验性的研究还很少。比较客观的研究是学者采用纸笔测验工具(卡特尔 16PF 人格测试量表、艾森克个性问卷等)来调查个性与运动损伤的关系。杰克逊等人(1978)对 110 名中学足球运动员的研究发现，受损伤运动员的空想个性特征较为突出。意志脆弱、敏感的运动员比信赖自己的运动员更容易受损伤。他们同时还指出，16PF 人格测试量表中的因素 A(性格孤僻、固执、冷淡区别于开朗、热心和合群的因素)对严重运动损伤有预测作用。性格孤僻和固执的运动员更容易受损伤。陆建峰等人(1995)通过艾森克问卷调查发现，少儿体操、技巧运动员的个性类型与急性运动损伤有着密切的关系。外向型和不稳定型运动员的动作判断准确性差，更容易出现动作失误，因而有着较高的急性运动损伤发生率，而且不受训练年限的影响，不同个性类型的运动员的其他损伤规律符合一般运动损伤的规律。但也有人提出异议，布朗(1971)认为，在受伤和未受伤运动员之间并无显著性的个性差异。科尔特塔尔(1991)认为，采取这样的研究设计不能确定因果关系，即不能确定是独特的个性造成的运动损伤，还是运动员受伤了而表现出的某种个性特征？

(资料来源：张力为，任未多. 体育运动心理学研究进展[M]. 北京：高等教育出版社，2000.)

三、应激源史与运动损伤的关联

应激源史是指有机体过去承受过的应激刺激的情况，包括应激生活事件、日常生活困扰和运动员过去受伤等的历史。这些因素交互作用于应激反应，从而导致运动员受伤。

(一)生活应激与日常生活困扰

生活应激与日常生活困扰会降低运动员有效处理应激反应的能力，从而影响运动员的生理状态和注意力，使运动员极易受伤(汉森，麦卡拉格和托尼曼，1992)。积极的生活应激包括准备考试、发展社会关系和养家糊口等；消极的生活应激包括离婚、丧失亲人和失业等。运动员的生活应激水平越高，在运动中受伤的概率就越大，程度就越严重(考克斯，1998)。一项研究表明(汉森，麦卡拉格和托尼曼，1992)，积极的生活应激与运动损伤的发生频率有关，消极的生活应激则与运动损伤的严重程度有关。

(二)过去受伤的经历

运动员怎样调整自己过去受伤的经历，将决定其在以后的应激运动情境中做出什么样的反应。担心再次受伤，或担心自己没有从上一次的受伤中彻底恢复的运动员更容易再次受伤。这是因为他们在比赛中更容易分心并失去正确的注意指向。如果运动员伤愈后重返赛场没有做好充分的心理准备，就很可能对潜在的应激情境做出消极的认知与评价。相反，如果运动员吸取了受伤的教训，并在训练中积极避免这些教训，就会降低未来受伤的可能性。麦基和克罗斯曼(1996)指出，由于芭蕾舞演员经常受伤，许多人便学习运用正确的技术，做更多的伸展运动并改正可能导致受伤的训练动作。

(三)运动员比赛中的临场应激

比赛中的临场应激，是运动员在比赛中因为突然出现不利因素(教练员的批评、队友的失误、对手的出色表现、气候的变化、场地器材的不适应、裁判员的不公正、观众的喧哗等)引起的机体身心反应。比赛中临场应激的出现具有即发性和瞬时性，如果运动员对比赛任务的目标、指导的应对能力和可能的结果认知与评价不当，就容易造成较大的心理应激反应，从而影响技术水平的发挥，甚至发生运动损伤。

四、应对资源与运动损伤的关联

应对资源是指可用于应对的方式、手段和工具。运动员拥有的应对资源包括应对行为、社会支持、应激管理技术、集中注意力的心理技能甚至药物。这些因素相互作用，共同影响运动员的应激反应。

应对资源与运动损伤的关联.mp4

(一)应对行为

任何一种有助于运动员应对应激情境的行为都称作应对行为。完善的应对行为有助于运动员减少应激反应，从而降低运动损伤的频率和严重程度。应对行为本质上是高度个体化的，人人都有所不同。例如，在电影《飘》(*Gone With the Wind*)中，斯嘉丽·奥哈拉应对许多应激事件时的策略是对自己说"明天再考虑这件事"。

(二)社会支持

社会支持是一种重要的应对资源，它有助于运动员减少压力反应带来的不利影响(皮特里，1993)。社会支持主要来自父母、兄弟、朋友、教练、队友或社团组织等。研究发现，当运动员没有或缺少社会支持时，生活应激和运动员受伤两者之间的联系就异常紧密，使运动损伤发生的可能性增加 22%；与之相反，当运动员有社会支持时，两者之间的联系就不那么紧密了(帕特森、史密斯、埃维特和佩塞克，1998；史密斯、斯莫尔和帕塔塞克，1990)。

(三)应激管理技术

许多运动员把应激管理和认知干预技术作为应对和控制应激反应的策略。当应激反应较为严重时，运动员运用这些技术作为干预认知和控制唤醒的策略来减少应激反应的影响。研究表明，有效地削弱应激反应与减少运动员受伤次数和受伤程度有关(戴维斯，1991；克尔戈斯，1996)。

(四)集中注意力的心理技能

根据应激—运动损伤模型，运动员集中注意力的心理技能是防止注意紊乱和注意力分散的有效方法，同时也是他们重要的应对资源。

(五)药物作用

有些运动员为了追逐利益，常常非法使用一些药物，这些药物被国际体育组织定义为"兴奋剂"。兴奋剂家族中的刺激剂、麻醉剂、镇静剂及合成类固醇等在提高比赛成绩、愉悦情绪、减轻疼痛的同时，还直接或间接地造成运动员受伤。以服用促蛋白合成类固醇为例，它的副作用包括人具有攻击性、抑郁、焦虑和社会退缩等，这些心理效应都有可能削弱运动员的应对资源。从生理学角度分析，这类药物对于大、小肌肉群的力量以及对肌肉和韧带力量的发展不平衡，可能会造成运动员进行动作训练时肌肉用力不协调。另外，药物本身也可使肌肉和韧带变脆，导致运动员受伤(曾凡星，1998)。

五、其他心理因素

(一)动机

研究发现，遭受严重运动损伤的运动员动机水平很高，尤其是女运动员。麦切伦、梅赫伦、赫洛比尔和肯珀(1992)指出，高动机水平与个人对自己的严要求、高标准有关，因此，相对来说，高动机水平的运动员更容易受伤。许多运动员为了实现自己的成功欲望，或为了实现亲友、领导、教练、球迷等他人的期望，获得别人的尊敬与崇拜，通常会在训练和比赛中忍受各种类型和程度的痛苦。这不仅会导致运动损伤，还可能使运动员过早地结束自己的运动生涯。

罗泰拉和海曼(1986)研究发现，许多教练员常用的激发动机的手段是在运动队中提出这样的口号："不努力就回家""没有痛苦就没有收获""接受最严格的考验"等。这些都是强调运动员要玩命训练或者尽100%的努力。如果片面强调这种观念，就有可能使运动员忽略自我保护而用健康去冒险。另外，运动员有可能在教练员的日常行为中悟出这样一个观念：如果你受伤，你就是个没用的人。为了争取更多的上场机会，可能隐藏自己已有的伤势，坚持训练或比赛，从而使伤势加重。因此，教练员或领导应该注意，强调刻苦训练的同时，还要注意保障运动员的健康。

📄 知识拓展 11-2

伤病与训练中的不适感

女教练莎朗·泰勒所带的游泳队队员多年来一直受到疲劳性损伤的折磨，但他们仍崇尚刻苦训练。莎朗根据游泳运动心理学家克斯·贝尔的指导，一直在教导队员明确区分训练中正常的不适感(疼痛)与一些极度的或无法忍受的疼痛。前者是运动员正常成长和进步的标志，而后者则是应该坚决反对的，因为它可能致伤。

由于队员的观念与克斯的观点不一样，莎朗就为她的队员设置了一个目标：让队员区分出什么是正常的训练中的不适感，什么是伤病中的疼痛感。在训练季节开始之前，她把自己的担忧告诉队员，并在介绍承受运动负荷(战胜不适感)与忽略受伤(在肩部疼痛时不停止训练或者不告诉教练)之间的区别之前，向那些有疲劳性损伤的队员提出这个问题。她将"没有痛苦就没有收获"的口号改为"苦练加巧练"；并修改了训练周期计划，增加了更多的休息时间并制定了一个队规：任何人不得在休息日游泳或举重。莎朗还在训练期间定期与队员讨论伤病与不适感的关系问题，并通过表扬和奖励的方法来强化正确的行为。此外，莎朗要求队员的父母密切注意自己孩子的习惯性疼痛。

随着训练的进展，游泳队队员逐渐理解了伤痛和刻苦训练时正常的不适感之间的区别。到训练季结束时，莎朗所带的多数队员都能保持健康并活跃于州级比赛中。

(资料来源：本书作者搜集资料整理.)

(二)心理准备

竞技运动是在大强度、快速度、强对抗的环境中进行的，不仅要有充分的身体准备，而且要有充足的心理准备。主动使自己的心理状态和生理状态处于适宜的兴奋状态，会有利于发挥自己的最佳运动效能，也会最大可能地减少运动损伤。而一旦缺乏必要的心理准备，在训练和比赛中就会犹豫不决、过度紧张、担心、怀疑、焦虑，进而使体内的身心能量得不到充分动员，但又受完成任务和自尊心的驱使，不顾实际情况去强行训练和比赛。调查显示(连小光，1990；颜军，2000)，缺乏心理准备的运动员的受伤概率要高出心理准备充分的运动员的若干倍。

综上所述，应激反应与运动损伤的关系十分复杂，运动损伤是多重心理因素交互作用的结果。此外，应激—运动损伤模型还提示我们，将心理学的干预措施，包括认知干预和唤醒控制的方法(认知重组、思维阻断、自信训练、团体凝聚力的培养、放松技能、冥想、催眠、运动表象、注意力控制等)与适当的医疗手段相结合，可能有助于减少运动损伤的发生。

📖 引导案例分析

对于大多数运动员来说，伤病可能一直都伴随在他们的运动生涯中。他们或者不断地重复受伤，或者由于训练伤病得不到完全的康复，更有甚者，由于伤病而提前退出竞技运动。在寻找运动员受伤的原因时，教练员倾向于考虑环境、训练、身体等因素的影响，较少考虑心理因素在运动损伤中的重要作用。但是实际上，在很多情况下，运动员的受伤与心理因素有很大的相关关系。运动心理学家一直在探索与运动员受伤有关的心理学原因，并且卓有成效。受伤在带给运动员身体伤害的同时，也带给了运动员心理上的伤害。持续的、慢性的伤病可能导致运动员焦虑、急躁、认知失衡、失眠训练无序等。对于受伤运动员的恢复，医疗方案必不可少，但是心理学的指导也同样重要。

第二节　运动损伤后的心理反应

运动员受伤后，会产生不同的心理反应和行为反应。根据应激—运动损伤理论，受伤的运动员在遭受生理创伤的同时，也会造成消极的应激反应。这些反应常同他们受伤时的心理状态密切相关。当然，在比赛中陷入困境的运动员也会将受伤看作一种乐于接受的，用以摆脱压力的方法；也有运动员可能会将受伤看作引起别人注意和同情的方法，试图通过显示自己如何应对痛苦和逆境来提升其自我形象。但是，更多的优秀运动员或许因受伤产生一种失落感，表现出悲伤、消沉，并伴有紧张、恐惧、惊慌、愤怒、沮丧和焦虑等反应(颜军，2000)。而且不难看出，这些心理反应都是在认知与评价的基础上产生的。

案例1

美式足球运动员凯斯·米尔拉德，是明尼苏达海盗队的著名组织后卫。在一场对佛罗里达坦帕海湾队的比赛中，追逐对方球员布坎尼亚斯时米尔拉德突然摔倒在地，膝盖严重受伤。体育记者吉尔·李博对他受伤之后的反应做了如下报道。

"我的膝盖受伤了，我的膝盖受伤了，我的整个生涯都完蛋了，一切都完了。"米尔拉德抱头痛哭，他那1.96米高、120千克重的高大身躯不停地颤抖，对自己的不幸遭遇表现出极度的痛苦……他由于受伤不能活动，他怒斥护士、拒绝吃东西、拒绝使用拐杖并把它们狠狠地摔在地上……由于羞于让别人看到自己躺在床上的脆弱的样子，教练和队友前来探望他时，他感到十分不舒服，并最终给队中公关部的丹·安迪打电话拒绝探视……当米尔拉德10月中旬开始在海盗队健身房中进行膝部康复时，他闭门苦练且从不让队友听到自己痛苦的呻吟声。

虽然后来米尔拉德重返赛场，但从他当时的表现来看，显然，他身体和心理上都受到了伤害。

(资料来源：本书作者整理编写.)

案例2

一位优秀的滑雪选手曾经这样说："(受伤后)我感到自己被囚禁，被滑雪队隔离了。那是我的一块心病。我基本上没有感到自己被别人关爱。我一旦(因伤)回家，就好像他们(滑雪队)把我丢弃在家里，好像他们把我的所有行李都扔在房子里，好像在说：'等你好了之后再见吧。'那真是我最难熬的时刻。"

"真是太难熬、太难熬了……因为那是奥林匹克竞赛年，运动员在夏天花了大量时间为自己积累状态。当你秋天康复归队时，会看到每个人都滑得很好，因为他们都在为奥林匹克年而兴奋异常，而你自己只是刚刚重返雪道。"

这个案例说明，运动员受伤后产生应激反应的原因，有时不是伤痛本身，而是心理和社会方面的。

(资料来源：本书作者整理编写.)

一、运动员受伤后的心理反应

起初，运动心理学家推测运动员对损伤的反应与即将面临死亡的病人的悲切反应相类似。也就是说，锻炼者或运动员在受伤后常有 5 个阶段的心理反应过程，多由否认开始，经过愤怒、讨价还价、抑郁，最终达到接受与改造(季浏，1995；颜军，2000；哈迪和克雷斯，1990)。

第一阶段：否认。这是最为人们熟知的防卫手段，在面临困难和忧虑的时候，可能产生一种部分的或完全的对现实的曲解。运动员受伤后，最初常以否认为保护手段，拒绝承认自己身体出了问题，这似乎在某种程度上是一种不自觉的行为。但长久的否认终究有悖于现实，以致影响康复。

第二阶段：愤怒。由于受伤已成事实，运动员由"不是我"的否认态度，过渡到质问"为何是我"的态度，经常表现出愤怒情绪。这是运动员对不能继续参加比赛的一种反应。愤怒的同时，常伴有恐慌。此时也是受伤运动员特别需要关心和支持的时候。

第三阶段：讨价还价。这一阶段的特点是自我"讨价还价"，希望如果情境一旦变化，自己的生活和行为就会改变等。或者寄希望于一些无法实现的愿望上，以此来改变已经成为不可避免的运动损伤这一事实，如指望伤痛将会消失等。但如果一段时间后仍未能康复，受伤者必将又回到愤怒阶段，或者进入较明显的抑郁阶段。

第四阶段：抑郁。当运动员最终认识到无法立即解决伤痛或肌肉、骨骼、关节损伤问题时，就会变得孤僻、自我怜悯，常常回避同教练员和队友的接触，产生消沉等消极情绪。如果新近受伤的运动员没有抑郁的症状，那么有可能暗示着他心理上有某种缺陷。

第五阶段：接受与改造。当运动员承认并接受自己已经受伤的事实，并开始计划怎样成功地重返运动场时，实际上的心理恢复过程也就开始了。但是，康复过程并不轻松、愉快，有时还会产生各种心理冲突。

二、运动员受伤后的认知反应

运动员受伤后认知方面的反应与运动员本人对运动损伤有关信息的分析，对疼痛的了解以及运动损伤原因与结果的评估紧密相关。研究者已确认受伤

运动员受伤后的
认知反应.mp4

运动员会经历以下认知方面的反应(比安科和马洛，1999；乌德里和古尔德，1997)。

(1) 感知身体疼痛。通常来说，运动员受伤后首先是感到身体的疼痛。根据乌德里等统计，有 24% 的受伤运动员报告他们受伤后的第一反应就是有疼痛感。一些运动员还将疼痛描述为奇异的感受，而且痛感很强。这主要是因为疼痛被广泛认为是运动损伤的一部分。

(2) 察觉与运动损伤有关的不正常反应：虽然知道受伤是伤后认知上的主要反应之一，而且在多数情况下运动员往往能够觉察到有关的异常现象，尤其是能够感觉到疼痛，但大多数运动员并不清楚受伤的状况和程度，特别是那些受伤严重的运动员更是如此。这对医务人员来说是至关重要的。因为如果医务人员缺乏对受伤程度的认知和了解，就可能会导致伤者对运动损伤的延缓反应以及耽误治疗时间。

(3) 询问与运动损伤有关的问题。运动员在受伤后往往会询问与运动损伤状况有关的问题。乌德里(1997)的研究报告显示，运动员会询问为什么运动损伤会发生以及应该如何避免损伤的发生。例如，有些运动员表示他们的受伤可能是赛前准备活动做得不充分，也有运动员甚至对他们能否完全康复及重返赛场有疑问。

(4) 认识到受伤的不良结果。专家发现，大约 43% 的受伤运动员表示，认识到运动损伤的不良影响和后果是他们对损伤认知反应的一个重要部分。对一些运动员来讲，了解和认识到运动损伤的近期(短期)不良结果，如损失训练时间、失去比赛机会等是他们伤后的主要认知反应。然而也有运动员十分关注运动损伤所产生的长期影响。研究者也发现，受伤运动员对伤后缺失赛季、希望的破灭、孤单感、运动能力的下降、医疗结果的不确定性以及经济责任等方面表示出一系列担忧。

(5) 曲解损伤的含义。伤者往往会寻求理解损伤的含义，因此，运动损伤会导致一些伤者在认知上对损伤的含义出现严重的曲解，尤其是当损伤伴随持续的情绪上的压抑时更是如此。专家已确认以下对损伤的认知曲解：灾难性—夸大运动损伤的严重性；过于泛化—错误地扩大运动损伤对运动能力和日常生活的可能影响；个人化—将损伤的责任强加于个人，或者将个人与损伤联系在一起；选择性抽象化—将注意力集中在毫无意义的细节上；绝对(两极)化思维—将复杂的体验简单化。

运动员由于体能状况退化，不能参加训练和比赛，受伤后可能会丧失信心。自信心的降低可导致动机下降、运动表现很差，甚至可能导致进一步受伤。一些运动员受伤后不再重返赛场，是因为丧失了自我认同感。自我认同感对运动员来说是十分重要的(佩蒂帕斯和丹尼斯，1995)。对于那些完全通过竞技运动来定义自己的运动员来说，受伤造成的自我认同感的丧失特别明显。因此，因严重受伤终止运动生涯的运动员可能需要长期的、特殊的心理关爱。

另外，还有许多运动员受伤后难以降低他们的期望，他们可能期待自己身体重新恢复到受伤前的水平，但这种期望可能不太现实。因此，他们需要调整自己的目标和期望。

运动员经过情感反应、焦虑压力和愤怒等短期的心理反应后，可能会出现以下两种情况。一种是运动员开始接受自己已经受伤的事实，并根据自己的实际情况制订未来的生活和工作计划。另一种是运动员不能以一种积极的态度面对受伤，从而遇到一系列的问题，如失眠、无食欲、机能降低等。总之，运动损伤给运动员带来了强大的心理压力，不管是短期的还是长期的，都要求教练员经常与运动员、运动心理学家联系，进而研究和解决运动员的不良心理反应。

三、运动员受伤后的情绪反应

运动员对损伤的认知反应通常会伴随一系列的情绪反应。近年来，随着情绪与行为密切关系的明朗化，人们对研究运动损伤的情绪反应的兴趣日益增加。基于大家对运动损伤可能引起的消极情绪影响的担忧，研究者开始探讨在运动损伤发生和康复治疗过程中的情绪反应。研究的结果表明：严重的运动损伤导致伤者产生强烈的情绪波动和紧张压抑(阿德森和威利亚姆斯，1988)。

一些专家已对受伤后运动员在情绪和自我感知方面进行了调查和研究。格罗斯曼(1988)指出，受伤的赛跑运动员与没受伤者相比，表现出显著的压抑、焦虑、迷惑和低自尊心。史密斯和他的同事在对业余运动员运动损伤发生和康复治疗过程中所表现出的情绪种类、强度以及持续时间的研究发现，运动员受伤后会立即体验到高度的挫折、压抑和恼怒；对受伤严重的运动员来说，这些情绪的变化会持续一个月左右。而且受伤运动员比没受伤的运动员更能体验到显著的紧张、敌对、压抑、疲劳和困惑感。也有研究结果表明，运动员在遭受重大或者是运动生涯结束性损伤后会表现出类似的情绪变化和反应。克莱伯和布罗克(1992)还发现，运动生涯结束性损伤可能会导致生活满足感和自尊心方面的变化。乌德里、古尔德、布雷兹和贝克(1997)指出，那些在比赛季节遭受到结束性运动损伤的运动员表现出情绪上的波动起伏和相应的行为变化，其中包括挫败性的恼怒、恐慌、害怕、担心、心烦意乱、压抑、失望、孤独、分离、震惊、不相信和否认。高水平运动员也表现出同样的情绪变化并体验到较强的压抑、焦虑和自尊心减少等。以上的研究结果表明，无论运动员技术水平多高，情绪反应都是脆弱的。换句话说，运动员不会因他们的运动能力、身体素质状况免受情绪干扰的影响。

韦斯和特罗克塞尔(1986)指出，损伤能给运动员带来一些自我怀疑的负面影响。例如，在下一场比赛之前我是否能恢复过来、我的将来会怎样、是否还能打主力等一些心理压力，同时会引起肌肉紧张性的血压上升和心率提高，导致体力和心理的反应加快。由于运动员受伤时不能再进行训练和比赛，因此有大量的时间为此担忧。

第三节　运动损伤的心理康复方法

近年来，运动损伤的康复技术不断进步，如积极恢复法、最少外科手术技术以及负重训练等都得到了越来越多的应用。一些新兴的心理学技术对运动损伤的康复也起着积极的作用，专业人员更多地使用整体治疗手段从身体和心理两方面来加快运动员的恢复过程。对运动损伤者实施心理康复的主要目的是：消除运动员受伤后的心理障碍，促进其受伤机能的恢复。只有把生理恢复和心理恢复有机地结合起来，才能使运动员整个身心得到全面恢复。

一、运动损伤恢复理论模型

格罗夫和戈登(1991)扩充了阿德森和威廉斯的应激—运动损伤模型，提出了运动损伤恢复理论模型(见图 11-4)。该模型认为，运动员的损伤能

运动损伤恢复
理论模型.mp4

否恢复和返回赛场是由治疗的相关因素、损伤的相关因素以及影响个体的应激源史、应对资源、个性等心理因素和心理干预共同决定的，损伤的恢复过程是心理反应、认知和行为交互作用的过程。

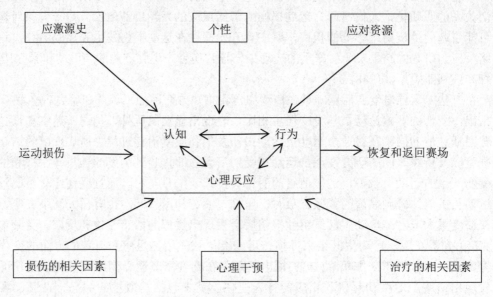

图 11-4　运动损伤恢复理论模型

知识拓展 11-3

运动损伤康复的心理研究

伊夫莱瓦和奥利克(1991)在一项心理学怎样促进损伤康复的研究中，探讨了膝、踝关节康复较快(5 周之内)的运动员使用的心理策略与心理技能是否比康复较慢(16 周以上)的运动员多的问题。该研究通过访谈法评估了被试的观点与态度、应激与应激控制、社会支持、正面的自我谈话、康复表象、目标设置以及信念等。研究发现，康复较快的运动员比康复较慢的运动员更多地使用了目标设置、正面的自我谈话，以及更多地使用了康复表象。结果显示，心理因素在损伤的康复中发挥着重要的作用。从本质上来说，对运动损伤的治疗应该包括心理技术，以加快治疗和恢复的过程。

对队医的调查研究结果也支持这一结论。例如，拉森及其同事对 482 名队医进行了调查，要求队医指出对付伤病最成功的和最不成功的运动员的本质特点有何不同。队医们指出，对付伤病最成功的运动员与不成功者的区别在于，他们更加遵从体疗康复的程序，对伤病和生活表示出更积极的态度；他们的动机更强，更有奉献精神和决心；与此同时，他们针对自己的伤病问了更多的问题，同时也积累了更多的知识。此外，90%左右的队医报告说，处理好伤病的心理学方面的问题是十分重要的。

(资料来源：本书作者搜集资料整理.)

受伤运动员的健康康复包括身体和心理两个方面的创伤的系统治疗。现代运动医学的发展已使运动员的身体康复时间大为缩短，但要使运动员全面康复并重新投入训练和比赛，心理康复也同样重要。所以，只有采用有效的心理康复疗法，制订合理的、积极的心理康复计划，才能促进运动员尽快重返赛场。

运动损伤不仅使运动员的机能水平明显下降，而且对心理也造成了不同程度的伤害。颜军(1998)研究发现，在急性运动损伤发生后，运动损伤者应对的主要方式是解决问题、自责、幻想和退缩。其中只有"解决问题"应对方式具有较明显的积极评价意义，而伤者的应对方式与心理健康不良症状之间存在着选择性的相互关联。因此，对受伤者进行心理康复尤为重要。实施心理康复的主要目的是消除运动员受伤后的心理障碍，使其尽快走出受伤的阴影，促进其身体机能的康复。只有把生理康复和心理康复有机地结合起来，才能使运动员整个身心得到全面康复。

对运动员而言，运动引起的损伤并不可怕，可怕的是伤后得不到有效的康复，由此导致心理损伤，而这种心理损伤又往往被人忽视。在比赛和训练中出现的运动损伤很容易给身心留下瞬间的痕迹和阴影，这将是运动员对某个运动项目或动作产生不良心理反应的重要原因。因此，运动员伤后的康复过程至关重要。康复过程好，不仅可以促进旧伤的康复，还能为运动员重返运动场树立信心。因此，除了采用正常的医疗手段外，还必须对伤者进行心理调整，采用语言、表情、暗示等方式调整伤者的心态，消除伤者的心理障碍，促进其机体能力的康复。众多的研究提出，调整认知、目标设置、积极性思维、社会支持、表象训练以及相信康复方法的效果等，都是影响运动损伤康复的重要心理变量。

二、促进损伤康复的心理学方法

前文的描述性研究清楚地显示，运动损伤的康复应使用整体的康复方法，将心理学策略作为生理疗法的补充是很有帮助的。心理学策略虽源于运动员对损伤的反应的理解，但仅仅理解损伤后的反应过程是不够的。心理学的过程和技术对康复过程具有促进作用，主要包括：与受伤运动员建立密切的联系；向他们传授损伤和康复过程的知识，教会他们应对伤病的特殊心理技能；使受伤运动员做好应对伤病复发的心理准备；建立社会支持以及向其他受伤的运动员学习；等等。

运动心理学工作者和队医有责任学习促进损伤康复的心理学方法，并用它们帮助受伤运动员更快地恢复健康、重返赛场。

(1) 与受伤的运动员建立亲密的联系。运动员或锻炼者受伤之后，他们常常产生怀疑、挫折、愤怒、困惑等情绪，并且内心十分脆弱。这些情绪可能使那些想帮助他们的人难以与之建立亲密的联系。因此，显示移情心在这里是有益的。移情心是指努力去理解受伤者的情绪感受，让受伤的人感到有人在情感上支持他们并和他们在一起，这对他们是很有帮助的。在与受伤运动员建立联系时，应在他们感到自己正在被人淡忘的时候，用探视、电话慰问的方法表达对他们的关心，要持积极肯定的态度并强调团队的帮助。例如，"小李，这是一个难过的时期，你需要努力地克服它，但我会在这里陪伴你，我们一起帮你康复"。

(2) 调整认知。通过调整运动员的认知，可以改变运动员的不合理信念，解决影响运动员损伤康复的深层心理问题。不合理的信念对心理的健康发展有着明显的消极影响。如果受伤运动员不合理的信念太多，就会产生严重的不良社会适应。一般人都把引起自己不愉快的原因归结为遇到了让人不愉快的事，但最根本的原因并不是事情本身，而是人们对这件事情的看法。

知识拓展 11-4

调整认知，解决运动员损伤康复的心理问题

认识、理解运动损伤

俗话说："人生百年，挫折八九。"运动员和教练员都应把运动损伤作为比赛的一部分来理解，受伤是正常现象，只能尽量避免，减小其可能性，但不能完全消除，运动员应该有这样的心理认知。

正确归因

凡事一旦发生，运动员就应该把注意力放在将来，而不是过去，更不能频繁地去回忆受伤的场景，应尽力避免回忆与想象。客观、公正地归因，分析受伤原因，目的是避免以后类似情况再次发生。不要过多地去抱怨对手、场地或怨恨自己，要学会宽容自己，更要学会宽容别人。

客观坦诚

在康复过程中，运动员应正确区分"一般疼痛"与"特殊疼痛"，学会观察与感受身体机能的内外部变化，对医务人员与教练员不能有所保留，要常与他们聊天交流，以获得理解和帮助。既不隐瞒事实，也不能急于求成，不然会延缓康复过程。

运动员受伤后，一般都急于尽快康复，并想尽早参加训练和比赛，就会表现为过分乐观，对损伤不太在意，配合系统性治疗不够等。然而在治疗一段时间后，发现损伤的程度和康复的效果与其自身主观愿望相悖时，他们就会把伤病看得过于严重而丧失配合治疗的信心。此时，他们对康复开始持怀疑的态度，消极地对待治疗。因此，为了使受伤运动员能更好地调整认知，尽快康复，应让受伤者了解有关其伤势的所有情况，并从生理学角度为他们释疑解惑，提出有助于他们康复的各种办法。

(3) 积极思维。思维可对人的行为直接产生影响。受伤运动员的思维直接影响其在康复期的感知和行为方式。当一个人对自己有了一些消极悲观、自暴自弃的暗示之后，则很难采用积极的方式进行康复训练。运动员在康复期间思想波动很大，当出现如"我不会很快康复的，我回不到以前那种竞技水平了""这样的康复方式是无用的，我再也受不了"等消极思维时，运动损伤者应采用"思维中止"等策略紧急叫停。同时运动员要学会用自我肯定的思维，如"我在一天天好起来""运动就有损伤，损伤不可怕，我能战胜它"等。积极的思维帮助运动员战胜运动损伤带来的身心痛苦，并尽可能缩短康复练习所需的时间。

(4) 传授损伤与康复过程的知识：当某人初次受伤时，告诉他在康复过程中应该期待什么是很重要的。运动心理学工作者或队医应该帮助运动员以通俗的方式理解伤势。例如，如果一个摔跤运动员锁骨骨折，则可以带一根绿色木棒，并向他演示他身体上的"绿棒"折断是什么样子。同样地，还可以告诉他，一个月之内他肩部的伤会逐步好转，并告诉他如果他在很短的时间内冒险尝试恢复一些常规的活动，就有可能造成伤病的反复。

同时，对康复过程进行概述也很重要。例如，队医可以告诉这位摔跤运动员，他可以在两周到三周之内骑健身自行车，两个月之内就可以做一些"健身系列运动"，而后可以进行一定的负重练习，直到他的受伤部位恢复到受伤前的机能水平，能够参加比赛为止。

(5) 教会特殊的心理应对技能。康复过程所需学习的重要心理技能是目标设置、积极的自我谈话、运动视觉表象技能以及放松训练等。

目标设置对处于康复过程中的运动员是特别重要的。特奥多拉基斯等人(1996)研究发现，膝关节受伤后的运动员设置个人运动表现的目标对于运动表现的促进作用与没有受伤的运动员相同。该研究的结论是，受伤的运动员设置个人运动表现的目标并与增强自我效能感的策略相结合，对于缩短运动员的康复时间特别有帮助。

受伤的运动员和锻炼者用于目标设置的策略包括设置重返比赛的日期、每周参加治疗性练习的次数以及每次康复性练习中所做的动作、力量和耐力练习的组数等。但是，高动机水平的运动员倾向于在康复中做更多的练习，这可能会导致因运动负荷过大再度受伤。因此，队医应当强调，最重要的是坚持严格遵守目标设置的计划，不要因为某一天自己感觉好了就超过规定的负荷。

积极的自我谈话策略对于对抗受伤后自信心的下降是很奏效的。运动员应该学会停止消极负面的思维，如"我永远不会好转"，并将它们替换为可信的、积极正面的思维，如"我今天虽然情绪处于低潮，但好在还是能够实现康复计划的目标，我只是需要耐心，我会找回良好感觉的"。

运动视觉表象在康复过程中的作用有以下几个：第一，受伤的运动员可以看到自己比赛中的表现，这有助于运动技能的保持并有助于促进运动员恢复健康并重返赛场；第二，有人可能使用表象来加速损伤的恢复，想象自己受伤的组织的排除以及健康的组织和肌肉的新生。虽然这一点听起来有些牵强，但使用治疗用的表象常常是康复较快的病人的特征(伊夫瓦，1991)。

对于严重的受伤和损伤来说，放松训练可有助于减轻受伤运动员的疼痛和应激，进而加速其康复进程。此外，受伤运动员也可以使用放松技术来促进睡眠并减少一般性的紧张。

📖 知识拓展 11-5

心理学专家参与运动损伤康复工作

可以通过两种基本的方式向运动损伤康复部门配备掌握运动损伤心理知识和技能的专家：分配方式和专家方式。

分配方式的目的是保证所有运动损伤康复部门的工作人员都能接受体育运动心理学方面的训练。需要接受这方面训练的人员有以下 4 种：①运动物理疗法专家；②理疗专家；③运动训练方法专家；④运动队医生。

戈丹等人(1998)认为，运动损伤康复部门人员应注意学习以下内容。

(1) 学会认识自己经验的不足。

(2) 多听并参与运动损伤心理学方面课程的考试。

(3) 参加应用心理技能的讲座和讨论。

(4) 学会应对行为。学会识别心理压力，学会怎样处理运动员受伤后表现出的不良心理反应。

(5) 学会帮助经受长期伤痛、因受伤结束职业生涯或受伤致残的运动员。

(6) 学会识别运动员对恢复治疗的敌视性态度。

专家方式，是指运动损伤康复部门聘请运动心理专家与需要接受心理咨询的受伤运动员一起工作。这种方法看似理想，其实很具有挑战性。只有 5%～10% 的受伤运动员可能需要心理专家来治疗其心理痛苦。而且只有大型的运动医疗诊所才能充分发挥一名全日制心理专家的作用。因此，为了去运动医疗诊所工作，运动心理专家必须要说服医疗诊所认识到他们的工作是必要和有效的。另外，运动心理学专家拥有多种技术证书(运动训练证、心理咨询证书、训练生理学和损伤医学方面的研究经历等)将有助于实现他们的价值。

(资料来源：理查德·H.考克斯.运动心理学[M].7版.王树明，等译.上海：上海人民出版社，2015.)

📖 **拓展阅读**

直面困难不退缩，我一定会重新站起来

——七年后的采访

1998 年，桑兰在美国参加友好运动会跳马比赛时不幸摔伤，七年后的桑兰已经是北京大学新闻与传播学院大四的学生，并且正式从事主持行业已有两年。

"受伤已经七年了。"说这话时，桑兰的表情有些黯然，"刚受伤的那天，我就梦见自己站起来，跟队友在美国骑着自行车四处闲逛。之后好长时间我经常做重新站起来的梦，因为我根本就无法接受再也站不起来的事实。但这几年这样的梦就少了。"

当年桑兰之所以感动了世界，就是因为她很快从那个噩梦中走了出来。美国著名歌星席琳·迪翁探望刚受伤的桑兰时曾说："我的歌声感动了世界，而桑兰勇敢、坚强的精神和永恒的笑容，却震撼了全美国和全世界。"

"就算绝望了又能怎么样。"桑兰纤细的手指随着语速比画，"这个世界不会因为你站不起来了就停止了，太阳第二天还会再升起来，这时候我就想，不要那么傻啊，哭是没有用的，这或许是命中注定的，我必须要面对现实。与其绝望还不如乐观一点儿、积极一点儿。"说这些话的时候，眼泪一直在桑兰眼眶里打转，但最终没有掉下来。

目前，桑兰的手和脚的机能已经比刚受伤的时候恢复了很多，她每天都坚持锻炼恢复，有时候她的妈妈就在家里帮她做恢复训练。桑兰坚定地说："我相信我一定会重新站起来，这一天一定不会很久远。"

(资料来源：季浏，殷恒婵，颜军.体育心理学[M].2版.北京：高等教育出版社，2010.)

本 章 小 结

运动损伤的直接原因固然是身体和生理因素，但心理因素也是造成运动损伤的重要原因。导致运动员受伤的心理因素有很多，而且比较复杂。本章介绍了引起运动损伤的心理原因，受伤后运动员的心理反应，以及为促进运动损伤的康复，专业人员除了身体方面帮助运动员康复，还应用心理学技术对运动员进行身心整体的治疗。

思考与练习

1. 应激反应是如何导致运动员或锻炼者受伤的？
2. 分析运动员受伤后的情绪反应。
3. 假如你的队友严重受伤，你认为应从哪些方面帮助他进行康复？
4. 试述运动动机对运动损伤产生哪些影响？
5. 试述应对方式对运动损伤的预防作用。
6. 试述促进运动损伤心理康复的心理技能。

世界上没有才能的人是没有的。问题在于教育者要去发现每一位学生的禀赋、兴趣、爱好和特长，为他们的表现和发展提供充分的条件和正确引导。

——苏霍姆林斯基

第十二章　体育运动中学生的个体差异

本章学习目标

- 了解体育能力的差异对动作技能形成的影响。
- 掌握运动智能训练的基本方法。
- 清楚对待不同体育能力学生的体育教学策略。
- 清楚对待不同气质类型学生的体育教学策略。
- 清楚对待不同性格类型学生的体育教学策略。

核心概念

一般体育能力　特殊体育能力　运动智能　个性差异　气质类型差异　生理型体育待优生　心理型体育待优生

引导案例

老师，我行吗

康××同学是个典型的小胖子，因为胖，所以体能、技能素质相对较差，学习态度也一般，练习或锻炼都不是很积极，人也比较自卑，还很害怕上体育课。有一次我上跨栏跑课，大家都知道跨栏跑是一项技术性特强且相对较为复杂但锻炼价值又高的运动项目，它可以培养学生的勇敢、顽强、果断等意志品质，又能使学生的身体素质得到较为全面的发展。在上课时我发现康××同学老是躲到同学身后，一次都没跨过，这时我走过去拍了拍他的肩膀并亲切地说："××同学，你跨一次给老师看看，好吗？""老师，我行吗？""你一定行的！"然后我把栏架倒放，并鼓励他说："不要害怕，其实你完全能跨得过去的，只要打消你的心理顾虑，你一定能行的。""同学们，我们给他鼓励，好吗？"这时掌声响了起来并听见一位同学说："××老师都相信你啦，你难道还没有信心吗？大胆跨过去吧。"康××同学稍作调整后，他果真跨了两三个栏，虽然动作有些笨拙，但这毕竟是他迈出的第一步，这时我走到他身边说："这不是很好吗？"说完话，我又到其他练习场去看同学的练习。等课程快结束的时候，我叫几位做得比较好的同学上来示范，两三个同学做完后，这时康××同学举手说："老师，我行啦！让我也来做一下吧。"他果真做得比第一次好很多，课后同学告诉我："老师你给他鼓励后，他做得特别认真，练习了十几遍。"此后，我也发现他的体育学习锻炼比以前更加认真、积极，期末体能测试也比开学初有了较大的进步与提高。

在体育教学中，对学生的鼓励、表扬是相当重要的，特别是对待体育待优生，在适当的时间用适当的语言给予适当的表扬可以在很大程度上激发他们的学习热情，激发他们的兴趣爱好，让他们获得积极的情绪体验，使其潜在的能力得到最大的发挥。

(资料来源：本书作者整理编写.)

本章将简要介绍体育运动中学生的个体差异的一些知识。

第一节 体育能力的差异

一、概念的界定

(一)能力与体育能力

所谓能力，是指完成一定活动的本领，包括完成一定活动的具体方式以及顺利完成一定活动所必需的心理特征。能力是在人生理素质的基础上，经过教育和培养，并在实践活动中形成和发展起来的。体育能力既是一般能力，又是一种特殊的能力，是由知识、技术、技能和智力构成的一种个性身心品质的综合体。

这一综合体在体育运动中表现为可以较好地完成一系列的体育活动，并说明个体具有实际的体育运动能力。从事的体育活动越多，掌握的知识就越丰富，体育能力的发展就越全面；体育技能的训练越复杂，体育能力就越能提高。

弗莱希曼(1964)认为，体育运动能力由心理运动能力和身体的熟练运动能力构成，心理运动能力分为一般体育能力和特殊体育能力(祝蓓里，2001)。一般体育能力，指从事各种体育活动都必须具备的能力。其主要指动作感受的敏锐度、知觉的广度和深度、表象的完整性和清晰性、反应的迅速性和准确性、操作思维的敏捷性和实效性、运动记忆的及时性和准确性以及想象力和注意力等方面的心理机能。

特殊体育能力指从事专门体育活动所必须具备的能力，又称专项运动能力。因体育项目的特点不同其能力各不相同。

(二)心理运动能力测验

心理运动能力测验主要测量受个体意识支配的精细动作能力。这类测验专门测量速度、协调和运动反应等，大多与手的灵巧性有关，也有一些涉及腿或脚的测验。这是一种比较早的特殊能力测验，20 世纪 20～30 年代，这种测验广泛应用在工作和职业成绩的预测上。后来，美国空军人事和训练研究中心设计了心理运动能力的综合分析方法，并把有些技能运用到飞行员训练和空战模拟中。20 世纪 50～70 年代，弗莱希曼及其助手对心理运动能力测验进行了研究。结果表明，心理运动能力很特殊，这种能力的操作测验和纸笔测验之间的相关、运动的速度和质量之间的相关都很低。

心理运动能力测验包括大动作运动测验、小动作运动测验及大、小动作相结合运动测验。大多数这类测验都是速度测验，其分数与完成任务的时间有关，对青少年和成人都适用。一般这种测验都要借助于仪器，但也有纸笔形式的。有些纸笔测验的预测效度较好，然而目前也有证据表明，用来测量同一种运动能力的纸笔测验和仪器测验之间几乎没有相关关系。

1. 大动作运动测验

大动作运动测验主要用于测量手指、手和手臂大幅度运动速度及准确性。一个常见的测验是斯特龙伯格敏捷测验，该测验要求被试尽可能迅速地将 54 个饼干大小的彩色圆盘按指定顺序排列；另一个常见的测验是明尼苏达操作速度测验，这是一种手工敏捷测验，操作工具是有 60 个孔且有红、黄两色木块的木板，由 5 个分测验组成，即安装测验、翻转测验、撤换测验、单手翻转和安放测验、双手翻转和安放测验。在这些分测验中分别要求将木块按指定方式翻转、移动和安放，如安放测验要求被试将木块放在孔中。记录分数要考虑完成的时间。

2. 小动作运动测验

小动作运动测验主要用于测量被试小动作的运动速度及准确性。常见的有奥康纳手指灵活测验和镊子灵活测验。测验要求被试用手指或者一对镊子将很小的铜钉放入一个纤维板的小孔中。另外，还有克劳福德小部件灵活测验。在测验的第一部分，被试用小镊子将钉子插入孔中，并给每个钉子套一小环；第二部分要求将小螺丝放入螺纹孔内并用改锥拧紧。测验成绩以完成每个部分的时间来计算。

3. 大、小动作相结合运动测验

大、小动作相结合运动测验同时测量手和手的大小动作运动及手指敏捷性两个方面的能力。常见的有普渡钉板测验，这个测验不使用工具。第一部分要求被试用右手、左手和两手把钉子插到孔中；第二部分要求把钉子、铜圈一起放在孔中，可以同时用两手。另外，还有宾夕法尼亚双重动作工作样本和本纳特手—工具敏捷性测验。这两个测验都要求使用螺母和螺栓，前者要求被试将 100 个螺母拧在 100 个螺栓上，然后将它们插入孔中；后者要求被试先将工具箱左板上的三种不同规格的 12 个螺母从螺栓上拧下，然后把它们安装到右板上。分数以完成测验的时间来计算。

二、体育能力差异对动作技能形成的影响

体育能力差异对动作
技能形成的影响.mp4

(一)体能

体能，也叫体适能，主要通过体育锻炼而获得。体能可分为两类：与健康有关的体能和与动作技能有关的体能。前者包括心肺耐力、柔韧性、肌肉力量、肌肉耐力和身体成分等，后者指从事运动所需的速度、力量、灵敏性、协调性、平衡和反应等。体能与运动技能之间具有密切的关系。学习跑、跳、投运动的学生其动作技能水平与肌肉力量之间存在

显著的相关性。弗莱希曼(1964)提出，影响熟练运动技能的主要体能成分包括最大柔韧性、动力性柔韧性、爆发力、等动收缩肌力、等张收缩肌力、躯干肌力、全身协调性、平衡能力和耐力。

(二)心理运动能力

心理运动能力决定着个体动作反应的速度与准确性。弗莱希曼(1964)认为，影响动作技能形成的主要心理运动能力包括操作的准确度、四肢协调性、定向反应(对不同的刺激作出快速而又准确反应的能力)、反应时间(各种起动反应能力)、手臂动作速度、控制速度的能力、手臂灵活性、手指灵活性、手臂的稳定性和瞄准能力等。

(三)信息加工能力

所谓信息加工，是指将收集到的信息(称为原始信息)按照一定的程序和方法进行分类、分析、整理、编制等，使其具有可用性。个体完成运动任务的质量与速度取决于个体对操作活动过程中信息的加工速度与质量。因此，个体的信息加工能力也是制约动作技能形成的重要因素。影响动作技能学习的信息加工能力的因素主要有以下两个。

1. 加工容量

加工容量是指某个时刻个体能处理的信息量，即工作记忆容量。研究发现，工作记忆容量的差异影响个体学习内容的多少和学习速度，并导致个体学习成绩存在差异。

2. 加工速度

加工速度涉及编码速度(信息搜寻和传递到工作记忆的速度)、检索速度(信息从长时记忆转入工作记忆的速度)和反应速度(执行动作反应的速度)。

(四)与体育活动相关的智能

与体育活动相关的个体智力水平影响动作技能的形成。国内外学者的研究结果表明，如果当前所学的体育知识和技能在结构上同过去所学的知识和技能有相同或相似的，智力水平高的学生比智力水平低的学生学习得更快。因为学习新内容的初期，学生体育成绩的差异，除了与他们是否具备必要的体育知识和技能水平相关之外，还与他们的智力水平有关。

📖 引导案例分析

还记得本章开头引导案例中所阐述的体育待优生上体育课的困扰吗？那么，如何提升体育待优生课堂教学效果？

(一)提高体育待优生对学习体育重要性的认识

在体育教学中，首先要使体育待优生明确学习体育的重要性，使他们理解体育学习对自己的文化课学习和身心健康具有积极而又长远的影响，促使他们把"要我练"变成"我要练"，形成正确的体育学习态度，培养他们积极参与体育锻炼的良好习惯。

(二)增强体育待优生学习体育的自信心

在体育教学中，首先，教师不要过分营造相互竞争和比较的课堂教学氛围，如果过分营造这种氛围，体育待优生的"帽子"则难以摘除；其次，教师要鼓励体育待优生的点滴进步，使他们体验到成功感；最后，改变只重视体能和运动技能的评价方法，采用综合性的评价方法，即将体能和运动技能的评价与学习态度、情意表现以及合作精神等内容的评价结合起来，促进体育待优生更积极地学习和锻炼。

(三)加强学生意志品质的培养

在体育教学中，体育待优生学习一定难度的教材时往往会产生怕苦怕累以及畏难情绪，所以经常会逃避学习和练习。体育教师可根据学生的实际情况，有针对性地加强学生意志品质的训练，通过让学生在不同条件下完成各种练习来培养他们敢于面对困难、克服困难的勇气和品质。

(四)采用不同的教学手段和方法

根据体育待优生的特点，在进行体育教学时，应从实际情况出发，采用不同的教学方法和手段，因材施教、区别对待，寻找适合体育待优生的练习方法，促使他们在体育学习上取得进步和发展。

(五)兼顾过程性评价与终结性评价

《体育与健康》新课程标准对学生的评价要求是全面的，且评价的内容是多元化的，不仅评价学生运动知识和技能的掌握情况，还评价学生的学习过程情况。教师应当注重结合优生平时的学习态度、行为表现、情绪表现、合作精神及进步幅度进行评价。例如，有的学生先天素质较差，经过一学期的体育课锻炼进步很大，但他的成绩与优等生的成绩还有距离，如果用新的评价制度评价这类学生，他们的成绩就会很高，这样就会提高他们上体育课的兴趣和积极性。

(六)重视发挥好班级体育骨干的作用

体育待优生往往与教师的关系较为疏远，在教学过程中，教师除了主动接近他们、关心他们，晓之以理、动之以情，并耐心细致、循循善诱地给予指导和帮助，保护其自尊心之外，还要重视发挥体育骨干的作用，让体育骨干在课上主动与待优生结成互帮互学的对子，努力帮助他们完成任务，使他们感到集体的温暖，积极地参加体育学习和锻炼。

(资料来源：季浏，殷恒婵，颜军. 体育心理学[M]. 3 版. 北京：高等教育出版社，2016.)

三、体育能力的差异及教学策略

学生体育能力可概括为体育认识能力、身体运动能力、自我锻炼与评价能力和自我调节能力。这四种能力的差异反映着学生体育能力的差异。

(1) 体育认识能力是指学生了解体育活动的意义和作用的能力。它是通过学生是否具有明确的体育学习目的、较强的体育意识、认真踏实的学习态度、刻苦钻研的学习精神，以及对体育知识、技能和方法的理解能力等方面表现的，这是学生体育能力形成和提高的动力因素和前提条件。

(2) 身体运动能力是指学生在身体运动过程中所表现的综合能力。具体体现在学生掌握一定的动作技能的前提下从事各种运动的能力，并能运用已获得的动作技能进行新技能的学习。在体育学习过程中，学生的动作技能和身体运动能力相互影响、相互作用。动作技能是提高身体运动能力的前提，身体运动能力的提高又对动作技能的发展有促进作用。身体运动能力影响着自我锻炼与评价能力，是体育能力的核心。

(3) 自我锻炼与评价能力是指学生能运用所学的体育知识、技能和方法独立进行锻炼，并对锻炼效果进行自我评价的能力。自我锻炼与评价能力是体现学生体育能力的一个重要方面，是体育能力发展的方向。

(4) 自我调节能力是指学生在体育活动过程中能及时发现问题、改进学习策略和提高学习成绩的能力。具体地讲，学生能根据不同学习环境和自己的身心特点改进锻炼计划，调整锻炼内容、手段和方法(运动频率、运动时间、运动强度等)，因地制宜、科学有效地进行体育活动。它是科学地进行体育学习与锻炼和提高体育学习成绩的重要环节。

这四种能力在不同的学生身上可以形成不同的组合，从而导致体育能力的差异。根据体育能力的差异，可以将学生大致分为以下三种类型。

一是体育优等生。这类学生的四种能力基本上已经形成最优组合，他们具有较强的体育能力，主要表现是体育知识和技能达到熟练程度，并能在实践中加以灵活运用；体育学习和锻炼积极主动；分析问题和解决问题的能力以及自我调节与评价的能力较强；掌握新技能既快又好。即使拥有上述各种能力，这类学生也需教师进行指导，促进他们在原有的基础上得到更好的发展，并形成自己的特长。教师可以对他们提出更高的目标和要求，并安排一些难度较大的动作技能，激发他们的学习动力，提高他们的学习兴趣。也可以安排一名至几名基础较差的学生由他们负责指导，培养他们善于帮助他人的意识和行为，这有助于调动他们的学习积极性。

📖 知识拓展 12-1

体育优等生的带动作用

学生之间存在个体差异是不可避免的，这样的差异同样影响着他们的学习。体育优等生是相对其他学生来说的，他们具有较强的体育能力，对新知识、新技能掌握较快、较好，分析问题和解决问题的能力以及自我调节与评价的能力较强的那部分学生。在教学中，如果发挥体育优等生在课堂中的优势作用，可以很好地带动班级教学效果的整体提高。

(1) 营造氛围，点燃热情。体育优等生对体育特别的价值认同，相对其他学生更喜欢体育课，通过体育优等生影响其他同学，可以带动他们主动地参加体育运动，激发他们的运动兴趣和学习积极性，调动课堂气氛，并能营造良好的学习氛围。如班里几个体育优等生特别喜欢足球，可以成立班级足球队，或者以这几个学生所在的小组为单位组成足球小队，进行比赛，这样可以很好地激发其他学生对足球的兴趣，达到以点带面的效果。

(2) 扬正能量，做好榜样。体育优等生在某些体育能力或体育精神上优于其他学生，在运动技能的学习和掌握上也比其他学生学得更快、更好，体育教师应抓住他们的这些特点，在教学中予以肯定、表扬，使他们成为其他学生学习的榜样，促进其他学生更好地学习。如在体操支撑跳跃的教学中，因为教材的难度较大，导致部分学生对学习有畏惧心理，此时，要以技术掌握较快、较好的学生为例，在技术动作和精神品质上给予表扬，同时也要鼓励其他学生向其学习，大胆尝试，努力进步。

(3) 巧用评价，促进提高。在教学中，体育教师应注重教学评价，可以通过其他学生与体育优等生的比较，让体育优等生成为其他人学习和超越的目标，通过评价激发学生的学习动力促进其不断提高。例如，体育教师在进行篮球投篮教学时，A同学是班里的篮球高手，B同学只是一般学生，在篮球定点投篮时，A同学发挥一般，10投6中，B同学则超常发挥，投进5球，此时教师可以抓住机会及时评价，如B同学进步很大，且与A同学不相上下，就会唤起B同学的成就感和自信心，唤起他更强的学习动力，促进其进一步提高。

(4) 抓住特点，示范比较。体育优等生在运动技能的学习和掌握上比其他学生更快，所以当其他学生动作形成较慢或在技术学习上出现困难或误区时，体育教师应及时请他们进行示范，让其他学生通过观察、比较、分析，发现自己的不足和存在的问题，进而改正和提高。教学中，有些示范只能由能力较强的体育优等生进行，如教学生进行篮球3对3的半场比赛，通过与班里的篮球小明星合作，让其他学生观察、学习篮球半场是怎么打的，帮助教师更好地开展教学工作，达到事半功倍的效果。

(5) 优劣互补，注重合作。在教学中，体育教师在组织教学时可按照学生的学习能力合理编组，如将体育优等生与其他学生进行组合学练，让优等生带动同伴帮助其更好地学习，同时通过这样的组合增强组与组之间的竞争力。此外，体育教师还可让体育优等生成为教师的小助手、学生的小老师。当他们率先完成学习任务、达成学习目标后，让他们去帮助那些学习较慢或者有困难的同学，最终使大家共同进步提高。

(资料来源：季浏，殷恒婵，颜军. 体育心理学[M]. 3版. 北京：高等教育出版社，2016.)

二是体育中等生。这类学生的体育能力的四个要素组合为一般状态，能基本完成教师的要求和任务，但学无余力、学无特长，学习效率不高。其中，绝大部分学生态度尚且认真，但体育能力较差，体育知识和运动技能都不扎实。对这类学生，体育教师要提出明确的学习目标，鼓励他们改进学习方法，提高学习效率，争取更大的进步。与此同时，要针对他们存在的主要问题加强指导。

三是体育待优生。这类学生明显跟不上学习进度，完成体育学习任务困难较大，体育学习成绩较差。造成这种状况的原因主要有：体能和运动技能基础较差，缺乏自信，学习态度不端正，学习不认真，意志品质比较薄弱等。对待这类学生，首先，要提高他们的自信心，对他们通过努力后所取得的每一点进步都应给予及时的表扬和鼓励，使他们体验到体育学习的成功感和乐趣。其次，要让他们认识到参加体育学习和锻炼的重要性，通过多种手段和方法，让他们从体育学习和锻炼过程中体验到体育活动的乐趣和益处，激发对体育活动的兴趣，提高参与体育活动的主动性和积极性。与此同时，培养他们勇于面对困难、克服困难的意志品质。最后，对于体育待优生，除了由优等生负责帮助外，教师也要给予他们特别的指导，并努力营造民主、平等、友好的课堂教学氛围。

知识拓展 12-2

体育待优生的分类

(一)生理型体育待优生

人可以通过生理机能体现出运动能力的高低来衡量运动水平。人的生理机能可以通过肌肉运动来体现，包括肌肉的力量、速度、耐力、灵敏、柔韧、平衡等素质。受这些素质影响的体育待优生称身体素质型待优生，即生理型体育待优生。这类学生身体发育基本正常，但一些指标在正常值的底线；加之平时没有养成良好的锻炼习惯，缺乏运动、学习被动、体育基础差，因此生理功能水平达不到一定的要求，表现为各项身体素质的综合能力偏低。在体育达标测验中，尤其是一些直接体现生理机能的项目(田径等)，明显达不到统一标准。另外，因为身体素质差，又直接影响了技能项目的掌握，导致体育成绩低下。因为每年都有体能达标项目，最终形成恶性循环。这类学生一般兼有自卑心理，在体育学习和练习中总是处于被动地位，从而造成体育综合成绩较差。

(二)智力型体育待优生

生理素质对体育学习与行为有一定的影响。此外，体育学习问题还可能由于潜在的心理失调与发展迟滞造成。心理因素包括智力因素和非智力因素。智力是人们认识客观事物过程中所形成的认识方面的稳定心理特征的总和，这种综合能力在体育中主要表现在观察能力、思维能力、注意能力和记忆能力等方面。智力型体育待优生在学习智力要求较高的体育项目时，在接受知识、掌握运动技能及战术意识等方面均会受到影响，具体表现为理解能力差，动作不全面、不准、不协调，容易忘记，重复次数多。

(三)非智力型体育待优生

除上述的生理因素与认知能力是造成体育学业不良的原因外，一些不直接参与认知的非智力因素，如动机、兴趣、情感、意志和性格等心理因素也会对学习过程起着始动、定局、引导、维持和强化的作用。这些因素是促进人学习、工作、生活积极性的动力系统，一旦某些因素没有得到很好的培养，就会影响到知识和运动技能的掌握。例如，学生对铅球这个项目缺乏兴趣，认为练习铅球又累又乏味，就会导致求知欲望低、注意力不集中，若以这种心态练习，质量和数量都将难以达到教学要求，铅球的投掷技术和成绩自然难以提升。

(资料来源：季浏，殷恒婵，颜军. 体育心理学[M]. 3 版. 北京：高等教育出版社，2016.)

第二节　智力因素的差异

一、智力结构与体育运动

(一)观察力

观察力是指人迅速、敏锐地发现事物细节和特征等方面的知觉能力。它是智力活动的源泉和门户，观察力的强弱影响着一个人智力发展水平的高低。体育是一门体力与脑力结合性很强的基础学科，体育教学离不开运动技能的教学。从质的方面来看，观察力对提高教学质量有决定性作用；从量的方面来看，观察力是完成教学目标的重要条件。教师示范动作时，学生通过观察可以获得大量的感性材料，经过思维活动的加工、提炼，再上升到理性认识，能够促进其较快地掌握新动作，同时这对智力发展也有很大的促进作用。但在观察活动中，每个学生的知识经验、个性特点、心理品质不同，因此观察的效果也不一样：有的学生观察时凭兴趣，抓不住重点；有的走马观花，观察不深入；有的草率急躁，观察欠持久；有的眼光狭窄，观察不全面……凡此种种，都有可能造成对技术动作节奏、动作的用力顺序等要素感知上的错误，最终表现为身体练习时协调性差。因此，观察动作时体育教师要引导学生明确观察要点，这是提高观察力的重要前提。

(二)记忆

记忆是经验在头脑中的反映。运动记忆是一种独特的记忆形式，又称为动作记忆，是指以人们操作过的运动状态或动作形象为内容的记忆。它是形象记忆的一种，只是记忆的对象不是静态的人物、物体或自然景物的直观形象，而是各种运动的动作形象。由过去的运动或操作动作所形成的动作表象是运动记忆的内容。没有动作表象，就没有运动记忆。动作表象来源于人对自己运动动作的知觉以及对别人动作和图画中动作的知觉，也可以通过对已有的动作表象的加工而创造出新的动作形象。人们在劳动实践中学会各种劳动技能，在体育运动中掌握各种运动技能以及其他领域的各种技巧动作，都是依靠运动记忆实现的。运动记忆对于提高人们学习记忆的效果具有重要的意义。大家都有这种体会，我们默记下来的课文、外语单词或数理化公式，隔一段时间不复习就会忘记。可是当我们学会骑自行车、游泳、打球等运动后，即使过很长时间也不会忘记。原因就在于前者是由大脑分管的"视听觉符号记忆"；后者是主管运动的小脑对肌肉运动的"反馈调节"，即"运动记忆"。

知识拓展 12-3

表象训练在中学跳高教学中的应用

首先，让学生观看体育教师的剪式跳高示范动作，然后要求学生闭上双眼想象这个动作，使学生逐步具有该跳高动作的视觉表象。同时，体育教师将助跑时的节奏编成"嗒—嗒—嗒……嗒嗒嗒"的声音，把起跳过杆的动作编成"蹬、摆、转、剪"的口诀，要求学生边想剪式跳高的全过程，边发出动作节奏和口诀的声音，以形成正确的听觉表象；学生通过自己的实际练习，进一步形成动觉表象。达到要求后，体育教师再要求学生闭眼，在头脑中边念动作口诀，边做分解动作的练习，力争把动觉表象、视觉表象和听觉表象联系起来。以后，每次上课的开始部分都要求学生做 3 分钟的口诀默念和表象动作，而且在每一次实际动作练习前，也要求学生在头脑中默念一次口诀和想象一遍动作。课后布置家庭作业，要求学生在晚上睡觉前想象 5 遍剪式跳高的动作。经过 3 周的练习，与对照班学生的学习成绩相比较后发现，表象训练与实际练习相结合，比单独实际练习的对照班剪式跳高的成绩有明显的提高。

(资料来源：季浏，殷恒婵，颜军. 体育心理学[M]. 3 版. 北京：高等教育出版社，2016.)

(三)思维

思维是人脑对客观事物的间接概括的反映过程，它反映客观事物的本质属性和事物之间的内部联系。个体在体育活动中的感性认识经过抽象与概括，对体育活动形成理性认识，反过来指导体育活动向着更高水平发展。在认识过程中，有很多问题通过感觉、知觉是没有办法解决的，而必须通过思维来完成。思维是人类高级的心理过程。体育活动中学生的思维过程是以操作思维为主要形式的。操作思维，是指反映肌肉动作和操作对象的规律，以及它们之间相互关系的思维过程。人在思维过程中既要反映事物的本质属性(足球运动的本质属性是利用"球""球门""球场"等进行的运动)，也要寻求事物之间的内部联系(基本技术和身体素质、教学训练和比赛成绩，彼此之间存在着一定的联系)。思维的目的是发现事物之间的内在联系，从中找到提高教学质量和运动成绩的规律及有效途径。

(四)想象力

想象力是一种创造性地解决问题的能力。体育运动中的想象力就是为了达到体育教学和训练的目的，运用一切已知信息，通过实践产出有价值的教学成果或取得优异成绩的能力。在体育学习中，学生由于年龄及成长经历的不同，对于出现的新事物往往比较茫然、不知所措。表现在课堂上，就是学生在接触一些新学习的内容时，脑中一片空白，只等老师讲解。每每遇到这种情况，教师一般都是将动作要求、动作要领等一股脑儿地讲出来；而学生由于刚接触这些内容，没有类似经验，所以理解起来比较困难，动作自然就显得很生疏、不协调。其实，正是这种所谓的"先入为主，一定要将正确的方法在第一时间教给学生"的指导思想，极大地限制了学生的想象力，也影响了学习效果。教师是课堂教学的主导，教师的想象力、创造力是培育学生想象力、创造力的基石。教学设计死板，学习气氛沉闷，调动学生兴趣不力，是无法激发起学生的想象力和创造力的。教师只有在教学中以教学目的为中心，围绕着这个中心大胆地、开放地、别出心裁地进行课堂组织，经常有出乎学生意料的又符合学生兴趣的教学方法，才能为学生的创造力、想象力的出现打好基础。

二、运动智能

(一)运动智能的界定

运动智能.mp4

运动智能是智能的一种，是指以一般智能为基础，运用包括体育运动理论在内的多学科知识参加体育学习和运动训练的能力。

(二)运动智能的重要作用

运动智能较高的学生，对体育运动的特点和规律有较为深刻的把握，对于体育学习的理论和方法也有更为准确的认识和体会。同时，运动智能较高的学生，能够正确地理解先进的、合理的运动技能，从而明显地缩短学习和熟练掌握运动技能的时间。

(三)运动智能训练的基本方法

1. 一般智能的训练

运动智能的提高是以一般智能为基础的。提高影响智能的各项能力，如观察力、注意力和思维想象力等，是提高运动智能的基础。

2. 运动智能的训练

运动智能训练的主要途径是传授知识、掌握技能和开发智能。

(1) 提高学生的专业理论知识水平。学生在体育学习、掌握专业理论知识方面，与学习其他文化知识的方法既有共同的要求又有各自的特点。阅读自学、教师讲解辅导、小组讨论、完成作业、专题研究等都是知识学习经常采用的形式与方法。当然，根据学习者文化层次的不同，在学习的方法上也各有侧重。在这些方面，体育专业理论知识的学习也多采用相同或相似的形式与方法。学生掌握专业理论知识的特殊要求是紧密结合体育运动的实践，取得实际效果。此外，学生还要广泛学习相关学科的科学知识。

(2) 提高学生运用知识的水平：专业理论知识的掌握仅仅是为运动智能的训练提供了可能性，更为关键的是如何在体育运动的实践中灵活地运用这些知识。体育教师在教学中应主要做到以下两点：一是提高学生应用理论知识的自觉性；二是认真做好专题总结。

(四)运动智能训练的基本要求

(1) 提高学生对学习理论知识和发展运动智能意义的认识，调动他们积极思维，启发他们参加运动智能训练的自觉性。

(2) 运动智能训练应根据对象的实际情况(文化水平、专业基础知识水平及年龄特点)选择内容，确定方法及分量。

(3) 运动智能训练应列入体育锻炼计划，而且在计划中应占有一定的比重。

(4) 应逐步建立运动智能测定和评价的制度。对运动智能评定目前还没有一套很好的办法，实际工作中做得也不多，应进一步研究解决。同时，对运动智能评定应多结合体育运动的过程进行，在实践活动中考查学生的智能水平。除此之外，也可以组织专门的测验和考查，然后给予评定。

三、体育运动中的智力差异

多年来，智力在体育学习和完成动作过程中的作用已引起广大体育教师的重视，心理学工作者也对这个课题进行过不少研究。早期的一些研究已经发现，智力低下的学生学习动作技能有困难。国内外学者的研究结果也表明，如果所学的体育知识和技能在结构上同过去所学的知识和技能有相同或类似的内容，智力高的学生比智力低的学生学习得更快。一般来说，中等以上的智力水平是顺利完成体育学习的保障。学生学习各项体育任务的速度和巩固程度，同样依赖智力。各个学生智力上存在着差异，必然导致他们体育学习的成绩会有所不同。但是，费斯廷格等人(1963)研究发现，智力可能在本质上只与学生最初的学习成绩有关，而与学生的学习成绩并无显著意义的相关。因为通过练习提高的是该项任务的特殊能力，而不是一般的认知能力的综合体。由此得出结论，智力测验的得分(智商)不能预测学生体育学习的最后成绩。

松田岩男(1982)指出，被试对象的年龄越小，或者运动任务越复杂，或者小肌肉群运动比大肌肉群运动越多，则运动和智力的相关性就越高。俞继英和张洁(2000)研究发现，基本体操练习对感知觉、注意力、观察力、记忆力等方面均有良好影响，促进了幼儿的智力发展。徐本力等人(2002)研究发现，强化左侧肢体的体育训练对全面提高儿童心理、智力潜能和文化课学习成绩都有明显的促进作用。周家骥等人(1985)曾对上海师范大学体育系的 47 名学生进行韦克斯勒成人智力测验。他们发现，体育系学生的智商中等以上的(IQ>110)占 68.10%，其中智力优秀(120<IQ<129)学生的比例为 23.40%，大大高于理论常态分布水平(6.70%)。总体来看，他们的平均全量表智商为 113，远远高于理论常态智商平均

数 100。另外，体育系学生的总智商和中文系文科学生、数学系理科学生的总智商相比虽略低一点，但差异并不显著。研究还发现，体育系学生的语言智商较中文系的低，且从统计学分析，差异具有非常显著性意义；体育系学生的操作智商较中文系的高，但差异无显著性意义。这说明，体育运动与智力发展并不冲突，而且还有促进作用。

体育运动中存在着智力上的差异，这是一个不争的事实，由于人的智力是动态结构，并不是一成不变的。而且，智力也是个多元结构，由语言、数理逻辑、空间、身体运动、音乐、人际关系、内省、自然探索、存在等智能构成(加德纳，1999)。其中，身体运动智能是人调节身体运动及用巧妙的双手改变物体的技能。这种智能主要表现为能够较好地控制自己的身体，对事件能够做出恰当的身体反应，以及善于利用身体语言来表达自己的思想。运动员、舞蹈家、外科医生等都有这种智能优势。加德纳的这一多元智能理论奠定了差异教学的理论基础，即教师应根据学生的个性差异和个别需要，设计出多样化的、具有挑战性的学习任务，使所有学生在原有水平上得到较快的发展。因此，在体育教学和运动训练中，要注意智力的个体差异并加强智力训练，通过适当的体育运动来发展学生的智力水平和提高他们的体育学习成绩。

第三节　非智力因素的差异

一、个性倾向性的差异

(一)体育动机的差异

体育动机对体育活动行为起着定向、始动、调节、强化和维持的作用。学生的体育学习动机是随着体育学习需要的变化及对体育的认识发展而变化的。体育学习动机一旦形成，就可以使学生对学习内容有一定的目的性，即有积极主动的态度、对体育学习产生兴趣、体育学习时能集中注意力等。

不同年龄或不同年级的学生，体育学习或锻炼的动机不尽相同。马露(2014)研究发现，随着年龄的增长，学生从小学阶段到初中阶段的自主性动机逐渐降低，控制性动机逐渐增强；而进入高中阶段，则出现相反的情况，但这只是因为学生对于体育的认识水平较高，高中课程没有按要求正常开展，学生主要以文化学习为主，活动内容与活动量给予学生很大的自主选择权。尹章豹(2004)对大学生、中学生、小学生参加健身运动的动机进行了研究发现，不同年龄段的学生参与健身运动的动机不同。大学生和硕士研究生把娱乐休闲作为健身运动动机所占比例显著高于中学生和小学生；中学生把宣泄和减轻压力作为健身运动动机所占比例显著高于小学生、大学生和研究生，这与前者学习任务繁重、学习压力大有密切关系。李群力(2006)对湖南省高校高水平运动员的研究发现，在无动机和退出意图上显示出年级差异，高年级运动员的无动机水平和退出意图均比低年级运动员高。梁昌莲(2003)通过问卷调查也发现，高等师范院校不同年级学生参加体育运动的动机存在显著性差异。

不同性别学生在体育学习或锻炼的动机方面也存在差异。童建民(2004)研究指出，由于大学生的性格、能力以及对体育的认识程度不同，他们参加体育锻炼的动机也有所不同。例如，女生对于体育的认识还停留在体育是强身健体和锻炼意志的一种方式，她们认为,通过体育锻炼可以很好地减肥,获得很好的身材,能够保持青春、展现魅力。男生对于体育的认识要比女生深刻,体育对于他们不仅是强身健体的手段,他们更希望通过体育锻炼培养竞争意识,并把参加体育锻炼作为一种交流的途径,通过参加体育锻炼认识更多的朋友,增加交往的机会。徐明(1998)研究发现,大学生在体育课学习中,男生比女生具有更强的成就动机。因此,在教学中,体育教师应分别选择符合男生、女生心理需要的运动项目内容;大学生在体育课中的成就动机与学业成绩存在重要的相关性,因此,体育教师应采取有效措施激励他们的成就动机,以利于提高体育课的学习效果。

(二)体育兴趣的差异

学生在学习过程中表现出的兴趣应是教师关注的重要方面。在体育教学中,学生的兴趣差异较大,对教学内容感兴趣的学生,上课时非常认真,整堂课的教学气氛会轻松、活泼;对教学内容不感兴趣的学生则表现出学习被动,甚至产生厌恶情绪,于是出现"一头热""一头冷"的现象,加大了组织教学的难度,影响了课堂教学效果。

经济、文化的不同也影响了学生对体育活动的兴趣。吴隆媛(1997)调查表明,城乡大学生均对具有竞技性、趣味性和娱乐性的运动项目有着浓厚的兴趣,但城乡大学生喜欢的运动项目有一定的差异,来自城市的学生重点选择娱乐性和对抗性运动项目,这与他们性格外向、愿意表现个人能力、运动兴趣受情绪左右等因素有关;来自农村的学生则主要选择锻炼实用性强的集体运动项目。但是,不论是城市学生还是农村学生,性格内向还是外向,他们在体能、运动能力方面均不存在显著的差异。

不同年龄或不同性别的学生在体育学习兴趣方面也存在差异。朱鹏(1992)研究发现,随着年龄的增长,高校男生对体育运动的爱好发生分化和内省化趋势,即由竞技运动性向户外娱乐性转移。范洪悦(2003)调查发现,男生主要选择足球、篮球、乒乓球等项目;女生主要选择跑步、羽毛球和健美操等项目。王大中(2004)调查显示,男生感兴趣的运动项目共有 9 项,前 4 项为足球、篮球、乒乓球和羽毛球;女生感兴趣的运动项目共有 7 项,前 4 项为健美操、形体训练、乒乓球和游泳。谢兆基(2012)对香港小学生四年级至六年级体育课学习兴趣的研究发现,五年级、六年级全体学生的运动参与兴趣及学习积极兴趣存在差异,在自主学习兴趣维度中的差异更加显著;全体男生、女生在四个兴趣维度中均存在十分显著的差异;四年级、五年级女生在学习消极兴趣维度中存在差异,而五年级、六年级女生则在运动参与兴趣及自主学习兴趣两个维度中存在差异;在升学过程中,影响男生、女生体育学习兴趣的因素有转移迹象,且不同年级、性别的转移因素有所不同。

📖 知识拓展 12-4

在体育教学中如何激发与提高学生的运动兴趣

(1) 加强学生对体育的认识,使学生清楚地了解体育运动的重要作用,对体育运动产生需要感。

(2) 选择有吸引力的项目和内容(健美操、体育舞蹈、攀岩、轮滑等项目),以增强体育学习内容的吸引力。

(3) 给予学生一定的空间,培养学生自主学习和探究学习的能力。

(4) 通过形式多样的体育实践活动与比赛，使学生不断地产生新的运动需要。

(5) 寓教于乐，用新颖、有趣的教学内容，丰富多样、生动活泼的教学方法和多变的课堂组织形式来创造生动、活泼、和谐的课堂学习气氛，调动学生的运动兴趣，从而收到最佳课堂效果，使学生的运动兴趣始终处于被激发的状态。

(资料来源：季浏，殷恒婵，颜军. 体育心理学[M]. 2版. 北京：高等教育出版社，2010.)

(三)体育态度的差异

态度是指个体对待外界对象(包括人和事物)较为稳固的，由认知、情感、行为意向三种成分构成的内在心理倾向。体育态度，是指个体对体育活动所持有的认知评价、情感体验和行为意向的综合表现。它影响人们对运动项目的选择和参与，也影响着个体进行体育学习和锻炼的效果。体育态度是影响个体参与和坚持体育锻炼的重要因素。

一般认为，一个人的态度与其行为具有较高的一致性，有什么样的态度就会有什么样的行为。刘一民等人(2001)分别统计了大学生每周参加体育活动的次数及相应的体育态度情况，并对两者进行了相关分析。结果表明，体育态度与体育行为之间具有高度正相关关系(相关系数达 0.95)。这表明体育作为大学生的态度对象，它与大学生的个人健康、生活、学习和今后的工作等有着切身的利益关系。因此可以确定，体育态度与体育行为之间具有高度的一致性。

男生与女生在体育态度方面存在差异。梁晓明(2009)对高校新生体育态度结构特点及其相关因素进行分析发现，高校新生体育态度处于低水平，且存在着性别差异。张素霞(2002)研究发现，女性新生的体育态度水平及其结构成分中的情感成分和意向成分均高于男性新生。除了这种性别差异外，体育态度与学生心理健康也有密切的关系。刘萍(2003)研究表明，女大学生的抑郁水平比男生高，体育态度明显比男生消极，尤其是女生体育态度的情感倾向、行为倾向均比男生更消极。进一步的研究表明，体育态度与心理健康总的症状、人际关系紧张与敏感、心理承受力、适应性、情绪失控、焦虑等方面有较低的显著负相关，同时与抑郁有中等的显著负相关，说明体育态度越消极，抑郁水平越高。

不同运动项目在体育学习兴趣方面也存在差异。邓文才(2003)以凯尼恩编制的《体育活动态度调查表》(ATPA)作为工具研究发现，篮球项目对男生体育态度的身心健康、审美、精神解脱三个方面有明显的促进作用，田径项目仅在精神解脱方面产生了显著性变化；篮球项目对女生体育态度的社交、追求刺激、精神解脱、自我磨炼四个方面有显著性积极影响，田径项目同样仅在精神解脱方面产生显著性变化；在对体育态度的积极性影响方面，篮球项目明显好于田径项目。由此可以看出，学生的体育态度影响着体育运动项目的选择，同时体育活动也影响着体育态度的形成和发展。

二、个性心理特征的差异

(一)个性差异与运动表现

个性心理特征的差异.mp4

个性与运动成绩之间存在一定的关系。左从现(2001)研究发现，运动成绩好的学生性格多偏于外向型，尤其是优秀组的 E 值(内外向维度)已达典型的外向型。进一步研究发现，各组间都存在极为显著的差异，这说明运动成绩与人格特征之间存在显著的相关关系。不同运动能力知觉(强、中、弱)的中学生的 E 值和 N 值(神经质维度)也都存在显著性差异，且各组间也差异显著(除 N 值的中强组之间)。知觉能力强的学生性格更趋外向和稳定，知觉能力弱的学生表现出明显的内向和不稳定倾向，这种差异在强、弱组之间尤为显著，并且知觉能力弱的组还表现出显著的神经质倾向，日常生活中带有明显的不适行为，如古怪、孤僻和缺乏同情心等。此外，运动能力知觉强的学生有着适中的焦虑水平，而运动能力知觉弱的学生的总焦虑水平明显要高，有着显著的学习焦虑倾向、对人焦虑倾向、孤独倾向、身体症状、恐怖倾向和冲动倾向，表现出较低的心理健康水平。运动素质较差的学生具有明显的学习焦虑倾向、对人焦虑倾向、孤独倾向、过敏倾向、身体症状和恐怖倾向，从而表现出较高的总焦虑水平，与运动能力知觉弱的学生有着相似的心理健康状况。

体育专业学生与非体育专业学生在人格方面也存在显著的差异。宋子良(2002)运用卡氏 16 种人格因素测试量表对高校体育专业与其他专业的学生进行比较，结果表明，在恃强性、有恒性、独立性、稳定性、乐群性、兴奋性、敢为性等指标上，体育专业学生得分显著高于非体育专业学生。陈玉霞(2002)对体育专业和非体育专业的 90 名大学生采用艾森克人格问卷(EPQ)进行测试，结果表明，体育专业和非体育专业男、女生人格特质在 N 因子上存在显著差异，而在 E(内外向维度)和 P(精神质维度)方面都没有显著差异；体育专业男、女生神经质得分的差值小于非体育专业男生、女生得分的差值。具体分析，体育专业女生的神经质得分低于男生，而非体育专业女生的神经质得分高于男生，两者呈现剪刀差。总体而言，体育专业学生 N 特质得分比较适中，健康程度比较高；而非体育专业学生心理承受能力相对较弱，特别是女生过于焦虑和情绪化，意志力比较薄弱，心理健康程度较低。于拓和毛志雄(2013)的研究发现，身体锻炼可能对青少年的人格有积极影响，不同年龄阶段青少年的锻炼组与非锻炼组之间在人格维度上存在一致与差异，锻炼组青少年的人格特征更积极。

不同体能的学生在人格方面也存在显著性差异。石生(2000)以卡氏 16 种人格因素测试量表为工具，研究了大学生体能优生和体能差生的人格特征，发现体能优生与体能差生在 A(乐群性)、B(聪慧性)、C(稳定性)、E(外向性)、F(兴奋性)、H(敢为性)、M(幻想性)、O(忧虑性)、Q(紧张性)因素方面具有显著差异，而其他因素的差异不显著。这表明体能优生在乐观外向、外向好胜、敢于冒险、自信直率等人格因素方面具有优良的品质，但在沉稳性、自律性方面则略显不足；体能差生在稳定性、谨慎性、客观现实性方面人格品质优良，但在紧张性、焦虑性、乐群性方面则显得不足。

(二)气质类型的差异

在体育教学中，会遇到各种各样的学生，有的人活泼、好动、敏捷、迅速、喜欢交际；有的人直率、热情、精力旺盛、情绪易冲动；有的人安静、稳重、反应迟缓、沉默寡言、情绪不易外露、善于忍耐；有的人孤僻、行动迟缓、体验深刻、处理仔细；等等。这种现象生理学上称为气质类型差异，即因心理活动的不同引起心理过程的速度、强度和倾向性的动力特征表现。根据希波克拉底体液分类，气质可分成四种类型：胆汁质、多血质、黏液质、抑郁质。体育教学时应针对不同气质类型的学生因"质"施教，正确区分和对待不同气质类型的学生，肯定并鼓励其在气质上积极的心理动力特征，努力克服其在气质上消极的一面。四种气质类型在行为方式上的典型表现及相对应的高级神经活动类型，如表 12-1 所示。

表 12-1　四种气质类型在行为方式上的典型表现及相对应的高级神经活动类型

气质类型	行为方式上的典型表现	高级神经活动类型
胆汁质	精力旺盛、脾气暴躁、情绪兴奋性高、容易冲动、反应迅速、心境变化剧烈，具有外向性	强、不平衡 (不可抑制型)
多血质	活泼、好动、敏感、反应迅速、喜欢与人交往、注意力容易转移、兴趣和情绪容易变换，具有外向性	强、平衡、灵活性高 (活泼型)
黏液质	安静、稳重、沉默寡言、反应迟缓、显得庄重、坚韧、情绪不容易外露、注意稳定但难以转移，具有内向性	强、平衡、灵活性低 (安静型)
抑郁质	情绪体验深刻、孤僻、行动迟缓而且不强烈、具有很高的感受性、善于觉察他人不易觉察的细节，具有内向性	弱 (抑制型)

四种不同气质类型的学生在体育学习中表现出各自不同的学习方式和风格。

1. 以胆汁质类型为主的学生

胆汁质类型的学生性格热情开朗，精力充沛，情绪发生快而强，言语、动作急速而难以自制，内心外显，直率、易怒、急躁、果断。此类学生喜欢节奏快、刺激性强的体育活动，如足球、篮球、体育游戏等；表现出情绪高涨，学习积极性高，主动参与性强，掌握技术动作快等特点。相反，对动作节奏慢而细腻的武术、体操他们则表现出缺乏学习的热情，动作比较生硬，注意力集中时间短，无耐心，易急躁，掌握技术动作也慢。

对这类气质的学生，体育教师要充分肯定他们积极、热情的优点。同时，适当控制他们的兴奋点，培养其自制力，适当的时候要对他们进行批评教育。准备活动可以相对短些，讲授新动作可以以完整教法为主或缩短分解练习的过程；尽可能通过规则、程序来培养学生的耐心、沉着、稳健的品质；要求他们练习动作时注意动作的细节，提高动作的规范性；在安排对抗性练习时，应尽量避免两个胆汁质类型的学生在一起。与此同时，还要注意安全教育，培养他们的自我保护能力。

2. 以多血质类型为主的学生

多血质类型的学生活泼、好动，情绪发生快而多变，表情丰富，反应灵敏，能很快适应新环境，但注意力不稳定、易转移。如果对他们缺乏适当、及时的教育，就可能导致其学习肤浅。这类学生不愿学习单调的动作，对难度大的动作有浓厚的兴趣，并喜欢自己尝试新动作。

对这类气质的学生，体育教师要教育他们明确学习目的，培养他们认真钻研的学习精神，保护他们的学习热情；注意选择多种教学内容，采用灵活多样的教学方法，以提高他们的学习兴趣；在他们的动作技能掌握到一定程度时，应及时对他们提出更高的要求，使他们不要满足现状，要更上一层楼；对他们在练习过程中存在的问题及时给予指正。

3. 以黏液质类型为主的学生

黏液质类型的学生情绪较稳定，不易外露，耐受力强，体育学习较踏实，但灵活性不高，学习有惰性、缺乏主动性；注意力较集中，但不易转移；学习难度较大的动作时常常有畏难情绪，有时逃避练习。然而，黏液质类型的学生一旦对所学的动作产生了兴趣，就能积极、主动、持久地进行学习，但掌握动作速度较慢。

对这类气质的学生，体育教师应帮助他们树立学习的信心，启发他们积极思维，促使他们踊跃参加体育活动；准备活动时间相对长些，在学习初期要给予具体、细致的指导，要多采用分解教学法，并给予他们足够的思考时间；学生一旦初步掌握动作，就可让他们以自主练习为主；采用游戏法、竞赛法来提高他们的兴奋程度，并让他们练习灵活性要求高的动作。

4. 以抑郁质类型为主的学生

抑郁质类型的学生情绪敏感，情感丰富，稳定细心、观察力敏锐，但有胆小怕事、不爱交际、孤僻、怯懦、多疑的倾向，且学习动作反应迟钝，灵活性差，学习信心不足，缺乏主动性，不会主动寻求老师和同学的帮助和指导，经常会出现"站课""混课"等不良现象，如缺乏特别的关心和帮助，他们可能会失去体育学习的自信心。

对这类气质的学生，体育教师应当鼓励和培养他们勇敢、大胆、果断的精神；主动对他们的体育学习进行指导和帮助，特别是在学习新动作时要对他们进行耐心的指导；多采用正误对比的示范方法，引导其建立正确的运动表象；采用连续变换的练习方法，提高他们的学习积极性；必要时可适当降低要求或放慢学习速度；对于他们微小的进步，教师也应及时给予鼓励和肯定，使学生产生体育学习的成功体验和乐趣，树立学习的信心。

体育教学质量与学生的气质类型存在着较为密切的关系，多血质类型的学生所占比例最大，黏液质和胆汁质类型次之，抑郁质类型最少(余万斌，2008)。张同宽(2007)研究发现，体育待优生的气质类型以抑郁质(弱型)居多，其次是胆汁质。此外，体育项目的选择方面也存在气质类型的差异。张战锋(2007)研究表明，集体运动项目对抑郁质类型的出现具有抑制作用，高强度对抗项目能引起胆汁质类型的出现，太极拳、五禽戏等养生项目对胆汁质类型具有抑制作用。张磊、韩磊(2002)研究也发现，不同气质类型的男学生在体育选修课的内容上存在显著差异。胆汁质和多血质的学生在行为特征上具有外向性，喜欢自我表现，能够在激烈的集体运动项目中(足球、篮球、排球等)实现自我价值；黏液质和抑郁质的学生较为谨慎安静、不善交际，他们参加体育活动的积极性不强，就算是参加也仅限于运动量较小的个人或两人项目，如羽毛球、乒乓球、擒敌拳、长跑等。

需要说明的是，气质本身并无好坏之分，每一种气质类型既有其积极的一面，也有其消极的一面，每一种气质类型都可能发展成优良的品质或不良的品质。在体育教学中，教师应了解学生的气质类型，正确对待学生的气质特征，掌握不同气质类型学生不同的学习特点和学习态度，有针对性地采用灵活多样的教学手段，充分发挥每个学生潜在的运动能力和心理品质，最终提高学习效果。

(三)性格的差异

性格是人对现实稳定的态度以及与之相适应的习惯化了的行为方式方面的个性心理特征。人的性格是多种多样的，是表现人的社会性及精神面貌的主要标志，是个性中具有核心意义的部分。它代表了一个人稳定的、独特的心理风格。从心理活动倾向性来划分，性格可以分为内倾型和外倾型，两种性格都有各自的特点(见表 12-2)。

表 12-2　外倾型性格特点和内倾型性格特点的描述

外倾型性格特点	内倾型性格特点
老是注意外界所发生的事情，追求刺激，敢于冒险	倾向于事先计划，三思而后行，严格控制自己的感情，很少有攻击行为
无忧无虑、随和、乐观、爱开玩笑、易怒也易平息怒火，不假思索地行动	性情孤独、内省、生活有规律
有与别人谈话的需要，好为人师 容易冲动	对书的爱好甚于对人的交往，除亲密朋友外，对人总是冷漠，保持一定的距离
喜欢变化，有许多朋友	很重视道德的标准，但有些悲观
善于交际，不喜欢独自学习	安静，不善于交际

不同性格的学生在体育活动中也会表现出不同的特征，主要有以下两种。

1. 以内倾型性格为主的学生

以内倾型性格为主的学生大多具有黏液质和抑郁质两种气质类型的特征，遇事沉着、善于思考，但活动呆板，灵活性较差，自信心不强，常常低估自己的能力，敏感性高，意志脆弱，练习过程中对有难度的动作常有恐惧情绪，不善于与同学交往。课中最佳学习状态出现较晚，但持续时间较长。

对这类学生，体育教师可结合对待黏液质和抑郁质学生的方法进行指导。要以赞扬和鼓励为主，善于发现他们学习的细微进步，并给予及时的表扬。同时，对他们体育学习过程中遇到的困难和问题要给予耐心的指导和真诚的帮助，避免不必要的批评，更不能讽刺挖苦他们。此外，对他们的体育学习要提出明确的、具体的、切实可行的目标，让他们在完成一个个学习目标的同时，体验到成功的快乐，提高学习的兴趣，增强学习的信心。

2. 以外倾型性格为主的学生

以外倾型性格为主的学生大都具有胆汁质和多血质两种气质类型的特征。性格开朗、倔强，学习积极主动，反应较快，动作练习不怯场，不计较小的得失。但这类学生往往从兴趣和情绪出发，练习中喜欢表现自己和听表扬的话，容易高估自己和自满；学习缺乏计划性和持久性，最佳学习状态出现得较快，但保持时间较短；乐于帮助同学，与同学能友好相处。

对这类学生，体育教师可结合对待胆汁质和多血质两种类型学生的方法进行指导。要保护好他们学习体育的积极性，不宜对他们进行过多的表扬，防止其出现自以为是的傲慢情绪，对他们的不足之处要及时指出，有时也可进行严肃的批评；多采用提示法，如"快""稳住"等语言提示，使其注意力始终集中在学习上，以排除外界的干扰；可发挥他们的特长，鼓励他们指导和帮助同学进行体育学习。

在体育教学中，体育教师要注意因材施教，以学生不同的性格特征为依据，发扬某些性格类型的长处，弥补某些性格的不足，激发学生的学习兴趣，调动学生学习的积极性和主动性，发展学生的体育能力，完善学生的性格。

📖 拓展阅读

通过前面对学生的追踪调查，发现学生在体育学习中普遍存在一种现象，即体育优秀生从入学到毕业，绝大部分保持原有状态；体育弱势生从入学到毕业，其体育课、《学生体质健康标准》测试、课外体育锻炼没有得到改善；其他学生在体能与运动技能方面略有提升。由此说明，常规的体育课并没有很好地解决体育优秀生的再培养及体育弱势生的扶持与转化的问题。

某大学的大学体育教育采取分层次教学模式，将大学一年级、二年级学生按体育基础技术能力水平、身体条件分成 4 个层次进行针对性教学。将体育优秀的学生(A 类学生)纳入体育单项协会，在协会的活动中获得学分；将体育弱势生(C 类学生)编入素质提高班，采用小班盯、扶式上课；体弱多病、伤残类学生(D 类学生)开设体育保健；其余学生(B 类学生)上常规体育课。

(1) A 类学生，申请、考核选课。

A 类学生的来源有三种。第一种是在体育择优规定时间内报名，并通过某体育单项协会的面试和选拔，成为体育择优生。第二种是校运动队成员经申请，免试成为体育择优生。第三种是获得体育课某项目任课教师推荐，经申请免试成为体育择优生。体育择优期限：每学期择优一次。每学期结束，考核合格，获得学分，便可以申请下一学期继续择优；考核合格，允许申请退出，下一学期进入普通体育课学习或加入其他项目择优班；考核不合格，须重修，下一学期进入普通体育课学习。

(2) B 类学生常规网上选课，采用体育选项课教学。

(3) C 类学生，体育课、体质测试不及格及其他常规体育班任课教师认为不适合上常规体育课的学生自动编入班级，安排在每周四下午第 5、第 6 节上课(学校公共时间)。

(4) D 类学生，持医院证明办理选课，安排在每周四中午 12：30—14：00 上课。

在高校实施"大学体育分层次教学模式"，根据学生个体素质和技能差异，区别对待，分层次教学，力求在每个层次上达到全体同学的均衡，极大地优化高校体育课程结构，让每一位同学都能够得到提高和进步，从而体验到成功的快乐。大学体育教育采取分层次针对性教学模式的好处是：一是将 A 类优秀学生纳入体育单项协会，把参加有计划、有组织的体育竞赛活动纳入体育教育课程，记取体育学分；二是 A 类、C 类学生不再占用常规课堂资源，因此教师就可以有更多的时间和精力对 B 类相同水平层次的学生进行更有针对性的教学，使教学效率、质量有所提升；三是对待 C 类后进学生不灰心、不放弃，充分激发学生的主观能动性，引导学生树立良好体育锻炼意识，实现体育弱势生的有效转化。也就是说，好的放、中的抓、弱的扶，体现大学体育教育的务实性和有效性。

(资料来源：杨效勇. 大学体育分层次教学模式的探索与实践[J].体育学刊，2020，27(4).)

本 章 小 结

体育运动中学生的个体差异同样是客观存在的，它既是有效教学的起点，也是一种巨大的教学资源。学生的个体差异不仅体现在体能和运动技能方面，还体现在体育能力、智力因素及个性心理等方面。重视这些心理特征的个体差异，有助于体育教师激发学生的学习兴趣，调动学生的学习积极性，提高学生的体育学习成绩，从而促进学生的全面发展。

思考与练习

1. 什么是体育能力？它分为哪两种？
2. 学生的体育能力包括哪些方面？各自具有什么特征？
3. 在体育教学中，如何对待不同体育能力的学生？
4. 智力因素包括哪些方面？举例说明智力因素差异的具体表现。
5. 什么是运动智能？其基本训练方法有哪些？
6. 什么是气质类型差异？不同气质类型的行为表现是什么？
7. 如何根据学生的不同气质类型进行体育教学？
8. 什么是性格？如何根据学生的不同性格类型进行体育教学？

第十三章　体育运动中的道德心理

本章学习目标

- 了解品德心理的形成与发展。
- 了解体育运动中的亲社会行为的具体体现。
- 熟悉体育运动中的亲社会行为的培养策略。
- 了解体育运动中攻击性行为的分类。
- 了解体育运动中攻击性行为的危害。
- 掌握体育运动中预防攻击性行为的策略。

核心概念

品德心理　体育道德认知　体育道德意志　体育道德情感　体育道德行为　亲社会行为　攻击性行为　表现性攻击　工具性攻击　敌意性攻击　特质性攻击　状态性攻击

引导案例

鸿星尔克捐款事件后销售额破亿：顾客"野蛮消费"热情不减，商家道歉

2021 年 7 月 22 日以来，鸿星尔克捐款事件频频登上热搜，部分消费者的购买热情依旧不减。据不完全统计，在此期间，鸿星尔克销量狂增 52 倍，直播间销售额突破亿元。7 月 29 日，鸿星尔克深夜发布紧急通知，称订单大量涌入，系统崩溃，部分商品缺货，各地的仓库已经售空，主生产线也已超负荷生产。公司对此表示歉意，希望大家理性消费，主动申请退货。目前，鸿星尔克天猫官方旗舰店发货日期已经推迟到 8 月，直播间也暂停带货。对此，有网友体贴地选择了退货，"能退就退了吧，延迟发货平台会处罚"；更多网友表示"抓点紧，我又看好了几个款式"；"别跟我说那么多，快点生产"。还有网友直接喊出"转战实体店"的口号。7 月 28 日晚 8 时，记者来到位于北京西南五环外的一家鸿星尔克门店。店内鞋架上陈列的款式基本已经售空，服装类商品充足。该店加之库房面积超 1000 平方米，仅有两名销售人员。据店员介绍，该店由于离市区较远，从 7 月 23 日开始，才出现集中的客流量。"从那天开始后，每天人就没断过，早上 8 点开门到现在，忙到一顿饭都没时间吃。"店员介绍，该店日常晚 8 点结束营业，但近期总有顾客专程驾车来敲门，她们不得不延长营业时间。一位女性顾客对记者说："我 6 点一下班就赶紧和朋友开车来了，之前在市区转了 2 家店，基本什么都没了，这才跑市郊来，就为了来支持国货。"店员表示，由于每天顾客较多，很多商品根本没时间摆放。记者看到，新到的鞋子按照男、女款，分别堆放在店内地上，热门码数和颜色也都已经断货了。旁边售出服装的衣架，也摆成了小山。记者看到，消费者在离店时，基本都是收获满满。很多人还不忘询问该店的上货时间，准备再来购物。

对于此次鸿星尔克事件，7 月 26 日，中央纪委国家监委网站发布《鸿星尔克爆红：善引发善的动人故事》。文中提到：支持鸿星尔克，实际是人们对善良价值的坚守，对"好人有好报"正义观的执着坚持。"为众人抱薪者，不可使其冻毙于风雪"，这是中国人朴素而可贵的价值观，也是几千年流传下来的崇德向善文化的重要内涵。

(资料来源：中国经济周刊，2021 年 7 月 30 日.)

鸿星尔克的亲社会行为不只是在河南受灾时表现出来的慷慨解囊。据不完全统计，在 5·12 汶川大地震中，鸿星尔克捐款 600 万元，其中包括 300 万元现金和 300 万元的物资。2013 年，为福建省残联基金会捐款 2500 万元的物资。2018 年，为中国残联及福建残疾人福利基金会捐款 6000 万元的物资。2019 年，鸿星尔克同福建残联下属的福建残疾人福利基金会签订协议，捐赠价值 1 亿元的服装。2020 年，新冠疫情期间，鸿星尔克向武汉捐赠价值 1000 万元的物资。2021 年 7 月，河南水灾，鸿星尔克捐了 5000 万元。

(资料来源：网易，一壶温酒，2021 年 10 月 12 日.)

综上所述，鸿星尔克的亲社会行为在全国产生了震动，是体育人的骄傲。鸿星尔克企业亲社会行为是如何形成与发展的？亲社会行为的培养策略有哪些？品德心理是如何构建的？这些都是我们要学习和探究的。

本章将带领大家了解体育运动中的品德心理的形成与发展、培养亲社会行为的策略等知识。

第一节　体育运动中的道德形成和发展

众所周知，一个具有良好品德的人会努力学习，并通过自己的努力，使自己往各个方面发展；思想端正，能吃苦耐劳，有崇高的理想和伟大的目标；注重个人道德修养，养成良好的生活作风，乐于助人；能够做到尊老爱幼、文明礼貌、严于律己、宽以待人；有强烈的集体荣誉感和工作责任心，坚持实事求是的原则。体育道德的形成对运动员的影响和意义深远而持久，本章就和大家一起探讨体育运动中的品德心理。

对美德的演绎一直在我们身边进行着，鸿星尔克的"一方有难八方支援"救助弱小群体和组织的无私行为值得世人学习和铭记。通过引导案例中的事件和数据我们不得不对鸿星尔克企业产生好奇，是什么让这家企业保持长达 13 年的资助行为？即便自己企业已经严重亏损也是先他人而后自己。通过案例及企业背景调查我们发现，鸿星尔克企业的亲社会行为与它的企业经营理念分不开，那么，我们一起来看看它是一个怎样的企业。企业品牌的介绍：鸿星尔克致力于将阳光的生活方式通过各种形式传递给世界每个角落的年轻人，鼓励他们时刻保持积极、乐观的态度，笑对生活，展现属于自己的激情、快乐和生机勃勃，激发出无限创造力、想象力和正能量。企业品牌使命：倡导年轻、时尚、阳光的生活方式。企业品牌主张：TO BE No.1(迈向第一)倡导的是一种坚韧、拼搏的奋斗精神，是敢为天下先、勇争第一的决心和勇气；它代表着不屈服的 ERKE 人对成功的渴望和追求；它倡导的是一种高层次、高境界的精神超越和延伸。而"你好，阳光 In the sun"更贴近当下年轻消费群的需求，传递一种乐观向上的品牌态度。如此一个充满正能量的企业，字里行间表达的都是对生活的热爱和对快乐的追求。这一系列的理念当中，极少涉及自己利益或规模扩张等，而其更多的是致力于一种积极理念传播和精神追求。从以上企业的经营理念折射出创办企业团队成员的价值追求和品德心理。

品德在个人身上产生、发展的过程及其与内外条件的联系是教育心理学研究的重要课题。道德品质是以道德意识或道德观念的指导为基础的，并在这个指导基础上进行道德判断，形成道德情感和道德行为。道德行为是道德品质的外在表现。道德品质和道德行为是密切联系的，离开了道德行为就没有道德品质。品德是道德行为习惯化的结果，并通过道德行为表现出来，而道德行为又是判断道德品质的客观依据。

一、体育道德的形成

道德发展是个体心理发展的一个方面，是个体认识社会伦理道德规则和准则，形成道德认知、道德情感和道德行为的过程。道德发展既受

体育道德的形成.mp4

个体周围社会文化环境的影响，也受个体的成熟和认知、情绪发展，特别是其从事的交往和道德活动的制约。体育道德作为社会道德的组成部分之一，它和社会其他道德一样，是社会生产关系的一种反映，是人类劳动和社会发展的结果。劳动创造了人，创造了社会、社会关系，创造了人的道德。

劳动最初是一种没有分工的统一活动，随着生产力的发展，劳动也逐渐发展，最终出现分工和协作。某些人或某种人必然多次重复某种活动，产生某种习惯和秩序，劳动活动日趋复杂，分工和协作的要求渐渐增强，需要有一种新的东西来维持劳动过程，这就是风俗习惯和后来的道德前身。在劳动和生产力水平十分低下的情况下，人与人、个人与整体在根本上是一致的，这时的道德还处于萌芽状态；当劳动产品有了剩余时，原始人有了利益观念，追求利益，把自然的差别与分工变成了社会的差别与分工。人与人、个人与整体的统一被打破了，而氏族要保持自身整体的存在，迫切需要一种规则或准则来规范人们的行为，从而维护整体的统一。于是，依靠社会舆论和人们内心信念的力量，调整人们之间相互关系的观念、原则、规范、准则等产生了，这就是道德。

体育道德的形成，是人类劳动和生产力发展的结果，是体育从生产劳动和生产力活动中逐渐泛化、产生，并不断专业化的实践产物。体育是人类社会一定阶段的产物，它是适应人类社会需要，从生产活动与生产性身体活动中逐渐演化和产生的。原始人生活条件极其恶劣，只能靠采集、狩猎、捕鱼等方法来获取食物，维持生存。人类的劳动主要靠身体活动，靠快跑去捕野兽；靠攀登和爬越去采集野果；靠游泳或掷矛器去捕鱼；等等。这种跑、跳、投、掷、攀登、爬越，是当时客观存在的生活需要和人类的主观能动性相结合而产生的劳动技能，这正是现代体育的前身。原始人在生产、生活实践中，通过逐步积累自

然知识和社会知识，不断提升智力，改进生产工具，最终劳动技能日趋提高，社会物质产品逐渐增多。在这种情况下，必须有专人对年青一代传授劳动技能以及进行身体培训，如此才能保障社会的物质生产和社会生活延续发展，进而产生了体育。

体育并非一经产生就具有专门化特征。体育出现专门化，是社会历史发展到一定阶段的产物。原始社会，体育活动处于原始文化的母体之中，体育行为同时也是教育、军事、艺术、宗教等行为，人们具有享受体育活动的同等权利。进入阶级社会，体育成为军队、贵族、公民经常进行的一种重要活动，然后逐渐表现出专门化特征。例如，古希腊的体育最初作为宗教盛典的活动，全体公民(包括奴隶主、城市市民)是在自觉的业余的情况下开展体育活动的。随着城邦制度的衰弱以及物质利益原则的介入，人们的体育观念淡漠，体育被官方和民间视为少数人的一种职业，社会上专门从事体育工作的人开始出现。他们有的沉湎于斗鸡、赛狗，有的受雇于体育场当专职教练员，有的被当作商品卖给贵族或另外的城邦，从而出现了专门化的体育。

体育出现专门化后，全民的自觉体育活动意识更加削弱，使人产生了体育利益的观念，引导人们追求体育利益。追求体育利益，就会威胁体育持续发展。为使体育持续发展，拉近体育观察和体育利益的距离，人们逐渐形成较为固定的风尚习俗，以维持体育活动的持续发展，进而产生了规范体育活动的各种规则、准则。

可见，体育道德的形成是生产劳动、生产力发展的结果。体育从生产劳动和非生产劳动中产生，生产劳动的发展使体育出现了专门化，而体育专门化，又使人们的体育观念和体育利益有了差距。为了缩小差距，维持体育发展，于是就形成了体育道德。体育道德的形成要经历体育道德认知的建立、体育道德情感的培养、体育道德意志的训练及体育道德行为的实施四个阶段，四者有机组合，最后才形成运动中的体育道德。

综上所述，体育道德是体育运动中各种社会角色行为规范的总和。体育的一个重要特点是公平竞赛，竞赛中既要有争取胜利的雄心壮志，又要注意培养有关竞赛的道德，做到胜不骄、败不馁、尊重裁判、尊重对方与同伴协作等。只有做到这一点，才能赛出风格、赛出水平，力争胜利。精湛的球技固然使人陶醉，良好的道德作风同样令人神往。因此，体育运动中的品德心理是指个体依据体育运动中的道德准则及规范行为时所表现出来的稳定的运动心理特征，它是参与体育运动者必修的心理课题。体育运动作为一种社会影响极广的身体练习活动，因职业的不同而表现出不一样的影响力，如运动员、教练员、裁判员对外作为我们国家的优秀代表，对内作为社会大课堂的教员，对他们进行职业道德教育尤为重要。中华人民共和国体育运动委员会于 1981 年颁布了《运动员守则》《教练员守则》和《裁判员守则》，提出了明确而具体的要求，这是加强体育职业道德教育，加强体育队伍思想政治工作，加强社会主义精神文明建设的有效措施。而对于体育参与者和爱好者来说，体育道德的影响亦不可忽视。

(一)体育道德认知的建立

道德认知，又称"道德认识"，是指人们对客观存在的道德关系及如何处理这种关系的原则和规范的认识。其是品德心理结构的重要组成部分，包括道德印象的获得、道德概念的掌握、道德评价和道德判断能力的发展、道德信念的产生及道德观念的形成等。其中，道德概念的掌握、道德评价和道德判断能力的发展是道德认知形成和发展的重要阶段和主要标志。它是在道德实践的基础上，通过教育、训练和社会影响，并在不断掌握道德概念，逐渐提高道德评价和道德判断能力的过程中而形成、发展和加深的。其形成使人们在品德发展过程中能按照一定的道德、原则和规范行动，不但知道应该怎样做，而且知道为什么这样做，从而提高品德的自觉性、主动性和创造性。体育道德认知对道德情感、道德意志和道德行为起着指导、调节和控制作用。体育道德认知的建立是体育道德形成的基础和前提。

(二)体育道德情感的培养

体育道德情感，是运动个体对自己或他人的行为是否符合体育道德规范和体育道德需要产生的一种内心体验。体育道德情感的培养主要通过运动者的义务感、友谊感、责任感、集体荣誉感、团体凝聚力等实现。当体育道德认知和体育道德情感成为推动运动个体产生体育道德行为的内部动力时，它们就构成了体育道德动机，此时体育道德情感的培养也就水到渠成。

(三)体育道德意志的训练

体育道德意志是运动个体自觉调节体育道德行为，克服内、外部困难，以实现一定体育道德目的的内部过程。体育道德意志的训练与培养在体育道德的形成过程中起关键作用，体育道德意志的形成受运动者生理和心理的影响，与体育道德认知、体育道德情感、体育道德行为相互交融，形成一个体系。体育道德意志品质的形成是体育道德认知、情感、习惯、行为共同作用的结果，它的形成是一个内化生成的过程，这个过程要得到不断刺激和强化方可完成。体育道德意志的培养是一个系统工程，忽视任何运动中的道德元素，或者任何一个年龄段培养不力，都会影响优良体育道德意志品质的形成。家校应合力培养青少年体育道德意志，整合体育道德意志培养的多方途径和各种力量，深入体育道德意志品质的内化生成过程，促成运动中德育的多方因素相互牵制和补缺。

(四)体育道德行为的实施

体育道德行为是在一定的体育道德认知的支配下对参与运动过程中的人和事进行的有道德意义的活动，它既是实现体育道德动机的有效手段，也是运动参与者体育道德认知的外部表现和体育品德的重要标志。体育道德行为的实施可分为以下几个阶段：幼儿阶段家庭对运动参与者的体育道德熏陶与引导；学校对运动参与者的体育道德培养与监督；家校联合对运动参与者体育道德的培养与塑造；社会对运动参与者体育道德行为的监督及引导。

二、体育道德的发展

体育道德是社会道德在体育生活中的具体体现，它直接反映了社会道德的要求和面貌。与社会道德一样，体育道德是一个历史范畴，一定的体育道德是一定的社会关系，特别是经济关系的反映，它的内容和形成都会随经济关系的变化而发展，因而各个历史阶段体育道德有其不同的基本特征及其发展规律。

📑 知识拓展 13-1

体育道德的发展历程

在奴隶社会，奴隶主阶级的道德是占统治地位的道德。在这种道德的影响下，体育道德反映并维护奴隶主统治阶级的利益。例如，古希腊的体育与军事教育相结合，为统治阶级培养忠勇善战的武士。通过体育，以竞技比赛培养武士的勇敢品质。勇敢是奴隶社会主要的体育道德规范。竞技场上的摔跤、角力允许扼颈、折手指、剥指甲等残忍行为；拳击时，手套上可嵌戴金属物，可以拳打脚踢，体育道德的基本规范就是使对方承认失败，为此什么手段都可以采用。

我国古代体育也是通过凶狠格斗来培养斗士勇敢和不怕死的搏斗精神。战国时期赵文王喜欢剑术，以斗剑取乐，培养门下武士的勇敢精神。

进入封建社会，封建地主阶级为达到长治久安，提倡从政者要具有高尚的品德。因此在封建社会的大部分时期，体育中公开残忍粗暴的行为受到禁止。封建社会是一个等级森严的社会，维护封建宗法等级制度，是封建地主阶级道德的基本原则，体育道德也体现了封建等级观念。古罗马的贵族不再奉行裸体运动，因为他们不愿损伤自己的贵族尊严。欧洲中世纪，不允许骑士、角斗士与贫民姑娘结婚，否则取消参赛资格。佣人、贫民不允许参加网球比赛，但贵族妇女可以参加。在中国，孔子提倡彬彬有礼的"君子之争"，参加体育活动主要是为了习礼和修身养性；唐宋时臣子与皇室贵人打马球时，必然记住："对御难争第一筹，殿前不打背身球"；唐代的"十五球柱"游戏，打中写着仁、义、礼、智、信、温、良、恭、俭、让等朱字柱的为胜，打中写着慢、傲、吝、贪、滥等墨字柱的为负，体现反对的道德原则。

到了资本主义社会，体育职业化、商品化，体育活动成为供资产阶级玩赏、供老板发财，宣扬资本主义制度虚假文明的工具。体育活动中自始至终渗透着金钱的魔力。资本家收买运动员，运动员为维持生计不得不接受收买，并为了提高自己的商品价值而提高运动技术。运动员不过是依附于资本家钱袋的商品，他们的一切活动必须直接或间接地以钱为转移。正如列宁指出，"做事就是为了拿钱——这就是资本主义世界的道德"。在资本主义社会，尽管各种规则、规定越来越完备严密，但这种卑劣行为仍层出不穷，如不择手段用兴奋剂、弄虚作假、打架斗殴、订"君子协定"和行贿受贿成风。阶级的需要压倒了体育运动中道德的需要。

社会主义社会的建立，人民当家做主。体育运动已不是供剥削阶级玩乐与赚钱的工具，而是广大劳动人民生活的组成部分，是增强人民体质、促进人民健康的一种手段，是建设社会主义精神文明的重要方面。在社会主义制度下，体育道德体现了无产阶级的阶级利益，反映了社会主义社会人们在体育活动中结成的新型关系。社会主义市场经济逐步建立，与之相适应的体育道德随之产生。其内涵丰富，不断发展。主要内容有全民健身、利国利民；爱国、奉献、拼搏；文明礼貌，团结友爱；公平、公正，严格执法，文明观看，维护国格。

(资料来源：冯亚平. 试论体育道德的形成与发展[J]. 内江师范学院学报，2003(S1).)

纵观体育道德的发展史可知，体育道德是受社会关系特别是经济关系制约的，体育道德的发展动力源于社会关系的变化发展。全部的社会主义关系主要有两类：一类是物质关系即经济关系，它是决定其他一切社会主义关系的基础；另一类是思想关系，如法律关系、政治关系、一般道德关系等，它是通过人们的意识形成的，受物质关系的制约。社会经济关系对体育道德的决定作用表现在以下四个方面。一是社会经济结构的性质直接决定体育道德的性质。有什么样的社会经济结构，就有什么样的体育道德。二是社会经济关系所表现出来的利益直接决定体育道德的基本原则和主要规范。三是在阶级社会中，人们在同一经济结构中的不同地位和不同利益，决定着体育道德的阶级属性。在阶级社会的各个时期，体育道德无不渗透着阶级道德的影响。四是经济关系的变化必然引起体育道德的变化。

体育道德的形成是劳动和社会生产力发展的结果。体育道德随着社会生产力、社会经济关系的变化而不断发展。社会主义市场经济的建立，为形成新时期的体育道德奠定了坚实的经济基础，同时也对新型的体育道德提出了更高的要求。通过体育界和全体社会成员的共同努力，适应社会主义市场经济需要的新型体育道德，必将在体育实践中不断发展、巩固，成为社会先进文化的重要组成部分。

第二节　体育运动中的亲社会行为

一、亲社会行为概述

(一)亲社会行为的定义

亲社会行为又叫利社会行为，是指符合社会希望对行为者本身无明显好处，而行为者却自觉自愿给行为的受体带来利益的一类行为。亲社会行为是相对反社会行为而言的，一般亲社会行为分为利他行为和助人行为。

(二)亲社会行为理论

1. 本能论

本能论认为，人类亲社会行为产生的原因是生物学基础。人类的利他主义倾向是先天性的，为了达到加大基因繁衍的概率的目标，即帮助血缘关系较近的亲属提升个体自身基因在子孙后代中的存活率，其内部机制必须保障物种生存。

2. 习得论

习得论提出，亲社会行为作为学习掌握助人行为规范中的一种行为方式，是人们在社会化过程中获得的。有三种与助人行为特别相关的社会规范，分别是互惠、社会责任和社会公平。在历史发展进程中，人类会选择性地进化自身的信念、技能和技术。因此，亲社会行为的影响因素中，社会因素比生物因素更重要。

3. 情感论

情感论提出，人们在遇到突发事件并处在需要帮助的紧急情境中，应激反应会使得人们的消极情感如焦虑、不安和沮丧等被唤起，而此时给人们提供相应帮助则可显著减少消极情绪，从而使人的心情有所好转，甚至预期助人时，人们还能体验到积极情感的产生。因此情感论认为，亲社会行为发生的原因是这类行为会减少消极情感或增加积极情感。

4. 认知论

认知论提出，亲社会行为发展的直接动力与个体的认知发展水平高度相关，只有在个体的认知水平，特别是社会认知水平达到相应程度时，亲社会行为才会充分得以表现。因此，认知论强调，人们的认知水平会影响其对亲社会行为的动机和问题的推理，即对事件的加工方式会直接影响亲社会行为的表现。

(三)亲社会行为的特征

亲社会行为是良好人际交往形成和维持的重要保障。在具体实施过程中表现出主动、自愿、利他、公益、传承、高互动性等特征。

(四)亲社会行为的影响因素

亲社会行为是一种人与人高互动性的社会交往，在亲社会行为过程中能带给实施者快乐和满足，实现助人自助并获得社会的高度赞赏，从而实现自我价值。亲社会行为主要受内部环境和外部环境两个方面的影响。

1. 内部环境

亲社会行为受内部环境的影响主要表现在以下三个方面。首先，家庭成员的行为对其产生的熏陶作用，如父母的榜样作用，这是潜移默化影响利他行为的重要因素。其次，亲社会行为者的成长经历，如曾经是亲社会行为的受助者，有过这种经历后会让其产生一种强烈移情的内驱力，因此进行一系列亲社会行为以实现自我对他人的回馈和对亲社会行为的传承，尤其是遇见同病相怜的受助者会表现出高亲社会行为的动机。最后，亲社会行为者的诸多特征也是影响其实施亲社会行为的重要因素，其特征主要有以下四个方面。①年龄与性别：随着年龄的增长，道德标准内化水平高的个体亲社会行为动机表现更高；男性在弱者尤其是女性、儿童和老人出现危险时表现出更多的亲社会行为；女性因为先天的母性更愿意在孩童或老人遭遇困难时表现出高亲社会行为。②人格特征：有强烈的社会动机，相信自己有影响力，有适合情境的特殊能力，同情理解他人与责任感和利他行为正相关。③认知特点：对当前情景的认知(情境是否严重，自己能力是否足够，对象是否需要帮助)；自我认知(自我角色认知)。④心境：好心境可能促使个体提供帮助，坏心境可能对儿童的亲社会行为产生降低作用，对成人则可能产生增加作用(亲社会行为有自我奖励作用)。此外，个体作出是否帮助的决定时，还会比较自我状态和受助人状态，评估自己是否比他更不幸。

2. 外部环境

亲社会行为除了受内部环境的影响，还受外部环境的影响，主要表现在以下三点。①亲社会文化的影响，如我国每年的 3 月 5 日为学雷锋日，当天亲社会行为发生率会显著提高。②工作单位或学习场所的亲社会行为发生频率，如学校的老师和同学经常助人为乐、帮助他人，这样的环境更容易让人产生亲社会行为的动机。③新闻媒体的导向也是影响亲社会行为的重要因素，媒体的作用为监督与纠正不良现象，协调社会关系，传承文化，提供娱乐，引导大众，传播资讯。媒体担负着重大的社会责任，关系着社会秩序的安定以及社会舆论的导向。所以，新闻媒体对亲社会行为的推广和导向有较大的影响。

二、体育运动中的亲社会行为具体介绍

在体育运动中，亲社会行为也时常发生。①2000年悉尼奥运会男子花剑决赛，法国选手和中国著名击剑运动员董兆致交锋时，董兆致一剑击中了法国选手的头部，按照规则，董兆致可以继续进攻，并且很大概率能够获得冠军，但是董兆致为了避免对方选手伤情严重而选择放弃进攻。②在足球比赛中，当进攻队员和守门员近距离对垒的时候，如果时机合适，守门员时常会勇敢地扑向进攻队员脚下控制的足球，而守门员首先控制球后，进攻队员都会为了避免守门员受伤而控制好身体重心并通过收脚等方式采取避让措施。足球比赛争抢激烈，足球运动员身体素质好，因合理冲撞和合理对抗造成的伤害也难以避免，但是一旦出现运动员受伤的情况，另一方队员就会把球踢出界，以让对方获得治疗时间。③2022年北京冬奥会的组织筹备，需要大量的人力、物力，光靠赛事组委会的成员参与赛事组织运作肯定是远远不够的，而赛事的志愿者则可以弥补这方面的不足，发挥重要的作用。志愿者没有报酬，为了比赛能够顺利进行，甘心默默付出不求回报。在群众体育领域，也有大量的体育义工发挥重大作用。2007年12月28日，杭州体育义工社成立，该社由热爱体育运动、拥有一技之长的体育义工组成，以志愿者形式从事群众性体育工作。体育义工社免费提供羽毛球、拳击、高温瑜伽、拉丁舞、健美、肚皮舞、乒乓球、踏板操、跆拳道等一系列培训，既有大家喜闻乐见的项目，也有走在时尚前沿的新潮运动。体育运动领域的"礼让""志愿者""义工"所呈现的行为也属于亲社会行为的范畴。

综上所述，体育运动参与者在运动过程中不乏亲社会行为，体育运动有利于培养参与者的亲社会行为。

三、高校体育教学中培养学生亲社会行为的意义和作用

(一)有利于降低学生身心不健康的风险

体育的个体功能主要有两方面：一是体育本身的属性；二是个体或社会的需要。即体育具有强身健体功能是体育的本身属性；而提升人际交往、娱乐和健康心理等则属于个体或社会的需要，其中的健康心理功能就是体育运动通过发展人的认知能力、完善人的性格、气质及增强人的意志品质来发挥健康心理的作用。而人际交往功能主要体现在参加体

高校体育教学中培养学生亲社会行为的意义和作用.mp4

育活动，特别是一些必须合作才能完成的集体性体育活动，能够增加人与人之间的交流、打破自我封闭，使人获得自信，从而改变参与者对生活的看法及自己的个性和行为方式。这些体育功能无一例外地对亲社会行为有重要的促进作用，在体育运动的不知不觉中培养学生交流、沟通、协作、自信感、友谊感、集体荣誉感等认知与实践共情能力，从而有效地降低学生身心不健康的风险。

(二)为培养学生亲社会行为能力提供了基石

高校体育教学涉及的体育项目繁多，以三大球和健美操、太极拳等为首的团体项目占

比最大，团队成员之间的合作对团体项目的最终成绩起到至关重要的作用。以健美操、太极拳考核为例，很多教师采用分组"同生同死法"进行团队考核，要求整组队员默契配合、互助、分享、谦让、合作甚至是自我牺牲，这些都是亲社会行为的重要表现，故而高校体育教学中各团队科目的考核已不再只是一种单纯的体育技能展示和考核，更深层次的是培养了学生学会换位思考及提升沟通和交流的亲社会行为能力。所以，高校体育教学为学生亲社会行为的培养奠定了基础。

(三)提升学生从学校到社会的适应能力

体育很重要的一个功能就是社会交往功能，我们在完成运动项目，尤其是集体运动项目时，性格各异的同组队员沟通非常频繁，在他们沟通的过程中队员间可能出现矛盾、集体训练时间不统一、训练方法出现分歧等情况，要想一个团队项目最后成功，队员就要学会解决这些问题，最后达成一致共识甚至是高效率的团队展示与考核，这个磨合过程无疑提升了学生如何与人相处的能力，尤其是遇到意见相左的同伴时可以做到求同存异、听取别人意见、换位思考等，所以，高校教学中的亲社会行为培养并提升了学生从学校到社会的适应能力。

(四)可提升学生亲社会行为的教育效果

一方面，大学的学生基本价值观已确立，比较讨厌说教；另一方面，他们的社会行为规范和价值观又容易受外界的影响发生改变。这时对学生进行体验式的体育课分组教学与考核会让学生"同生死、共患难"的体会深刻且难以忘记，更容易形成较固定且良性的价值观，从而提升教学中亲社会行为的教育效果。

(五)改善高校体育教学考核制度

通过体育教学中亲社会行为的培养，体育老师应明确意识到，教给学生的不应该仅仅是动作技术和技能，还应该包含更多的内容，从学生宏观的爱国情怀建立到微观的个人基本体育道德品质的培养，无不体现体育教师的责任和使命。那么，如何去培养这些从宏观到微观的素养就是体育教师应该思考的，这些教学任务的提出必然改变教师的教学手段和切入点，改善体育教学的考核制度就居首位，如从"个人技术技能考核"到"以团队协作同生同死考核"就是典型的革新。

四、培养亲社会行为的策略

诸多学者认为要培养亲社会行为首先要学会谦让；其次学会分享；再次热心帮助他人；最后要关心整个社会发展。明白助人不是居高临下的施舍，助人应该建立在尊重和平等的基础上，要设身处地地为他人着想，体察对方的感受。有时助人要付出一定代价，甚至会承担一定风险。具体培养策略如下。

(一)从家庭早期教育入手培养儿童的亲社会行为

家庭作为社会的细胞，是儿童社会化的摇篮。儿童首先在家庭中逐步成长，并通过家庭获得初步的生活经验和一般的社会道德评价标准及行为规范,家庭对孩子具有直接、深刻、持久的影响。心理学家在对助人者的采访中发现,个人在家庭中的早期社会化对成年之后的利他行为有非常重要的影响,父母的言传身教是孩子利他主义行为形成的重要基础。因此,在家庭的早期教育中,家长要让孩子了解他不是宇宙的中心,摆正孩子在家庭中的位置。家长按合理的要求规范孩子的行为,与他们建立平等的关系,不仅要把爱传递给孩子,也要重视爱的反馈和双向交流,让孩子不要有"特等公民"的优越感,无从产生自我中心的思想。家长还应该以身作则,用自身的优良品德去感染、打动孩子。俗话说:"孩子是父母的一面镜子。"孩子具有很强的模仿能力,他们的一举一动常常有父母的影子。家庭的耳濡目染、潜移默化,会使孩子模仿父母,并塑造美好的自我形象。若父母经常主动帮助他人,会使孩子建立起一种利他和助人的心理倾向。

在独生子女的家庭中,家长应放手让孩子与同伴交往。心理学家皮亚杰认为,同伴间相等权力的冲突对儿童自我中心的消减是不可缺少的。孩子与同伴交往时,不存在孩子与父母那种血缘关系和情感关系,他们之间的交往是绝对平等的,这时孩子能真正意识到"谁都别想成为别人的中心",才能从自我中心的壳中解放出来,理解行为规范,遵守游戏规则,逐渐学会互相关心、友爱、谦让、助人。孩子在与同伴的交往中,还逐渐学会了解他人,并以别的小朋友为镜子,看到自己在他人心中的形象,了解一个真实的"镜中我",学会相互合作,学会遵守规则、承担责任、完成任务,发展社会技能,学会成为亲社会的一员。

(二)学校教育应重视培养学生的亲社会行为

随着年龄的增长,孩子由家庭走向学校,学校在培养青少年亲社会行为上具有不可替代的作用。

1. 学校要大力进行道德宣传教育

社会规范代表的是大多数人的意见,当人们将这种意见用议论发表出来时就形成了舆论。舆论是规范的一种表现形式,也是规范的重要支撑力量,异口同声使人感到强大的群体压力,并制约人的行为。健康的舆论对助人为乐、大公无私、舍己为人等思想和行为给予大力褒奖,而对各种不道德的思想和行为给予严厉谴责,从而使更多的人遵从规范。例如,学校将学生在社会上做的好事以表扬信的形式张贴在校园里最醒目的地方,这样既宣传了助人的行为,又鼓舞了做好事者。

2. 学校应充分利用群体的作用

学校是个大集体,学生在这里培养其社会化行为。随着年龄的增长,进入青春期的学生的自我意识增强,内心渴望独立,但又害怕孤独,所以,他们更愿意在自己生活的群体中寻求温暖,结交朋友。因此,他们更重视同伴的评价,同伴的影响越来越明显,根据这一特点,在学校教育中应充分利用群体的影响培养学生的亲社会行为。

3. 在群体中通过增强责任心来培养学生的亲社会行为

学校的孩子生活在班级这个大家庭,在班集体中,只有每个人都尽到自己的一份责任,这个集体才是美好的。因此,班主任在分配班级工作上,可以将每一项工作落实到个人头上，张榜公布，要求每个人都尽自己的一份力为集体服务，并制定相应的奖惩制度。使学生懂得生活上要相互帮助、彼此关爱；在学习上要互学互助、共同探讨；在集体活动中，献计献策，为集体无私奉献，在学生中形成"我为人人，人人为我"的责任感。

4. 在群体中树立良好的榜样

偶像崇拜是青少年的心理特点，偶像也就是青少年为自己树立的榜样。早在古希腊时代，柏拉图、亚里士多德等人就把模仿现象看作观察他人而进行的学习。他们认为，教育在很大程度上就是选择最合适的榜样呈现给学生，使学生通过观察而学习榜样的品质。在20世纪60年代，行为主义心理学家班杜拉提出了"观察学习"理论，他认为观察学习有四大心理过程：①注意过程——对榜样的知觉；②保持过程——示范信息的贮存；③再造过程——从记忆向行为的转化；④动机过程——从观察到行动。"选择性注意"是观察学习的关键因素。只有学习者充分注意给予的示范影响，并能精确地感知到示范行为的特点和突出的线索，才能实现观察学习。班杜拉提出了注意的5个要素。①示范活动的特性。只有那些惹眼又简单的活动才最易成为观察学习的对象。②示范行为的实用价值。一种行为能否引起观察者的注意，关键在于进行这种行为能否获得奖励。③榜样的特点。榜样本身要有吸引力。④观察者的特点。观察者的经验、认知能力、心理定式驱使他选择一些示范信息而舍弃其他一些信息。⑤交际网络。我们从中可以得到启示，在群体中树立的榜样应是人们熟知的，或是青少年身边的人，榜样的行为是其他人也能做到的，并且随着年龄的增长榜样应有所不同。对榜样的学习过程要注意深化，多给予支持鼓励或奖励，使青少年的品德形成过程，从服从、认同达到内化，从而真正成为他们自身拥有的道德品质。很多学生崇拜体育明星，针对这一点，教师可以用班会的形式引导学生去发掘他们身上所具有的亲社会行为，如为灾区捐款、参加公益活动、孝敬父母、努力工作、刻苦训练、勇于创新等，正是他们身上所具有的某些优秀品质，使他们为社会所接受，使他们成为明星。以近在眼前的偶像为榜样，更能激发学生的学习兴趣。

5. 在群体中进行移情训练

"移情"是个人对他人情绪、情感状态的感知与体验(对他人的处境感同身受)。移情是人的情感体验，当人的认知与情感不一致时，情感决定行为。一个经受过苦难的人，更会自觉地去帮助与他有相似苦难经历的人。培养青少年的移情能力，会增加他们的亲社会行为。例如，某校98级某班的学生资助山区的几个孩子上学，有的同学捐钱时并不是自愿的，在老师带他们到那几个山区孩子家里去探望后，大家便都非常自愿地去帮助他们。因为山区孩子困难的家境、他们对读书的渴望，深深地打动了这些长在"蜜罐"里的学生，移情使他们有了助人的行为。用移情这种方式教育青少年，使他们的利他行为内化，效果比枯燥的说教要好得多。

6. 在群体中树立正确的价值观

个人的价值观是个体在社会化的过程中，在家庭和社会群体的影响下，融合了个人所参与的众多社会群体中的价值观念逐渐建立起来的。家庭、学校、同辈群体和大众传播媒介是青少年学习与建立价值观的主要渠道。随着年龄的增长，同辈群体对个体的影响增大，所以，在班级中要以多种形式进行正确的价值观教育，从爱国、爱家、爱人民做起，继承和发扬中华民族的传统美德，创造出人类先进的精神文明。

良好的班集体，具有一种独特的心理效应——"森林效应"。森林中的树由于争夺阳光和空气，长得又高又直，树权也少得多。青少年在班集体这个大家庭中学习和生活，存在着比较、竞争以及植物所没有的榜样作用，而这些都可以产生激励作用。所以，群体的影响更适宜培养青少年的亲社会行为。

(三)社会要担负起培养青少年亲社会行为的责任

班杜拉的观察学习理论中要注意的要素之一是"交际网络"，他特别强调电视的价值功能，认为电视是影响人价值的最重要因素。电视、广播、网络及报纸杂志的宣传，一定要防范攻击行为，尤其是凶杀与色情行为对青少年的不良影响。社会这个大环境在培养青少年的亲社会行为上肩负着重大责任，除此之外，家长、学校和舆论也要承担起监督的责任，大家共同努力净化社会环境。全社会自上而下地进行爱国主义、集体主义、助人为乐、见义勇为等亲社会行为的宣传和教育，成人为孩子做出榜样，为青少年的成长创设一个良好的生存大环境。

总之，在家庭、学校教育和社会良好环境的共同作用下，青少年亲社会行为的培养一定会开花结果。

(四)体育教学中培养学生亲社会行为的策略

体育教学是教师教与学生学的双边活动，在其实现的过程中表现出更多的交流与互动，这些交流和互动为发展学生亲社会行为创造了存在或发展的条件。体育教学中的亲社会行为培养策略主要体现在以下几个方面。

1. 认知训练法——树立正确价值观

在体育教学中教师可以设计相应活动进行价值观教育，倡导正确的价值观，纠正不合理的价值观。"主题讨论"是一种好的认知训练法。例如，对"谁是你最喜爱的运动员？"这一问题进行分组讨论，发表喜欢这位运动员的理由，分析他的身上有什么优秀的品质打动自己，倡导学生用实际行动向自己的偶像学习；又如，进行主题为"身边的好人好事儿你知道有几多？"通过身边熟知的人和事儿讨论"好人有好报"专题，对学生进行亲社会行为认知的培养，帮助其树立正确的价值观。

2. 强化实践法——实践体验成就感

亲社会行为的培养除了可以从体育教学中通过认知训练法使学生树立正确的价值观，还可以在教学中对学生采取实践强化的方法，让学生真正地体验何为"助人为乐"。例如，在体育教学中，教师可以安排学生轮流当班级的体育委员，协助体育教师负责班级的管理及体育活动的组织，使每个学生都体验为他人服务时别人给予掌声、赞许和肯定的目光，使其体验奉献的快乐和成就。最终使学生今后更愿意去为他人服务，奉献自己的力量和爱心。

3. 移情训练——确立价值导向

研究表明，移情与亲社会行为有高度相关性。如何在体育运动中提高移情能力就成为提高亲社会行为培养需要思考的问题之一。体育教师应在体育教学中通过设计"移情训练游戏"让学生切身体验他人的处境，进而提高学生的移情能力。

🏳 知识拓展 13-2

移情训练游戏——二人三足

教学内容是二人三足接力赛，两个人一组，要求一个同学(两只脚正常行走)搀扶自己的"残疾"同伴(单脚跳跃前进)共同完成弯腰捡掉地的书、过障碍物等系列任务，到另外一端后角色互换。这个教学案例通过让学生体验单肢行走的不便，并努力帮助"残疾"同伴前行，同时教师用言语引导学生体会"残疾"同伴的不便与困难，教育他们要关心、尊重和帮助身体有残障和弱势的群体，让他们通过游戏产生共情，这样可以促进其日后类似亲社会行为的实施。

(资料来源：于振峰，赵宗跃，孟刚. 体育游戏[M]. 北京：高等教育出版社，2007.)

🏳 知识拓展 13-3

女排精神的传承与时代价值

1. 女排精神的传承

(1) 祖国至上：新时代女排精神的核心。

祖国至上，换言之，就是将祖国利益置于个人利益之上。2019 年女排世界杯期间，主教练郎平接受采访时表示，"为国争光是我们的义务和使命。我们的目标是升国旗，奏国歌"。爱国主义精神是中华民族精神的核心，祖国至上，是爱国主义精神的具体表现，是 5000 多年来凝聚炎黄子孙的精神纽带。

(2) 团结协作：新时代女排精神的原则。

团结协作是竞技体育中团体项目的制胜法则。排球作为一项集体竞技项目，个人发挥与集体协同缺一不可。主教练郎平曾说，"没有完美的个人，只有完美的团队"。若要将 12 位不完美的队员打造成一把"完美无瑕"的神兵利器，所必需的催化剂便是团结协作。

(3) 顽强拼搏：新时代女排精神的动力。

顽强拼搏是一种内生的力量，是中国女排压不垮、打不败的骨气与力量。顽强拼搏的内核是超越，超越自我、超越极限，它已成为我国体育精神的代名词，更是中国女排的"传家宝"。正是依靠这种精神，中国女排才能在漫长的岁月中克服物质的匮乏、抵抗外界的压力，在身体与意志达到极限时，依旧咬紧牙关坚持努力奋斗，将劣势转为优势，将微弱优势逐步扩大，进而收获最后的成功。1981 年的女排世界杯，中国女排并不被看好，如果赛前有人预测，中国女排将在决赛中战胜当时的世界霸主，多半要被嘲笑痴人说梦，但中国女排不甘落后，依靠稳扎稳打，分秒必争，最终将这位"老师父"斩于马下。2016 年里约奥运会，中国女排历尽艰险，小组赛惊险出线后，淘汰赛的对手是本届奥运会的夺冠大热门——东道主巴西队。此战甚为艰难，女排队员在比赛中"不服气，不认输"，硬是在主场观众爆雷般的呼喊声中，让巴西女排在自己家门口止步八强。正因如此，一代又一代中国女排人才能在 40 年风雨飘摇中始终确保"拉得出、冲得上、控得住、打得赢"，始终做到"不辱使命、不负重托"，最终成为王牌之师，成为全民偶像。

(4) 永不言败：新时代女排精神的底色。

永不言败，是新时代女排精神的底色，是明知不会赢，依旧竭尽全力；是一路虽走得摇摇晃晃，但站起来抖抖身上的尘土，依旧眼中坚定。对中国女排而言，只有暂时的失利，没有真正的失败。回顾女排 40 年的风雨历程，无数次的辉煌中夹杂着多少不为人知的辛酸：1986 年，奥运军团兵败汉城，愁雨阴云堆积在队员心间；2002 年，世界女排锦标赛，教练组采取了"让球战术"，国内舆论一片哗然；2012 年，伦敦奥运会败给日本女排后，郎平泪洒采访现场。正是有这种越挫越勇、屡败屡战的宝贵精神，女排队员才能一次又一次反败为胜，一次又一次化腐朽为神奇，一次又一次震撼人心。中国女排的永不言败就是逆境的抉择、绝境的执着，令敌生畏，给友勇气。正是这一如既往永不言败的英姿，令无数国人将她们视为精神偶像，"女排精神"激励了一代又一代的国人不畏艰险、勇攀高峰。

2. 新时代女排精神价值

中国女排取得的骄人成绩，是物质层、制度层和精神层的协同。女排精神不仅是中国体育精神的一个重要标志性符号，也是中华民族精神财富的重要组成部分。通过切实有效的方法措施，充分发挥新时代女排精神的价值及其巨大的影响力，对于助推社会主义精神文明建设，助推体育强国发展，展示良好国家形象大有裨益。其精神价值主要体现在以下几个方面。

(1) 讲好中国女排故事，激发爱国主义情怀，助推精神文明建设。

每次重温女排不畏艰险、顽强拼搏，最终为国争光的感人故事，总能使人感到身为一名中国人的使命与担当。每次看到女排姑娘登上最高领奖台，五星红旗徐徐升起，总能让每一名中国人为之振奋与自豪。因此，可以挖掘女排背后的故事，并通过新闻报道、拍摄专题片、制作电影等方式进行有效传播，如《夺冠》等优秀影视作品的上映。多措并举讲好中国女排背后的故事，可以有效激发国民的爱国主义情怀，进而助推社会主义精神文明建设。爱国主义情怀是动员和鼓舞全国各族人民团结奋斗的旗帜，是凝聚和激励全国各族人民团结奋斗的强大精神力量。

(2) 充分发挥品牌优势，提升体育文化氛围。

体育文化是文化的重要组成部分，是因体育而生，广泛存在于社会生活中的特殊文化。近年来，中国女排再创辉煌，连续夺得里约奥运会和女排世界杯冠军，引发社会极大关注。以新浪微博为例，2019 年女排世界杯期间，中国女排微博总阅读量达 5.2 亿次，"女排世界杯"话题阅读量超 13 亿次，中国女排官微粉丝总量激增 122%，赛程后半段，中国女排更是连续 45 次登上微博热搜，从侧面展现出中国女排在国民中的感染力和号召力。充分发挥中国女排的品牌优势，多层次、广范围开展专题报告会、宣讲会等相关主题活动，丰富人民业余文化生活的同时，能够切实有效提升我国体育文化氛围。

(3) 提高群众体育认知，发挥示范带动作用，助推体育强国发展。

竞技体育，被称为"没有硝烟的战争"，赛场上的竞赛代表了不同国家间的博弈，竞技成绩是国家综合实力的间接呈现。中国女排为各运动队，特别是"三大球"运动队，如何进行教练组选配、人员管理、日常训练和人才选拔实现实力和成绩的提升进行了正确示范，虽然项目各有不同，但精神是共通的，各项目国家队应加强对新时代女排精神的学习和借鉴，从中汲取思想养料，锤炼扎实作风，获得优异成绩，进而为我国体育事业由大向强的蜕变做出应有贡献。

(4) 拓宽宣传渠道，打造超级文化品牌，展示良好国家形象。

中国女排作为我国文化软实力的优秀代表，是"走出去"的重要文化品牌。在历次国际大赛中，中国女排顺境时谦和有礼，逆境时永不言败、努力拼搏，展现出自信自强、乐观向上的精神面貌，让外国观众极为钦佩，大量国外媒体对中国女排的发展历程、夺冠经历都进行过长篇的宣传报道，纷纷盛赞中国女排为"东方巨人"。在经济全球化进程不断加速的形势下，独居一隅求发展是不切实际的。受新冠疫情影响，国际环境更是错综复杂，各类思潮涌动，我国发展面临"百年未有之大变局"。通过开展主题展览，建设女排精神博物馆，深入挖掘女排精神蕴含的巨大价值，将中国传统文化之精华与新时代女排精神相融合，对新时代女排精神的内涵与价值进行深刻解读，打造具有广泛群众基础、极具传染力和感召力的社会主义先进文化品牌，并以宣传中国女排这个超级文化品牌为载体，讲好中国女排故事，充分展示我国良好国家形象。

(资料来源：赵岑，郑国华. 新时代中国女排精神内涵与价值传承[J]. 体育文化导刊，2020(9).)

第三节 体育运动中的攻击性行为

一、攻击性行为的定义

攻击性行为是任何形式的有目的地伤害另一生命体，且是该生命体不愿接受的行为。其具有以下特征：①是有意的伤害行为；②仅限于对生命体的伤害，对非生命体的伤害不是攻击性行为，而仅仅是一种情绪发泄；③被害者不愿接受。攻击性行为的极端形式称为暴力行为，可造成严重伤害或危及生命。

二、攻击性行为的分类

(一)根据攻击者的目的，可以将攻击性行为分为无意性攻击、表现性攻击、工具性攻击和敌意性攻击

攻击性行为的
分类.mp4

1. 无意性攻击

攻击者既无冲突又无伤害意图且偶然对另一生命体造成的伤害，称为无意性攻击。例如，体育课上学生在游戏过程中会无意地伤害到别人；运动员在 100 米比赛中因为不小心窜道对其他运动员造成的伤害；小学生在渔夫捕鱼的游戏中因追同学追得太紧而对同学造成伤害，这些都是一些没有冲突但是偶然发生攻击性行为的情境。

2. 表现性攻击

表现性攻击对于攻击者来说是一种快乐的感觉体验。它是指攻击者从对他人无心的伤害，或者从妨碍他人的身体行为中获得的乐趣(Orlick，1978)。攻击者的目的不是从受害者那里得到反应或是破坏一些东西，相反，他只是被快乐的身体感觉体验吸引住罢了。例如，小强在跑步时不断地向小丽展示跆拳道侧踢腿，这让小丽非常不高兴，小强感到满意

是因为他很好地表现了跆拳道动作；乔治用他的自行车猛撞杰克的四轮车后座时，仅仅是因为他喜欢突然撞击的感觉。表现性攻击没有愤怒、沮丧或者敌意的情绪标记，它只是一种无心的玩笑或探索性的行为，但会使他人不开心。

3. 工具性攻击

工具性攻击是攻击者为了争夺物体、领土或权力、比赛胜利等而发生的身体上的冲突且使他人在此过程中受伤的行为。例如，争抢激烈的篮球赛中，个别队员为了获得比赛胜利奋力拼抢而伤害自己的对手，目的只是想赢得比赛而非伤害对手。

4. 敌意性攻击

敌意性攻击是以伤害他人为目的的攻击性行为，如果处理不当会给社会和他人带来不可估量的后果。例如，在竞争激烈的比赛中，忽视比赛是否获取胜利而以伤害对手为目的的攻击性行为均可称为敌意性攻击。敌意性攻击往往带有强烈的愤怒情绪。

(二)根据个体的人格特点，可将攻击性行为分为特质性攻击和状态性攻击

1. 特质性攻击

特质性攻击是攻击者有一种与生俱来的攻击性特性，具有精力旺盛、容易冲动且脾气暴躁、善良孝顺、疾恶如仇、侠肝义胆、耿直莽撞，动作急速而难以自制。胆汁质气质类型者为特质性攻击的典型代表，这种气质类型的特点及教学策略等在第十二章的四种气质类型中已有具体叙述，典型代表人物有《水浒传》中的李逵和《三国演义》中的张飞。

2. 状态性攻击

状态性攻击是攻击者处于某一种情景状态下所具有的攻击性行为，它是一种暂时的攻击性行为，当解除其所处的情景状态，其攻击性行为就自然消失。

📖 知识拓展 13-4

塞尔维亚战阿尔巴尼亚腰斩 遥控飞机引发骚乱

阿尔巴尼亚和塞尔维亚的纷争由来已久，因为科索沃问题，两国的关系始终敏感且紧张。2016 年欧洲杯预选赛，塞尔维亚和阿尔巴尼亚被分到一个小组。由于两国未处于交战状态，亦未收到更改分组的申请，欧足联没有刻意回避抽签结果。然而，欧足联完全低估了政治和民族的心结对比赛造成的影响。北京时间 2014 年 10 月 15 日凌晨，2016 年欧洲杯预选赛 I 组比赛的上半场，双方的争夺非常激烈，甚至有球迷在社交网络上表示，仿佛自己看到的不是一场足球赛，而是竞技格斗(MMA)。比赛进行到第 41 分钟时，场内突然飞进一架遥控飞机，飞机上还挂着一面阿尔巴尼亚反对塞尔维亚控制科索沃地区的旗帜。随后塞尔维亚球员将旗帜扯下，这一举动立即引发了阿尔巴尼亚球员的不满，场内发生冲突。而现场的塞尔维亚球迷也异常激动，甚至有激进球迷冲进场内参与斗殴，一场预选赛直接变为骚乱。由于场上局势无法得到控制，本场比赛因此宣布腰斩。

(资料来源：塞尔维亚战阿尔巴尼亚腰斩 遥控飞机引发骚乱(OL)，搜狐体育，2014 年 10 月 15 日.)

三、攻击性行为的危害

攻击者使用攻击性行为或者言语一方面会给被攻击对象造成不同程度的身体或心理伤害，严重者还会给被攻击对象留下身体伤残、生理疾病或心理阴影；另一方面，可能让他人或国家产生巨大的财产损失和不良的社会影响，甚至超越道德底线或触犯法律令社会和他人无法容忍。同时，攻击性行为作为一种具有暴力倾向的行为，容易影响青少年使用暴力解决问题，故而攻击性行为对社会、国家、他人的危害都是不可忽视的。

四、预防攻击性行为的策略

(1) 提升个人体育道德修养及人文素养。
(2) 倡导体育运动中榜样的力量。
(3) 积极宣传与引导体育运动过程中发生的英雄事迹。
(4) 家庭、学校、社会三方协同，预防违反体育道德的事件发生。

本 章 小 结

本章的第一节讲解了体育运动中的道德形成和发展，尤其介绍了体育道德的形成主要经历体育道德认知的建立、体育道德情感的培养、体育道德意志的训练、体育道德行为的实施四个阶段，以及体育运动中道德的发展。第二节学习了体育运动中的亲社会行为，介绍了亲社会行为的定义及亲社会行为理论，包括本能论、习得论、情感论、认知论。明确亲社会行为的特征和受内、外部环境因素的影响。学习了高校体育教学中培养学生亲社会行为的意义和作用。主要作用有：有利于降低学生身心不健康的风险；为培养学生亲社会行为能力提供了基石；提升学生从学校到社会的适应能力；提升学生亲社会行为的教育效果；改善高校体育教学考核制度等。学习了培养亲社会行为的策略：从家庭早期教育入手培养儿童的亲社会行为；学校教育应重视培养学生的亲社会行为。了解了体育教学中培养学生亲社会行为的策略。第三节学习体育运动中攻击性行为的定义、分类、危害及预防策略等。

思考与练习

1. 体育道德的形成主要经历了哪四个阶段？
2. 什么是亲社会行为？亲社会行为受哪些内、外部因素的影响？
3. 高校体育教学中培养学生亲社会行为的意义和作用有哪些？
4. 培养亲社会行为的策略有哪些？
5. 何谓攻击性行为，攻击性行为有哪些分类？
6. 体育运动中攻击性行为的危害有哪些？
7. 如何预防体育运动中的攻击性行为？

参 考 文 献

[1] 季浏，殷恒婵，颜军. 体育心理学[M]. 3 版. 北京：高等教育出版社，2016.

[2] 殷恒婵. 体育心理学 [M]. 北京：开明出版社，2012.

[3] 马启伟. 体育心理学[M]. 北京：高等教育出版社，1996.

[4] 张力为，毛志雄. 运动心理学[M]. 北京：高等教育出版社，2007.

[5] 马芳，王聿泼. 教育心理学[M]. 2 版. 南京：南京大学出版社，2018.

[6] 夏新颜，杜智娟，赵辉. 大学生健康心理学[M]. 2 版. 南京：南京大学出版社，2018.

[7] 贾林祥，刘晓峰，石春. 心理学基础[M]. 2 版. 南京：南京大学出版社，2018.

[8] 李欣，邱芬，吴敏，等. 体育心理学[M]. 重庆：重庆大学出版社，2018.

[9] 玛吉尔. 运动技能学习与控制[M]. 张忠秋，等译. 北京：中国轻工业出版社，2006.

[10] Robert S. Weinberg. Daniel Gould. 体育与训练心理学[M]. 谢军，梁自明译. 北京：中国轻工业出版社，2016.

[11] 理查德·考克斯. 运动心理学——概念与应用[M]. 张力为，等译. 北京：清华大学出版社，2003.

[12] 李欣，刘纯献，赵子建. 体育心理学[M]. 重庆：重庆大学出版社，2018.

[13] 唐征宇. 运动心理学[M]. 上海：上海教育出版社，2018.

[14] 王斌. 体育心理学[M]. 武汉：华中师范大学出版社，2015.

[15] 毛志雄，迟立忠. 运动心理学[M]. 北京：中国人民大学出版社，2015.

[16] 杨有才. 青少年焦虑的神经机制与运动干预[M]. 北京：光明日报出版社，2022.

[17] 刘桂芳，郭鹏飞，张军. 体育运动与锻炼心理学[M]. 北京：中国农业出版社，2021.

[18] 张现成，吕晓昌. 锻炼心理学新论[M]. 北京：人民体育出版社，2019.

[19] 吕慧青，王玉秀. 体育学习心理现象探新[M]. 北京：中国社会科学出版社，2016.

[20] 王青. 教练心理学：促进成长的艺术[M]. 上海：华东师范大学出版社，2017.

[21] 黄志剑. 体育运动心理学 [M]. 武汉：华中科技大学出版社，2016.

[22] 尹龙. 青少年体力活动行为预测与干预研究[M]. 上海：上海三联书店，2020.

[23] 徐晶. 体育锻炼与青少年应对方式的关系[D]. 南京：南京体育学院，2022.

[24] 岳彩超. 瑜伽锻炼对个体积极情绪的干预效果研究[D]. 上海：上海师范大学，2022.

[25] 董宝林. 个体、家庭及学校因素对青少年体育锻炼行为的交互影响研究[D]. 上海：上海体育学院，2021.

[26] 张雨璐. 不同年龄段青少年足球运动员动态视觉追踪任务的表现和干预效果[D]. 北京：北京体育大学，2021.

[27] 刘月. 青少年排球教练员领导行为与运动员心理疲劳的关系：以训练比赛满意感为中介[D]. 南京：南京师范大学，2021.

[28] 曼斯瑞. 心理技能训练对塞拉利昂 13 至 16 岁足球运动员心理韧性发展影响的研究[D]. 北京：北京体育大学，2020.

[29] 宋宇. 改变定向与接受定向的干预：提高压力下的运动表现[D]. 北京：北京体育大学，2020.

[30] 燕莉梅. 高水平运动员情绪障碍的质性研究[D]. 武汉：武汉体育学院，2020..

[31] 郭阳. 正念影响运动员表现的机制[D]. 武汉：武汉体育学院，2020.

[32] 董珅. 战术团队综合心理技能培训的有效性研究[D]. 漳州：闽南师范大学，2019.

[33] 刘洁洁. 精英运动员的自杀意念及其意义[D]. 北京：北京体育大学，2019.

[34] 牛东平. 我国运动心理训练研究的知识图谱分析[D]. 太原：山西大学，2017.

[35] 郎珀. 我国锻炼心理学研究的知识图谱分析[D]. 太原：山西大学，2017.

[36] 刘阳. 定向运动选手识图的认知加工特征与技能训练研究[D]. 长春：东北师范大学，2017.

[37] 蔡晓清. 干预信息对身体活动的促进作用及调节变量的检验[D]. 济南：山东体育学院，2016.

[38] 尹剑春. 急性正念运动对不同情绪图片刺激下情绪反应的影响及其神经机制的研究[D]. 上海：华东师范大学，2014.

[39] 张韧仁. 短期身体锻炼对情绪状态的影响[D]. 上海：上海体育学院，2013.

[40] 游茂林，黄静，梁荣琪，等. 国家攀岩运动员参赛心理调控方案研制与应用[J]. 应用心理学，2022，28(3)：214-224.

[41] 刘映海，郭燕兰. 锻炼心理学视角下青少年心理健康的身体活动研究进展[J]. 湖南师范大学教育科学学报，2022，21(3)：115-122.

[42] 郑君怡，吕万刚. 心理赋权介导下知识共享对高校体育教师创新行为的影响[J]. 体育学刊，2022，29(2)：86-92.

[43] 程帆. 高校体育运动与心理健康互动发展研究[J]. 中国神经免疫学和神经病学杂志，2021，28(2)：173.

[44] 赵祁伟，陆颖之，周成林. 新兴技术融合发展下竞技运动心理学研究进展、实践与展望[J]. 上海体育学院学报，2020，44(11)：18-27，54.

[45] 石岩，马虹. 精英运动员心理健康问题审视[J]. 福建师范大学学报(哲学社会科学版)，2020(3)：117-130.

[46] 李丹阳，张力为. 从严重受伤到重返冬奥：一位高风险项目运动员的心理康复历程[J]. 体育科学，2020，40(3)：28-38.

[47] 卢睿昕. 道家思想与运动员心理健康初探[J]. 中国道教，2020(1)：70-72.

[48] 王钰，孙延林，戴群，等. 自我决定理论视域下运动心理学课程思政改革创新研究[J]. 天津体育学院学报，2020，35(1)：17-22.

[49] 张宝根，唐炎，胡小清，等. 基本心理需求、情境兴趣与初中生体育课堂学习投入的关系[J]. 体育学刊，2020，27(2)：129-134.

[50] 徐唯. 特质正念：锻炼心理学研究的新视角[J]. 成都体育学院学报，2020，46(1)：94-99.

[51] 石岩，周浩. 运动与锻炼心理学研究效度的提高策略：三角互证[J]. 中国体育科技，2020，56(1)：55-66.

[52] 闫晓. 基于共词分析的国际运动心理学动机研究主题演化分析[J]. 西安体育学院学报，2019，36(6)：743-747，768.

[53] 邢玉，沈波，董良山，等. 小学生内隐与外显动作序列学习能力的发展性研究[J]. 体育学刊，2019，26(5)：129-134.

[54] 祝大鹏，李爱玲. 运动承诺研究进展：基于模型建构、测量工具与应用的视角[J]. 武汉体育学院学报，2019，53(9)：75-81.

[55] 王有基. 积极心理学视域下的高校体育教学策略探究[J]. 中学政治教学参考，2019(21)：101.

[56] 高强，程一帆. 从"体育哲学中的身体"到"体育中的身体"——对体育哲学身体研究范式的现象学批判与重建[J]. 体育科学，2019，39(4)：29-38.

[57] 祝大鹏，王凯军. 运动心理咨询的态度与选择：基于运动员的视角[J]. 武汉体育学院学报，2018，52(12)：95-100.

[58] 颜军，殷恒婵，陈爱国. 体育神经科学：体育心理学与神经科学研究的融合[J]. 体育与科学，2018，39(4)：46-51.

[59] 殷恒婵，崔蕾，潘家礼，等. 改善不同类型学习困难小学生脑执行功能的运动干预方案开发与实证研究[J]. 武汉体育学院学报，2018，52(6)：78-89.

[60] 洪晓彬，郜卫峰，余银. 体育运动领域自我谈话研究进展[J]. 体育学刊，2018，25(2)：50-56.

[61] 潘永生，严家高. 体育院校运动训练专业核心课程重构研究——以山东体育学院运动训练专业课程构建为例[J]. 山东体育学院学报，2017，33(6)：101-105.

[62] 晏虹辉. 应用心理学在数字媒体设计中的应用研究[J]. 包装工程，2017，38(16)：33.

[63] 石岩，周浩. 体育运动与人格三大研究主题述评及展望[J]. 体育科学，2017，37(7)：60-72.

[64] 荆雯，李洋，安丽娜，等. 刻板印象视域下体育人形象的分析[J]. 体育学刊，2017，24(1)：71-75.

[65] 蒋莹，杨玉冰，邢淑芬. 体育运动促进儿童学业成就及其作用机制研究进展述评[J]. 体育学刊，2016，23(5)：86-92.

[66] 聂惠敏，董德朋. 大学生体育锻炼行为心理变量的研究[J]. 体育学刊，2015，22(5)：64-68.

[67] 马瑞，沈建华. 体育明星偶像认同对青少年体育价值观的影响[J]. 体育学刊，2015，22(4)：51-55.

[68] 洪晓彬，李丹阳. 运动竞赛中"Choking"现象研究若干问题的思考[J]. 首都体育学院学报，2015，27(4)：371-376，384.

[69] 孙国晓，张力为. 竞赛特质焦虑干扰优势反应抑制的神经准备过程：ERP 的证据[J]. 天津体育学院学报，2015，30(4)：307-311.

[70] 上官戎，范伟，钟毅平. 不同时间点上网球运动员对击球线路的知觉预判[J]. 体育学刊，2015，22(3)：75-78.

[71] 张慧籽，姜媛. 注意偏向的研究范式及其在运动领域中的应用[J]. 首都体育学院学报，2015，27(3)：264-269.

[72] 王深，刘一平，王春发，等. 群体变量对成员锻炼坚持性影响的多层线性分析[J]. 体育学刊，2015，22(2)：36-41.

[73] 武乐玲. 运动心理学与残疾人竞技运动成绩相关性思考[J]. 西南师范大学学报(自然科学版)，2014，39(12)：176-179.

[74] 任锴，张力为. 自我损耗理论在运动领域的应用[J]. 体育学刊，2014，21(5)：110-113.

[75] 许昌，王深. PASDM 在我国初中生锻炼情景中的检验[J]. 天津体育学院学报，2014，29(5)：376-380，393.

[76] 项明强，丁华丽. 体育自主支持感与青少年主观活力：基本心理需要的中介作用[J]. 体育学刊，2014，21(3)：31-35.

[77] 翁孟迁. 体育锻炼习惯的本质及运动健身信念模型[J]. 体育学刊，2014，21(3)：36-39.